U0635491

杨国荣 著 作 集 | 增订版 |

认识与价值

杨国荣◎著

华东师范大学出版社

·上海·

图书在版编目（CIP）数据

认识与价值／杨国荣著. 一增订本. 一上海：华
东师范大学出版社,2021
（杨国荣著作集）
ISBN 978－7－5760－1247－7

Ⅰ.①认… Ⅱ.①杨… Ⅲ.①认识论—研究②价值论
（哲学）—研究 Ⅳ.①B017②B018

中国版本图书馆 CIP 数据核字（2021）第 046846 号

杨国荣著作集（增订版）

认识与价值

著　　者　杨国荣
责任编辑　朱华华
审读编辑　张继红
责任校对　李琳琳
装帧设计　卢晓红

出版发行　华东师范大学出版社
社　　址　上海市中山北路 3663 号　邮编 200062
网　　址　www.ecnupress.com.cn
电　　话　021－60821666　行政传真 021－62572105
客服电话　021－62865537　门市（邮购）电话 021－62869887
地　　址　上海市中山北路 3663 号华东师范大学校内先锋路口
网　　店　http://hdsdcbs.tmall.com/

印 刷 者　上海雅昌艺术印刷有限公司
开　　本　700×1000　16 开
印　　张　22.75
字　　数　283 千字
版　　次　2021 年 5 月第 1 版
印　　次　2021 年 5 月第 1 次
书　　号　ISBN 978－7－5760－1247－7
定　　价　89.80 元

出 版 人　王　焰

（如发现本版图书有印订质量问题,请寄回本社客服中心调换或电话 021－62865537 联系）

目 录

主体间关系论纲

一

现代社会似乎面临着一种历史的悖论：主体失落于外与主体封闭于内同时并存。商品经济与技术专制的扩展，渐渐将人本身也推入商品化与物化的过程，与之相应的是外在之物对内在之我的支配。无所不在的体制控制（从日常生活中的服务系统到政治、经济、法律机构，等等）以及与之相联系的程式化操作过程，使个体的创造性愈益变得多余：他的作用不外是履行体制的功能或完成某种程序，而大众文化的膨胀，又使个体从审美趣味到行为方式都趋向于划一化并逐渐失去批判的能力。另一方面，经济、政治以及其他社会生活领域的生死竞争，权力、金钱关系对交往领域的渗入，又扩大了主体间的心理距离,并使个体走向封闭的自我。这种悖论在当代哲学中同样得到了折射:如果说,存在主义表现了对主体性失落的反叛,那么,另一些哲学家(如维特根斯坦、马丁·布伯、列维那斯、哈贝马斯等)则从不同方面拒斥了封闭的自我。

二

主体间关系的基本关系项是主体,主体间性(intersubjectivity)逻辑地关联着主体性(subjectivity)。作为现实的而不是现象学意义上的存在,主体以生命为其存在的本体论前提。海德格尔曾认为,"惟有在个别化中,此在才将自身带回到最属己的存在可能",而这一意义上的个别化,又被置于对死的预期或向死而在的过程。① 这种看法似乎未能对主体与生命存在的联系予以充分的关注。按其本义,死意味着存在的终结或不存在(non-being),尽管对死的超前体验可以使此在意识到存在的一次性与不可重复性,但正如在绝对的黑暗中颜色的区别变得没有意义一样,死作为一种状态本身并不蕴含着个体的差异。海德格尔自己也承认,死可以用平等的尺度去衡量。与死的无差别性相对,生蕴含着多样的发展可能,正是在此生的自我肯定与不断延续中,主体性的形成和展开获得了现实的根据。因此,本真的存在不是向死逼近或对死的体验,而是对生的认同和正视。"未知生,焉知死?"②"生生之谓易。""天地之大德曰生。"③在这方面,中国哲学似乎更深刻地切入了存在的意蕴。

---

① 参见海德格尔:《存在与时间》,陈嘉映、王庆节译,生活·读书·新知三联书店,1987 年。

② 《论语·先进》。

③ 《周易·系辞》。

主体的在世（生存）是一个过程。当人刚刚被抛掷到（thrown into）这个世界时，他还只是一种可能的存在。就在世过程而言，可能的最初形式是禀赋。每一个体都有独特的禀赋（从基因学的角度看，这里没有任何神秘之处），它既构成了个体间的原始差别，又作为最直接的所与（不是认识论意义上的 the given，而是本体论意义上的 endowment）而构成了个体在世的出发点。个体的完成（从可能的存在到现实的存在）总是伴随着其潜能（禀赋）的展开，而个体对外部作用的选择和接受，也总是以直接的所与为前提。肯定这一点，意味着承认个体自我实现过程的多样性。当然，可能本身并不是凝固不变的，这不仅在于可能总是指向未来，而不是仅仅定格于现时（present），而且在于它同时不断处于新的生成过程之中，后者又以生活世界之中和生活世界之外的历史实践为背景。因此，禀赋（潜能）作为可能的最初形式并不具有宿命的性质。

从可能的存在到现实的存在并不是一种空洞的时间历程，它以主体自身的生成为其具体的指向。当人仅仅以禀赋为直接的所与时，他在相当程度上还只是一种生物学乃至物理学意义上的个体：其存在形式首先表现为占有特殊的时间和空间位置，经历特定的新陈代谢过程，等等。只有在个体与社会的互动过程中，可能的存在才不断获得现实的品格，并逐渐扬弃对象性，由自在的个体提升为自为的主体。如果说，存在内含的可能性使之不同于既定的、凝固的对象，那么，主体性的指向则使可能的展开获得了具体的社会学内容。

主体的生成和存在作为一个过程，关联着主体的自我认同（self-identity）。自我认同首先以身（body）为基点。身不仅构成了主体生存的本体论前提，而且是主体直接的外部符号和表达形式；在交往过程中，主体总是以身为其存在的最初表征。尽管此身始终经历着某种变迁，但这种变迁又内含着时间中的绵延同一。基于身的如上同一可以视为实体的同一（ontic identity）。自我认同深刻的形式存在于有（既成）与无（应成）之间。可能蕴含着应然,应然在尚未实现时乃是一种非存在（无）,但它又以既成或已然（有）为根据。就主体而言,"我"既表现为是其所不是,亦即一定阶段可能（所不是）的实现,又表现为不是其所是,亦即超越既成（所是）而包含着新的可能。这样,主体在时间中的绵延同一,意味着既成（有）与可能（无）,已然（是其所不是）与应然（不是其所是）的统一。

存在的过程性展示了主体的历时性。主体既是过程又是结构。作为结构,主体以人格为其内在形式。这里的人格是就广义而言,包括认知之维、评价之维、审美之维等。在认知之维,人格的内核表现为我思,后者以认知意义上的综合统摄能力（统觉）为具体内容。我思既体现了经验的统一（离开我思,时间之流中的经验,便只是相继或并列的杂多）,又再现了对象的整体性（对象的不同方面在我思中得到整合）。评价之维更多地与实践理性相联系,它基于主体的需要,又渗入了善的意向。在评价中,现实之境与可能的世界（理想之境）彼此沟通,对象意识与反省意识相互融合,其内在的主题则是化自在之物为为我之物,这种人化既涉及对象世界,又指向自我本身（化天性为德性）。相对于评价之侧重于自然的人化,审美之维似乎更多地关联着人的自然化。审美之境当然离不开自然的人化,但这种境界不仅内含着合目的性,而且凸现了合规律性（合自然）这一面,它在化解人化世界的紧张的同时,又展示了主体的自由品格。当然,以上是一种分析的说法,就其现实形态而言,认知之维、评价之维、审美之维并非截然分割,三者既从我思、我欲、我悦（不同于单纯的感性愉悦）等侧面展示了同一自我的内在世界,又从知实然,求当然,合自然的统一中表现了自我的主体性品格。

三

　　主体当然并不是一种孤立的"我",他总是与他人共在并有其外在展现的一面。如果说,个体的过程性展示了存在与时间的关系,那么,与他人的共在则体现了存在与空间(社会空间)的关系。存在主义突出了存在与时间的关联,但却未能对存在与空间的关系作出合理的定位。诚然,存在主义也注意到了与他人共在(being-with)这一事实,但在它看来,共在不过是一种沉沦的状态,而不同于本真的存在;唯有在烦、畏、先行而到的死等体验中,此在才能达到本真的状态。根据这种理解,本真的我便呈现为一种内在的、封闭的我,它在本质上仍是现象学意义上的存在。存在主义的如上看法似乎忽视了,与他人的共在作为一种本体论的前提,并不能通过退回内在的我而得到消解。列维那斯曾对在(there is)作了考察。这是一种无形但又时时为人所感受到的存在,即便在独处时,我也无法摆脱这种在(there is),就如同在寂静的深夜,周围的一切似乎都消失在黑暗之中,但我仍然可以隐隐地感受到一种沉默的在(there is),并因之而不安。对 there is 的如上分析当然还带有现象学的痕迹,但它同时又表明,即使从现象学的角度看,主体也难以返归纯粹的内在自我。总之,存在既有其时间维度(展开为一个历史过程),又有其空间维度(与他人共在),二者相互关联而构成了一种本体论事实。

　　存在的空间维度以主体间性(intersubjectivity)为其社会学内容。从主体走向主体间,首先面对的便是生活世界。如前所说,在世的最直接、最本源的形式是生存,而生命的生产与再生产便实现于生活世界。在饮食起居,休闲消遣等日常活动中,我总是以各种形式与他人打交道,并与他人建立相应的联系。从较为密切的亲子交往,到相对松散的路人偶尔相遇,主体间关系存在于生活世界的各个方面。主体间的彼此理解、沟通以及行为的协调,是生活世界正常运行和展开的必要条件,而生活世界的正常运转,则使主体的在世有如在"家"。日常生活确乎平凡琐碎,俗之又俗,其重复性往往遮盖了主体的创造性,身处此域,个体似乎很容易淹没于大众。但这仅仅是问题的一个方面:不能由此将主体间的共在视为主体的沉沦。作为存在的家,生活世界在安顿自我的同时,也为主体性的展示提供了可能:只有当主体不再面对一个陌生而异己的世界时,他才能真正达到自我实现。进而言之,日用常行本身即有其超越性的一面,在生活世界中的主体间交往中,总是内在地渗入了求真、向善、趋美的过程,日常交往的这一方面在抑制权力、商品关系对主体间关系侵蚀的同时,也使主体超越了沉沦。日用即道,儒家的这一观念无疑已有见于此。

我既存在于生活世界,又与社会体制息息相关。相对于生活世界主要实现个体生命的生产与再生产,体制世界似乎更多地表现为维系和延续广义的社会经济、政治、法律等关系。在生活世界中,主体间关系具有无中介的特点,而体制则首先呈现为一种非人格的结构,体制中的主体间关系亦相应地或多或少为物化形式所中介。在超个人的体制系统下,不仅主体的独创性和内在德性似乎变得不重要,而且我与他人的关系也仿佛失去了主体间性的本来意义。但这只是问题的一个方面。G.H.米德曾把有组织的共同体概括为普遍化的他人(generalized others),在相近的意义上,我们也可以把体制世界视为普遍化的他人。体制本身是无生命的存在,它的运作离不开人。当我与不同形式的社会组织、机构、部门等发生联系时,我与之打交道的并非仅仅是无人格的物,而且同时是赋予体制以生命的人。作为体制的运作者,这种人具有二重性:他既是体制的人格化,又是具体的个人,或者说,既具有普遍化的他人的形式,又表现为特定的主体,而我与体制的关系,亦相应地涉及主体间的交往。总之,体制世界既表现为非人格的结构,又包含人与人的交互作用;主体间的关系不仅存在于生活世界,而且展开于体制世界,生活世界的理性化固然需要主体间的相互理解、沟通,体制世界的理性化也不能仅仅依赖无人格的规范、契约、程序,等等;它同样离不开主体间的合理交往。

主体间的交往以语言为中介。语言不仅仅是一种工具,作为文化的载体,它同时凝结着知识结构、道德观念、思维方式、价值取向,等等。掌握一种语言,意味着接受一种文化传统;当我运用语言时,语言也在塑造我。在此意义上,可以把语言视为存在的社会本体。语言的社会性决定了它在本质上是公共的:不存在只有个人才能理解的私人语言(维特根斯坦);而与之相应的事实则是,以语言为社会本体的主体,其存在过程本质上不是独白,而是与其他主体的不断对话。现代哲学从意识(我思等)到语言的进展,已蕴含着从主体的独白到主体间的对话这一注重点的转换。作为主体间交往的形式,对话的有效性既以说者与听者的彼此尊重为前提,又以意义的相互理解为条件。而意义世界的建立与传递,则内在地指向主体间关系的理性化。

主体的在世不仅在于说以及怎样说,而且在于做以及怎样做,事实上,怎样说与怎样做并非截然分割。做作为活动过程,其基本形式是劳动。这里的劳动并不仅仅指经验性的操作,而是本体论意义上的存在方式。劳动既以实践的方式变革了对象,又使我的本质力量对象化,二者从我与对象的关系上凸显了我的主体性。但对象性的关系仅仅是劳动的一个方面,我与对象的关系乃是以我与他人的关系为中介而建构起来的。劳动中的主体间关系并非单纯地以成功为指归,即它所涉及的并不仅仅是劳动的结果,而且是劳动过程中的人;化自在之物为为我之物的过程与主体间关系的理性化并非彼此对立:将劳动过程中的主体间关系化约为目的—手段关系(哈贝马斯)似乎过于简单化。总之,劳动在从我与对象的关系上确认主体性的同时,又以自觉的实践形式(区别于日用常行中的自发活动)展开了主体间关系。

从以上诸方面看,主体间表现为一种内在关系(internal relation)。关系的内在性或内在关系展示的是:作为关系项的主体只能存在于关系之中,而不能存在于关系之外,这也就是所谓“非彼无我”(庄子)。存在主义尽管并不否定主体间性,但却似乎未能注意此种关系的内在性:他们往往以现象学的方式把主体间关系悬置起来,并以此为达到本真之我的前提,而其结果则是“我”的封闭化。

四

主体间关系的内在性决定了不能将其悬置。但由此出发,一些哲学家似乎走向了另一极端:在从主体走向主体间的同时,他们亦使主体本身消失于主体间。首先可以一提的是布拉德雷。作为内在关系论者,布拉德雷的注重之点在整体,在他看来,道德的目标在于自我实现(self-realization),而自我实现的内涵,便是与整体或关系世界(the world of relation)融合为一。这种看法带有明显的整体主义印记。与之相近的是董仲舒。按董仲舒之见,我即义(义之为言我也),而义则是制约主体间关系的普遍规范,这样,我便被同一于普遍的规范。由此导致的逻辑结果则是外在的社会规范、律令等等入主自我:我失去了内在的世界而成为普遍大我的化身。

维特根斯坦(主要是后期维特根斯坦)的语言哲学从不同的角度

突出了主体间性。与前期的图像说相对,后期维特根斯坦将语言的意义与语言的运用联系起来,并把语言的运用理解为一个在共同体中展开的游戏过程,而这种游戏过程又以生活样式为背景。作为共同体中的游戏过程,语言首先被赋予公共性的品格:语言游戏说在维特根斯坦那里逻辑地引向了拒斥私人语言(private language)。然而,由强调语言的公共性,维特根斯坦又对主体内在精神活动的存在表示怀疑。在他看来,内在的过程(inner process)总是需要外部的标准:人的形体(body)是人的心灵(soul)的最好图像;理解(understanding)并不是一个精神过程(mental process),遵循规则(如语法规则)也主要是一个实践过程(共同体中的游戏),而与内在的意识活动无关。正如一些论者指出的,这种看法已颇近于行为主义。基于如上的行为主义观点,维特根斯坦将"我"(I)的用法(语法功能)区分为二种,即作为对象的用法(the use as object)与作为主体的用法(the use as subject),并认为后一种意义上的"我"并没有相应的指称对象。这可以看作是对主体的消解:事实上,维特根斯坦确实试图以 It is thinking 来取代 I am thinking。这样,维特根斯坦在从主体走向主体间之后,又似乎使主体间成为无主体的共同体。

哈贝马斯以交往理论在当代哲学中独树一帜。交往理论的注重之点首先便是主体间关系:它在某种意义上以更自觉、更系统的形式表现了从主体到主体间的视域转换。哈贝马斯将行为区分为二类,即目的—理性行为与交往行为,前者主要涉及主体与对象的关系,后者则指向主体间关系。目的—理性行为固然促进了现代文明的形成,但要建立健全的社会生活,便不能不同时关注主体间的交往关系。然而,尽管哈贝马斯肯定主体间的交往行为应当由互为对象转向互为主体,但当他对交往行为的有效性条件作出规定时,却似乎未能使主体性真正得到落实。按哈贝马斯之见,交往行为的有效性涉及如下条件,即真理性、合法性、可理解性和真诚性。这里值得注意的是真诚性。所谓真诚性,亦即参加交往的主体应当真实地表达自己的意向,敞开自己的内在世界。这种真诚性的要求无疑从更深的层面突出了主体间关系的内在性,但向他人的敞开,同时又意味着主体自身的对象化:我的内在世界被外化为他人的对象。与之相联系,哈贝马斯的商谈伦理学尽管肯定了每一主体参加讨论和发表意见的权力,但同时又以达到一致(consensus)为目标,而在这种一致中,共同体中主体间的协调似乎亦消融了个体的意见。个体的内在世界向共同体的敞开与共同体的一致对个体之百虑的消融相结合,无疑使主体有被架空之虞。

五

布拉德雷、维特根斯坦、哈贝马斯等的共同特点在于突出主体间关系的内在性。然而,主体间关系既是一种内在关系(internal relation),又是一种外在关系(external relation)。主体固然不能离开主体间关系而存在,而只能存在于关系之中,但主体总是包含着不能为关系所同化或消融的方面。关系相对于主体而言,具有为我而存在的一面。主体之间总是存在某种界限:"我"不是"你","你"也不是"我"。这种界限不仅表现在时空上,而且具体化为心理距离、利益差异等等。我承担的某些社会角色固然可以为他人所替代,但我的个体存在却具有不可替代性。存在与角色的差异从一个方面表现了主体不能完全为关系所同化。

关系中的主体有其内在世界。主体间的相互理解、沟通固然需要主体内在世界的彼此敞开,但敞开之中总是蕴含着不敞开。"我"之中不敞开的方面不仅非关系所能同化,而且构成了理解和沟通所以可能的条件：当"我"完全敞开并相应地取得对象形态时，理解的主体也就不复存在。主体间的沟通至少包含着为他人所理解与理解他人两个方面，如果仅仅注重为他人所理解这一维度，则我便成为一种为他的存在(being-for-others)，其特性更多地表现为对他人的适应和肯定，而选择、批判、否定等主体性品格则将落空。从另一方面看，交往和理解既指向主体间的行为协调，也指向自我内在世界的安顿，仅仅以前者为指归，便很难避免"我"的工具化。

主体间的理解离不开语言。作为主体间交往的中介，语言无疑具有公共性(public)的一面：不存在私人语言。但没有私人语言并不意味着语言与个体无关。语言在未进入主体的思维过程之时，其意义只具有一种可能的形态，语言的意义实现于主体的思维过程。把语言与主体的内在世界分离开来，便无法区分语言意义的可能形态与现实形态。除了意义(meaning)之外，语言还具有意味(significance)。同一词、句，对不同的主体往往具有不同的意味。语言总是蕴含着多方面的信息，主体常常是根据内在的意向、期望、知识经验等等对这些信息加以选择，语言则相应地呈现出多样的意味。就此而言，语言既是公共的，又具有个体性的特点。如果说，语言的公共性凸显了主体间关系的内在性，那么，其个体性则在展示主体内在世界的同时，又表现了主体外在于关系的一面。

以语言为中介的交往在劳动过程中取得了实践的形式。作为主体存在的方式，劳动以自由为其追求的目标：自由劳动是劳动的理想形态。劳动的自由度不仅取决于对必然之理的把握，而且关联着劳动对主体自身的意义：只有当劳动不是对主体的外在强加或主体被迫承受的负担，而是主体自我实现的形式时，主体才能在劳动过程中真正获得自由感(当然，自我实现本身又表现为一个历史过程，从而自由劳动也总是具有相对的意义)。劳动对主体的意义并不仅仅由主体间关系决定,它在更内在的层面上同时涉及主体自身的需要、利益、意欲等等。自由劳动与主体内在需要、利益、意欲等的联系从另一个方面表现了主体存在对主体间关系的某种超越。

相对于劳动过程中的相互交往,道德实践中的主体间关系无疑具有不同特点。道德关系固然有其对称性:他人的存在对我来说是一种无声的命令(要求我对他履行道德义务),我的存在对他人来说也是一种命令。但另一方面,道德关系又是非对称的:我对他人尽道德责任,并不要求或企望他人以同样方式回报我,否则行为便趋于功利化而失去其道德意义。如果说道德关系的对称性表现了主体间关系的内在性,那么,道德关系的非对称性则展示了主体间关系的外在性。同时,道德行为总是伴随着道德选择、道德决定,这种选择和决定并非仅仅受制于共同体中的对话和讨论,它最终乃需以"独白"的方式作出,后者表现了道德的自律品格。哈贝马斯强调主体间的讨论而批评康德伦理学的独白性,但如果主体间的对话与讨论完全压倒主体的独白,则很难避免道德的他律化。

六

主体间关系既是内在的又是外在的。关系的内在性意味着应当超越封闭的我,从主体走向主体间;关系的外在性则要求肯定主体自身的存在意义,避免以关系消融自我。仅仅执着关系的外在性,往往逻辑地导向自我中心;片面地突出关系的内在性,则很难避免主体的异化。主体间交往固然离不开语言游戏(对话及讨论)等形式,但同时又表现为存在价值的相互确认;这里既有基于明其意义(meaning)的彼此理解,又有基于得其意味(significance)的相互沟通,而这一过程又始终关联着对个体存在的尊重。如果说,主体间的相互理解渗入了理性的原则,那么,存在价值与存在意义的相互尊重和确认则体现了仁道的原则。可以看到,主体间关系的合理定位,本质上展开为一个理性原则与仁道原则相统一的历史过程。

(原载《学术月刊》1995 年第 11 期)

说"道理"*

一

"道理"一词已成为现代的日常用语,从观念领域
到生活过程,人们广泛地将其运用于不同的场合①;与

---

* 本文系作者在 2005 年 12 月举行的"文明对话中的中西比
较哲学"会议上的发言,同一内容也讲于华东师范大学哲学系研
究生讨论班,由研究生根据录音记录整理,并经作者校阅、修定。

① 从历史上看,"道理"的表述在较早时期已出现,如韩非
已指出:"夫缘道理以从事者,无不能成。"(《韩非子·解老》)
"夫弃道理而妄举动者,虽上有天子诸侯之势尊,而下有倚顿陶朱
卜祝之富,犹失其民人而亡其财资也。"(《韩非子·解老》)不过,
上述语境中的"道理"实质上是指"道""理",与作为复合词的
"道理"涵义有所不同。作为复合词的"道理"一词究竟首先出现
于何时,现已难以考定,但至迟在宋代,它已较普遍地被(转下页)

之相涉的则是"讲道理""有道理""懂道理"等表述。就其内涵而言，通常所说的"道理"首先指基于事实的某种见解、观点或看法，这一意义上的所谓"道理"，常常与事实相联系或以事实为依据，引申为真理性的观念。① 在"摆事实，讲道理"的表述中，"道理"便是和事实相联系、有事实依据的看法、观点或见解。当然，这里的"事实"不同于狭义上的对象性规定，而是更多地和人的活动过程相联系，表现为在活动过程中所形成或呈现的形态，这种实践关系中的"事实"虽然并非与认知关系中的属性完全无关，但就其侧重于实践过程而言，其意义已超出了单纯的认知之域。

"道理"的第二重意义涉及中国哲学所说的"故"或现代哲学论域中的"根据"。"故"或"根据"同样可以从两个方面加以分析：一是形式之维或逻辑意义上的"理由"，一是实质或事实层面的"原因"。当我们说某种看法"有道理"时，可以侧重于说它本身在形式层面上言之成理或有"理由"，也可以从比较实质的意义上指它揭示了相关现象的"原因"。中国古代哲学所讲的"故"实际上也包括"理由"和"原因"两方面的含义，我们讲"道理"时亦通常涉及这两个方面。比如，

（接上页）使用，在宋代思想家如二程、朱熹的语录中，我们便可以一再地看到"道理"一词，其涵义也近于现代所说的"道理"。如二程曾批评王安石，认为"介甫不知事君道理。"（《二程遗书》卷二十二上）又说："悟则句句皆是这个道理。"（《二程外书》卷十二）这里的"道理"，已包含后文将要分析的"规范""真理"等义。当然，"道理"作为日常用语而普遍使用，则当为近代以后。顺便指出，钱穆曾讨论过"道理"一词，但他主要分别考察了"道"与"理"的源流，对作为现代复合词的"道理"本身则着墨甚少。（参见钱穆：《道理》，载《中国思想通俗讲话》，生活·读书·新知三联书店，2002 年。）

① 二程在谈到孟子的"浩然之气"说时，曾指出："这一个道理，不为尧存，不为桀亡。"（《二程遗书》卷二上）此所谓"道理"，与前面提及的"悟则句句皆是这个道理"一致，其义皆近于真理。

在日常生活中,针对某一较为复杂的陈述或现象,人们会提议:"让我们看一看其中的道理"或"让我们分析一下其中的道理",以上说法有时侧重于相关陈述所隐含的形式层面的"理由",有时则指某种现象所以发生的"原因"。

"道理"在另一些场合指向"规范"或"规则"。"规范"从形式的层面看常常和前面提到的"理由"有相通之处,在这一意义上,所谓"讲道理"就是指言说过程合乎一般规则,而"不讲道理"则是言说过程完全不理会或违背逻辑规则。"规范"也可以具有实质层面的涵义,实质层面的"规范"包括伦理的原则、常识的要求或习俗的规定,等等,譬如,我们每每会对言行不合乎一般社会准则的人说"你要懂得做人的道理",这里的"道理"便是指人之为人所应遵循的一般规范。① 上述意义上的"道理",在某种意义上表现为一种"文明的符号"或"文明的象征","讲道理"表明已经达到了"文明"的存在形态,或者说,人的所言所行已具有文明的特征;"不讲道理",则意味着缺乏"文明"的素养。

在更内在的层面,"道理"又以实践智慧为其内容。当我们说某种想法、主张、办法、方案"有道理"时,固然也涉及形式的合理性(后者首先具体地体现于目的与手段之间的关系:所谓合理,在此便是指一定的主张、办法中所体现的思路或行动设想,有助于相关目的的实现),然而,从更实质或更广的角度看,想法、主张、办法、方案之"有道理",常常是指它适合一定的问题情境、能切实地解决当下所面临的

---

① 历史地看,在朱熹等人的言说中,"道理"已被赋予规范之义,如朱熹曾提出:"只愿民间各识道理,自做好人。"(《劝谕榜》,《晦庵集》卷一百)并认为,"所谓动而止其所也、静而止其所者,是只见道理所当止处,不见己身之有利害祸福也"。(《答董叔重》,《晦庵集》卷五十一)这里的"道理",都已内含规范之意:在引导人"做好人"、规定"所当止处"等意义上,"道理"都以规范为内涵。

问题。这样的解决方案实质上已不同于纯粹理论形式的知识,而是取得了实践智慧的形态,其特点在于以解决实际问题为指向。在"道理"的形态下,"想法"与"做法"往往相互交融,关于是什么的"知"与应当如何"做"的行为方式也彼此相关:"想法"之"有道理",既在于它体现了对相关背景、情景的正确理解,也在于它展示了解决实践问题的适当方式或"做法"。

以上是"道理"一词或"道理"这一概念所隐含的大致涵义。"道理"的如上内涵,同时规定了"讲道理"或"有道理"的内在涵义。相应于"道理"与事实的联系,"讲道理"的含义之一,便是以事实为依据,提出某种观点、看法,与此相对的"不讲道理"则是完全罔顾事实,或者指鹿为马。从形式的层面看,"讲道理"之"讲",既具有推论、解释之义,也展开为一个言说、讨论、辩护的过程,而无论是推论,抑言说、讨论、辩护,都以"摆事实"为其前提。

"讲道理"在另一意义上常常是指推论或言说过程合乎规范,这里的合乎规范可以是指言说过程或隐含在言说中的思考过程合乎逻辑,在这个意义上,说一个人"讲"得很有"道理"与说他讲得"很有条理",意思相近,而在"条理"的意义上讲"道理",侧重的主要是形式层面的"理由"或逻辑关系。当我们说某人"道理讲得很透彻"时,每每既指他的论说具有充分的事实根据,也指这个人的推论很有力量、非常合乎逻辑;与后者相对的"不讲道理",则意味着"强词夺理"、无视推论规则或论辩不合乎逻辑。

如前所述,规范同时又有实质层面的含义,与之相联系,"讲道理"不仅仅指合乎形式的规则,而且也指合乎具有实质意义的价值规范或是常识、习俗的要求。从正面看,这里包含着要求人们做应该做之事;从消极的方面看,它则指不要做不应该做的事。事实上,规范作为当然之则,总是与应该或应当相联系。当孩子要在公园里摘花或折枝时,母亲会劝告说"公园里的花草要爱护",如果孩子仍执意要摘或折,母亲便会进一步补充"要讲道理",这里的"讲道理"就是指行为不能随心所欲而要合乎文明的准则,它与"合规范"显然有一致之处。

在以"讲道理"约束"言"与"行"的同时,我们往往也以"有道理"来评判"言"与"行"。前文已提到,"有道理"常常是指某种想法、主张合乎当下情景、有助于解决我们所遇到的实际问题,"没道理"或"无道理"则意味着不合乎实际情况、不顾所处具体的问题情景强行去做条件不许可的事情。这里涉及所谓实践推论(practical reasoning)。从推论与行动的关系看,可以区分实践推论与理论推论,实践推论具有引导功能,它以行动为指向并对行动加以范导;与之相对的理论推论则主要呈现解释的功能,它侧重于对已发生的行动的解释。例如,"有人在房间睡觉",这是一个事实陈述,以此为前提引出"不要在房间高声喧哗"的结论,这是实践推论,因为它规定了房间中的人应当如何做(不能高声喧哗)。"你这样高声喧哗是错的",则是对相关情景中人的行为的批评,从形式上看,这一批评也以上述事实判断为前提,但它在实质上则更多地侧重于评判;与之相应,同一事实陈述固然仍是推论的根据,但其作用主要已不是引出如何做,而是解释已发生的喧哗行动何以错。① 相对而言,"讲道理"更接近于前一推论(实践推论):它所规定的,是人在具体的实践情景中应当如何做,后者相应地体现了智慧的实践向度。

----

① 这里所说的实践推论与狭义的逻辑推论有所不同,狭义的逻辑推论基于形式上的蕴含关系,实践推论则以价值的论定为其前提,从形式上看,"有人在房间睡觉"并不在逻辑上蕴含"不要在房间高声喧哗",但从价值的关系上看,关心他人是基本的伦理准则,在有人睡觉的房间中大声喧哗,则不合乎以上准则,从"有人在房间中睡觉"引出"不要在房间高声喧哗",便是基于以上的价值认定。同样,上文中解释性的推论也以这一价值论定为前提。

二

　　"道理"与"讲道理""有道理"的如上涵义,内含多方面的哲学意蕴。从前面的简略分析中,我们首先可以注意到,"道理"涉及必然和当然、存在的法则和社会的规范之间的关系。一方面,"道理"体现了存在的法则,并包含着对必然的把握,当我们说"以事实作为依据"时,实际上就意味着要尊重存在本身的法则。一方面,它又表现为社会规范,并指向实践领域中的"应当",从而不同于单纯的外在必然。如果我们将其与近代以来的相关概念作一比较,便可以对"道理"的以上两重涵义有进一步的理解。近代以来,思想家们都好谈"公理",作为近代的概念,"公理"往往主要在规范的意义上使用;从普遍的社会准则这一维度看,它具体包括法的原则以及权利的原则。通常所说的"强权即公理",便是指在国际关系中完全无视国际法,用实力或霸权来取代法的原则,这里的"公理"同样是在法的意义上使用的。"公理"的另一个含义与权利相联系,个人的财产权、广义上的人权、民权以及国家权利,等等,也常常被称为"公理"。在上述意义上,"公理"都主要被视为社会规范。康有为曾提出所谓"实理公法",其含义与公理相近,而以"公法"来规定"实理",则同样突出了其规范义。①即使是自然科学领域中的公理,也往往较多地被赋予规范的意义。以数学公理而言,它主要即被理解为数学推理系统中不证自明的前提,其作用首先在于为数学的推理过程提供最基本的依据,后者同时表现为必须遵循、无法违背的原理或规则。

　　与"公理"相对的是"法则"。近代以来,所谓"法则",往往主要

---

① 　参见康有为:《实理公法全书》,载《康子内外篇》,中华书局,1988 年。

是在"天道"的意义上使用的。中国哲学很早已区分了天道与人道，子产已指出："天道远，人道迩"。① 与"人道"相对的"天道"，其侧重之点是存在的必然规定，"法则"所指的，也主要是后一方面。在"法则"和"公理"的区分中，必然和当然、存在的规定和社会的规范多少呈现为某种相互分离的形态；相对于此，"道理"这一概念更多地蕴含和确认了必然与当然、存在的法则与社会的规范的统一。后者无疑具有值得注意的哲学意义。

　　与必然和当然相关的，是"真"与"善"的关系，后者同时构成了"道理"所涉及的重要方面。有的论者在讨论"道理"的时候，倾向于把"道理"和"真理"区别开来，认为讲"道理"主要是讲"道"而不是讲"真"，并强调"讲道理"不同于"讲真理"。② 然而，从实际的情形来看，"道理"和"真理"并不是截然相分的。前面已提到，"道理"本身就包含"以事实为依据"的方面，而与事实的联系便涉及"真"的问题，在这个意义上，可以说，道理隐含着"真"。作为"根据"的"道理"也同样和"真"相联系。事实上，"道理"的用法在很多具体场合中常常和"真理"相通，两者并不相互排斥。当然，"道理"和"真理"也并非完全重合："道理"隐含着"真理"的规定，但"道理"又不限于"真理"。宽泛而言，"真理"可以从形式的层面与实质的层面来看，在形式的层面，它体现了逻辑上的真，如以重言式表示的命题，便具有所谓永真的性质；在实质的层面上，真理则主要以理论的形态把握必然和实然，后者呈现为理论和事实的一致。"道理"一方面包含着与事实的一致，并隐含着对实然和必然的把握；但另一方面，如前所述，它又涉

---

① 《左传·昭公十八年》。

② 参见王庆节：《真理、道理与讲理》，载《年度学术2005》，中国人民大学出版社，2005年。

及"当然",后者("当然")总是包含着人的目的、理想和要求。质言之,除了与事实相符合之外,"道理"同时又体现了人的价值要求,在这一点上,它与"真理"显然有所不同。可以说,"道理"包含了"真"和"善"的统一:价值要求所实际体现的是普遍意义上的"善",与事实的一致则表现为广义上的"真",而在"道理"中,二者融合为一。"真"和"善"的背后是事实和价值的关系,"真"与"善"的统一,相应地隐含着事实与价值的统一。在哲学家们以分析的方式将"真"和"善"区分开来、把事实和价值彼此割裂之前,人们在实际的思维、实践过程中往往以统一的方式理解和把握二者的关系,"道理"这一概念便比较具体地体现了这一点。"真"和"善"、事实和价值的如上融合,在我们日常有关"道理"的言说中经常可以看到,比如,邓小平曾有如下名言"发展是硬道理",这里的道理,一方面体现为与事实的一致:发展是近代以来中国历史演进过程的客观要求,它符合中国现代化过程中一定历史阶段的现实状况;另一方面,所谓"硬道理"又以强调的方式表现了改善自己的生活、发展综合国力乃是人们的迫切要求,这里既在事实层面反映了客观历史条件的需要,又从价值的维度体现了人的理想与要求。

如前所述,"道理"内在地隐含实践智慧,后者的哲学意蕴之一,则是从纯粹的理论形态向实践过程转换。前面已提到,"道理"不同于纯粹的"知识"、思辨的"理论",它所涉及的"事实"也和单纯的对象性规定、属性不同,而是首先表现为在人的活动过程之中所呈现或形成的规定和关系。"理论知识"和"实践智慧"之间的区分在早期的哲学家那里就已经有所注意,亚里士多德就对实践的理智和沉思的理智做了区分,并认为沉思的理智与实践无关,而实践的理智则涉及行为过程;这种区分所隐含的前提之一,就是在广义的认识过程中我们不能停留于思辨形式的理论理性,质言之,理论理性应该向实践智慧转化。在有关"道理"的言说中,也可以看到这种趋向和内在要求:"道理"不同于单纯的"认知",它本质上包含着实践的品格。在前面提到的毛泽东的名言中,已可以看到"道理"的实践性指向:马克思主义的"道理"不是停留在口头上,不是仅仅表现为理论的思辨,而是要付诸于行动、转化为革命的实践。质言之,"道理"不仅说明世界,而且改变世界。

作为"道"与"理"的复合词,"道理"同时也体现了对普遍的法则与特殊情景的双重关注。"道"相对于"理",往往更多地体现了普遍的法则,《老子》将道视为宇宙的本源,《庄子》肯定道通为一,侧重的都是道的普遍涵盖性。韩非更明确地肯定了"道"的以上涵义:"道者,万物之所然也,万理之所稽也。""万物各异理而道尽稽万物之理。"①相对而言,"理"较多地涉及分殊。韩非已比较具体地指出了这一点:"凡理者,方圆、短长、麤靡、坚脆之分也。故理定而后可得道也。"②"理"作为与"道"相对者,在此主要和事物的特殊规定相关。后来宋明理学提出"理一分殊"之说,其中也肯定了理与具体对象的联系。在"道理"中,"道"所体现的普遍法则与"理"隐含的具体规定彼此融合,展示了实践境域中普遍性与特殊性的统一。

从总体上看,"讲道理"所体现的,是理性化的趋向:对合乎规则、合乎逻辑的要求,隐含着形式层面的合理性追求;对价值目的的承诺和肯定,则以确认实质的合理性为指向。然而,"讲道理"同时也渗入了理性和情意之间的关系。当我们肯定某人的话很有"道理"时,往往不仅仅指其推论具有逻辑性、言说有事实的根据,而且也指他的话合情合理,能打动人,并使人心悦诚服、乐于接受。在此意义上,"道

---

① 《韩非子·解老》。
② 《韩非子·解老》。

理"和"情理"无疑有一致之处,"讲道理"与"合情理"也彼此相通。从"情理"的内在含义来看,至少包括两个方面:一是合乎真相,"情"字在古代哲学中常常和"真"或实在相联系;庄子谈到"道"时,便认为"道""有情有信",在此"情"即与真实性或实在性一致;与之相应,"合情理"在此近于合真相。"情理"的"情"同时又和"情意"相联系,在这一意义上,"合情合理"意味着符合人的内在意愿,而不仅仅是反映外在的必然趋向。在日常语言中,当我们说某一推论、某一分析"合情理"时,有时便是指它们合乎问题所涉及的具体的情景,和客观背景一致;在另一些场合,讲"应当合情合理"则是指某种看法、主张不但要符合理性的原则,而且也要合乎人的内在意愿。与此相联系,当"道理"和"情理"彼此相通时,其中也蕴含着理性要和情意相通、观念应与真相一致这样的二重要求。尽管"道理"与"情理"这两个概念的涵义并不完全重合,而是存在内在差异,但在上述意义上,"讲道理"显然也同时意味着把"情意"引入到相关的问题情景或论域中,从而不同于仅仅在狭义的理性层面考虑问题,其中蕴含着理性化的追求与非理性的情意非彼此相斥之意。

前文已论及,"道理""讲道理"等所蕴含的如上哲学意蕴表明,在哲学家将必然与当然、法则与规范、真与善、理论与实践、理性与情意加以分离之前,日常的语言、生活实践已经以不同的方式肯定了它们之间的统一性。由日常语言的分析进而回到生活世界、回到实践过程,无疑有助于我们扬弃抽象的哲学思辨。

三

"道理"作为日常用语而普遍使用,固然主要是近代以来出现的现象,但"道理"所蕴涵的哲学意义却有其哲学史的渊源。从词源上追溯,"道理"是中国古典哲学中"道"和"理"这两个概念的连用,这种词源上的联系,也决定了"道理"与"道"和"理"之间的前后关联。历史地看,作为中国古典哲学的两个重要范畴,无论是"道",抑或"理",都包含着多方面的含义。"道"在中国古代哲学中,既是指存在的法则,如《老子》《庄子》所说的"道",便首先表现为存在的第一原理;又指向存在的方式,这里的存在方式不仅涉及世界如何在,而且包括人自身如何"在"。与存在方式相联系,"道"内含"理想"之义,事实上,"道"在中国古代哲学中常常即是在"理想"这一意义上使用的,当孔子说"谋道""忧道""道不同,不相为谋""人能弘道"等等时,其中的"道"主要便与社会理想,包括文化、道德、政治等等层面的理想相联系。"理想"既与当然相联系,又与人的目的、价值追求相关联。这里我们不难看到"道"所隐含的多重意义,《中庸》所谓"道不远人",也着重强调了"道"和人的存在之间的联系。在"世界之在"和"人之在"如上关联中,当然和必然、存在的法则和社会的规范之间也内在地交融在一起。

"道"的原始词义同时又与道路相联系,道路则涉及人的行走过程。《庄子》已指出:"道,行之而成。"① 在此,"道"的"道路"义进一步引向了"行走"义。事实上,"道"与人之"行"的关系,一开始已为传统哲学所确认。在《老子》那里,我们已可看到这一点:"使我介然有知,行于大道,唯施是畏。"② "行于大道"既指走在大路上,也寄寓着推行、遵循大道之意。后者在《老子·四十一章》中得到了更明确的表述:"上士闻道,勤而行之。"所谓勤而行之,便是指自觉地推行、遵循道。同样,孔子强调"谋道""弘道",也肯定了"道"的观念所蕴

① 《庄子·齐物论》。
② 《老子·五十三章》。

含的实践指向,后者随着儒学的历史演化而构成了儒家道论的重要内容,韩愈在谈到"道"时,便做了如下界说:"博爱之谓仁,行而宜之之谓义,由是而之焉之谓道。"①所谓"由是而之焉",既蕴含范导之意,又展开为规范制约下的实践过程。

"理"的概念也有类似情形。作为哲学范畴,"理"一词在先秦已经出现,韩非便已将它作为一个哲学范畴来使用,但如前所述,韩非更多的是从"分"与"殊"的角度来理解和使用"理"这一概念,所谓"凡理者,方圆、短长、麤靡、坚脆之分也"②,便表明了这一点。到了宋明时期,哲学家们对"理"作了更多的阐发,概括起来,主要也是从"所以然"和"所当然"二个方面来规定其内涵:"至于天下之物,则必各有所以然之故与其所当然之则,所谓理也。"③"所以然"近于现在所说的实然和必然,"所当然"则既指物之为物的规定,也包含应然、规范之意。认为天下之物普遍包含规范意义上的"所当然",固然表现了将"当然"泛化为必然的偏向,但其中又蕴含着沟通必然与当然之意。事实上,在中国古代哲学那里,"理"往往被赋予必然和当然双重含义。在对"理"的如上阐发中,我们可以注意到:一方面,"理"作为必然或"所以然"之故与事实、客观的法则等彼此相通;另一方面,它又作为"当然"而和人的理想、价值要求彼此一致,并与社会的规范相互联系。从"理"将"所以然"和"所当然"融合为一这一点上看,它和"道"显然也有相通之处。④ "理"与"道"各自所具有的如上涵义同样

---

① 韩愈:《原道》。

② 《韩非子·解老》。

③ 朱熹:《四书或问上》。

④ 钱穆在谈到"道理"时,认为"道"主要指当然,"理"则指必然(参见钱穆:《道理》,载《中国思想通俗讲话》,第8—9页),这一看法似乎未能注意到"道"与"理"皆涉及当然与必然。

也体现于作为两者连用的"道理"一词;不妨说,"道"与"理"所蕴含的多重意义,从历史的维度,制约着作为现代言说形式的"道理"及其内涵。

前文已提及,宋明时期的哲学家曾提出了"理一分殊"的命题。在这一命题中,"理"与韩非的规定有所不同而更多地指普遍原则:所谓"理一分殊",其涵义之一,是肯定普遍之"理"即体现于各种具体的情景、特殊的对象之上,这里也涉及"理"与具体情景、特定对象之间的关系问题。实践过程总是涉及"普遍原则"和"具体情景"的关系,从实践的维度看,"理一分殊"也体现了上述关系,它内在确认了普遍原则的引导应当与具体情景的分析相统一,后者同时构成了实践智慧的重要方面:实践智慧所关注的主要问题之一,便在于如何将普遍之理运用于、落实到具体的时空情境。在此意义上,"理一分殊"的观念与"道理"的实践指向及它所内含的实践智慧无疑具有历史的联系。

从更普遍的视角看,"讲道理"与古典哲学中的"是非之辩"同样存在历史的关联。中国哲学中的"是非之辩"既涉及认识论上的"真假"问题,又常常指向价值观上的"对错"。"真假"和"对错"有不同的侧重:在形式的层面,"真假"取决于逻辑上的一致与否,在实质的层面,它主要与是否合乎事实相关;"对错"则主要相对于规范而言,所谓"对",一般指合乎一定的规范系统,"错"则指偏离或违背规范系统,在此意义上,"对错"与正当、不正当一致。然而,在中国古代哲学的"是非之辩"中,真假问题和对错问题往往融合为一:某种看法或论点之为"是",不仅意味着它具有真实性,而且表明它隐含正当性("对");这种融合固然可能引向弱化认知意义上的"真",但其中又包含如下意蕴,即肯定"真"与"善"、事实和价值这两个领域之间的相关性。与真假问题和对错问题的彼此交融相应,真和善、事实与价值也超越了分离而以相互交融的形态存在。"是非之辩"所渗入的上述观念也以某种方式体现于"道理"的概念及"讲道理"的过程之中：二者在扬弃事实与价值的分离、肯定真与善的统一这一思维进路上，确乎前后相承。

（原载《世界哲学》2006 年第 2 期）

知性思维辨析

从康德开始,哲学家便对知性与理性加以区分,黑格尔对此作了更为深入细致的辨析;这种区分与辨析无疑有助于拓展关于理性思维的研究。就其超越感性的具体而言,知性似乎与理性有一致之处;但在把握对象的方式、过程以及所涉及的范围、层面上,知性又不同于狭义的理性。正确地界定知性思维,是把握理性思维不可或缺的方面。

一

知性思维究竟是什么?这是考察知性思维时首先面临的问题。在相关的研究领域中,对这个问题的看法往往不很一致。一些论者将知性思维主要归结为某种知识形态,另一些研究者则把它理解为思维过程中的某一阶段,等等。这些见解无疑各有所见,但同时又不免有偏于一端之蔽。如果我们对知性思维作一个总体上的鸟瞰,那就不难发现,知性思维事实上是一个由多重要素构成的复杂的统一体。具体地说,它至少包括如下三个方面:

其一,思维方法。知性方法的主要特点在于舍异求同,即"丢掉具体事物所具有的一部分多样性"①,而抽取其相同的(自身同一的)方面。从逻辑上说,舍异求同与分析方法有着难分难解的联系:前者往往是"通过所谓分析作用"而实现的。② 不过,知性方法是在撇开综合方法的前提下把分析方法的某些因素纳入自身之中,正是这一点,使它不同于辩证思维的方法。

其二,思维活动。康德曾对感性与知性作了比较,认为前者的作用在于直观对象,而后者的作用则主要是思考(to think)对象。③ 作为思考对象的活动,知性的特点主要表现为两个方面:一是截止运动,即把客体的发展过程裁割为不同的断层,然后对各个横断面加以研究。如为了从总体上把握价值形态的历史演变过程,我们首先必须把它分截为简单的价值形态,扩大的价值形态,一般的价值形态,货币的价值形态等阶段,并对它们的特点逐一加以分析。二是分解整体,即把完整的统一体分解为各个规定而加以考察,如研究植物,即可以把它分解为根、株、叶等方面,并进而把握其各自特点。前者主要撇开了事物的纵向联系而把诸断面抽引出来加以分析,后者则割断了事物的横向联系而把统一体的诸要素分离出来进行探究。

---

① 黑格尔:《小逻辑》,贺麟译,商务印书馆,1980 年,第 247 页。

② 黑格尔:《小逻辑》,第 247 页。

③ Kant, *Critique of Pure Reason*, Translated by N. K. Smith, Bedford/St. Martin's Boston, 1965, p.93.

其三,思维成果。如果说,思维活动构成了知性思维的动态方面,那么,思维成果则构成了其静态的方面。通过分解、截止等思维活动,知性已初步揭示了事物的内在规定,其成果主要以概念的形式表现出来。黑格尔说:"在'知性逻辑'(verstandeslogik)里,概念常被认作思维的一个单纯的形式。"①这里所谓"思维的一个单纯的形式",是相对于多样性、具体性而言的。质言之,在内容上,知性思维的成果主要表现为舍弃了事物的多样性、具体性而仅仅反映其某一片断或规定的抽象概念。

知性思维的以上三重要素并不是彼此分离的,它们之间有着内在的逻辑联系。知性方法规定了知性思维活动的基本程序及方向,后者(知性活动)事实上可以看作是运用知性方法去思考对象的具体过程:所谓截止运动,分割整体,不外是一种舍异(撇开多样性)求同(抽取自身同一的规定)的活动。从另一个角度看,知性方法总是内在于具体的知性思维活动之中,离开了知性活动,知性方法即是一种空泛的、无实在内容的东西,至多只能算是一种潜在的知性。只有在知性的实际活动中,知性方法才能由潜在转化为现实,并获得具体的规定性。至于知性思维成果与知性活动的相互依存关系,则更是显而易见的:作为知性思维成果的抽象概念,无非是知性活动的直接结晶,没有知性活动,知性概念即无从产生。另一方面,知性活动如果不通过知性概念而凝结、积淀下来,则势必成为稍纵即逝、不可捉摸的东西,从而丧失其实际意义。总起来看,所谓知性思维,实质上是一种由知性方法、知性活动及知性概念之间的有机联系而构成的复杂的思维现象。其中,知性活动处于核心的地位:它既赋予知性方法以现实性,同时又规定着知性概念的性质,从这个意义上也可以说,

---

① 黑格尔:《小逻辑》,第 327 页。

知性思维是一种运用舍异求同的方法把具体事物或过程分解为各个片断及规定、然后以抽象概念对这些规定加以凝固的思维活动。

任何思维活动总是与一定的认识过程相联系,以知性活动为核心的知性思维同样也并不存在于认识过程之外。具体而言,知性思维在整个认识过程中究竟构成了一个什么样的认识环节?这个问题只有通过把知性思维与认识过程本身联系起来加以考察才能澄明。

二

认识作为一个过程,以感性直观为其初始阶段。感性直观以表象为最高形式,这种认识形式大致有两个特点:其一,它以直观所及的外部特征为内容,因而具有外在性;其二,它以混沌的整体形式反映对象,因而具有整体性。这两个特点决定了感性直观必然要为后继的认识阶段所否定,因为认识的根本任务在于把握事物的内在之理以及变化的法则,而要把握事物的内在之理及变化的法则,首先就必须把事物分解为各种规定,并对它们分别加以考察。这样,从感性认识出发,认识发展的逻辑行程就必然表现为由事物的外部深入到事物的内部,由感性的具体演进到思维的抽象。这一工作主要是由知性思维完成的。知性一方面借助截止、分解等活动而深入到了对象的内在层次,从而扬弃了感性的外在性;另一方面又运用舍异求同等方式把"完整的表象蒸发为抽象的规定",①从而克服了感性的混沌性。黑格尔认为:"知性对于它的对象既持分离和抽象的态度,因而它就是直接的直观和感觉的反面,而直接的直观和感觉只涉及具体

---

① 马克思:《〈政治经济学批判〉导言》,《马克思恩格斯选集》第 2 卷,人民出版社,1995 年,第 18 页。

的内容,而且始终停留在具体性里。"①这里所说的"直接"性,是指外在性,"具体"性,则是指混沌的整体性。可以说,认识只有到了知性阶段,才能摆脱感性直观的外在性与混沌性,从而为把握事物的内在本质以及达到理性的具体提供必要的前提。

随着知性对感性的扬弃,认识即进入了抽象思维的阶段。如果说,内在性(对内在规定的把握)主要提供了划分知性与感性的标准,但尚未把知性与理性区分开来(因为理性也同样具有内在性的特点),那么,抽象性(分离性)则不仅使知性不同于感性,而且使之区别于理性。因此,可以说,抽象性是知性思维更根本的特点。知性思维的抽象性主要表现为执着各个规定的自身同一,而撇开了它们之间的相互联系:"就思维作为知性(理智)来说,它坚持着固定的规定性和各规定性之间彼此的差别,以与对方相对立。知性式的思维将每一有限的抽象概念当作本身自存或存在着的东西。"②从表象中抽象出来的各个规定,在知性阶段尚处于彼此分异的状态之中,它们之间原有的联系(包括与过程相关的纵向联系以及与整体相关的横向联系等等)被暂时地割断了。但是,从整个认识过程来看,这种以暂时割断联系为特点的抽象,仍具有其存在的合理性。从过程的观点看,"认识向客体的运动从来只能是辩证地进行的:为了更准确地前进而后退。"③以具体性的标准来衡量,知性的抽象无疑是一种后退:它意味着从表象的具体后退到抽象的规定,但这种后退客观上又恰恰是"更准确地前进"所必须的,因为"如果不把不间断的东西割断,不使活生生的东西简单化,粗糙化,不加以割碎,不使之僵化,那么我们就

---

① 黑格尔:《小逻辑》,第 173 页。

② 黑格尔:《小逻辑》,第 172 页。

③ 列宁:《哲学笔记》,人民出版社,1972 年,第 310 页。

不能想象,表达,测量,描述运动……不仅对运动是这样,而且对任何概念也都是这样"。① 把过程加以截止,把整体加以分解,正是在思维中把握活生生的具体事物的必要条件:人们总是从某一横断面出发,进而向后回溯与向前展望,离开了对事物的相对静止状态的考察,就不可能真正理解它的发展过程;同样,如果不首先对客体的各个方向、各种规定分别作细致的研究,也就无法在思维中再现对象的整体。马克思曾以人口分析为例,对此作了十分精辟的阐述:"如果我从人口着手,那么这就是一个混沌的关于整体的表象,经过更切近的规定之后,我就会在分析中达到越来越简单的概念,从表象中的具体达到越来越稀薄的抽象,直到我达到一些最简单的规定,于是行程又得从那里回过头来,直到我最后又回到人口,但是这回人口已不是一个混沌的关于整体的表象,而是一个具有许多规定和关系的丰富的总体了。"②马克思在这里把"达到一些最简单的规定"作为上升到理性的具体之逻辑前提,而这正是知性思维活动的基本内容。由此可见,知性思维不仅相对于感性直观有其存在的理由,而且从认识向理性思维发展这一角度来看,也同样有其存在的必然性。

知性思维不仅构成了认识由感性的具体过渡到理性的具体之必要环节,而且本身包含着通过否定自身而实现这种过渡的可能性(根据)。如前所述,"知性所做的事是指出事物的各个性质"③,即它仅仅抽出了事物的单个规定,而没有进而揭示这些规定的相互关系。正是这一局限,构成了知性思维自我否定的内在因素:它决定了知性思维必然要为认识的辩证运动所扬弃。黑格尔指出:"知性诚然通过

---

① 列宁:《哲学笔记》,第 285 页。

② 马克思:《〈政治经济学批判〉导言》,《马克思恩格斯选集》第 2 卷,第 18 页。

③ 黑格尔:《自然哲学》,梁志学等译,商务印书馆,1987 年,第 18 页。

抽象普遍性形式,给予它们这样一个姑且说是有的坚硬,为它们在质的领域的反思和反思领域里所不具有的;但是知性通过这一单纯化,同时使它们有了精神并磨砺它们,以致使它们恰恰是在这一顶点上才获得消解自己并过渡为它们的对立物的那种能力。"①这也就是说,知性通过赋予各个规定以抽象普遍性的形式,使之由外在的特征转化为思维的规定("有了精神")并进而将这种抽象的普遍性加以片面化("单纯化")与固定化("坚硬化"),使各个规定的对立达到尖锐的程度,从而为它们的彼此沟通(过渡)提供了内在的逻辑根据。在科学史上,这种情形是屡见不鲜的,例如,在对光的认识上,牛顿提出了光是由一道直线运动的粒子组成的观点,惠更斯则认为,光实质上是一种波。这两种看法各自抓住了光的某一规定性,忽视了这两种规定之间的联系,从而实际上处于知性思维的阶段。随着光学的发展,粒子说与波动说都获得了某些根据(如波动说得到了光的干涉与衍射现象的确证,而粒子说则得到了光电效应现象的支持),从而进一步向两个极端发展。这种片面的发展,客观上又为二者相互过渡准备了前提。最后,在量子理论诞生以后,思维终于达到了理性阶段:人们认识到,粒子与光波并不是相互排斥的,而是光的两种相互联系的规定,光具有波粒二象性。总起来看,知性思维的各个规定彼此过渡,相互沟通的过程,既构成了知性思维自我否定的具体内容,又表现为认识从知性向理性的发展。

从以上的分析中可以看到,知性思维一方面以内在性与分离性否定了感性表象的外在性与混沌性,另一方面又由于自身的抽象性而必然要为理性思维所扬弃。从整个认识过程来看,它具有过渡与

---

① 黑格尔:《逻辑学》下卷,杨一之译,商务印书馆,1976年,第280、279、540页。

中介的性质,是把握具体真理的必经阶段。知性思维的这一特殊性质与地位,使之与形式逻辑及形而上学的思维方式之间形成了颇为错综复杂的关系,要比较准确地把握知性思维的特点,就不能不对这些关系作一考察。

三

知性思维与形式逻辑的思维方式之间的密切联系,是显而易见的事实。黑格尔说:"知性的定律是同一律,单纯的自身联系。"①这种同一律同时也就是形式逻辑的主要规律,它的基本要求,就是以自身同一的观点来思考对象。知性思维在对混沌的表象进行抽象时,遵循的正是这种定律。它强调,某一规定即是某一规定,而不是其他。这种思维方式,在一定意义上也就是黑格尔所说的"单纯化"的方式。正是这一原则赋予思维以确定性:"无论在理论的或实践的范围内,没有理智(指知性——引者),便不会有坚定性和规定性。"②就这一点而言,可以说知性思维是形式逻辑原则在认识过程中的具体化。

然而,知性思维与形式逻辑的原则及方法并不完全相同。如所周知,形式逻辑所研究的,主要是思维的形式、结构,它并不涉及思维的具体内容。而知性思维的对象,则并不仅仅是思维的形式与结构,它同时包括感性直观所提供的各种有关客体的具体材料。换言之,知性思维并不停留在形式的推论上,而是着重于对感性内容的分析、抽象,等等。正是以具体事物为对象这一特点,决定了知性思维不仅要运用一般的形式逻辑的方法,而且必然直接或间接地与实践活动

---

① 黑格尔:《小逻辑》,第173页。
② 黑格尔:《小逻辑》,第173页。

相联系,因为对象的内在性质既不是感性直观所能提供的,也不是单纯的思辨推论所能揭示的,它往往要通过具体的实践过程才能逐渐暴露出来。这一点在自然科学的研究中表现得尤为明显。自然科学的实践亦即实验,实验的显著特点是具有选择性、分析性:它总是在撇开对象的某些因素的前提下,亦即在纯粹的(理想化)的形态下突出、强化对象的另一些性质。可以说,只有在实验的基础上,才有可能真正抽出事物的各个规定而精确地加以考察。例如,要把握某种客体的化学性质(亦即该对象的某一方面的规定性)就必须诉诸化学实验。在这里,知性离开了实验即寸步难行。正是在这个意义上,恩格斯把实验列为悟性(知性)活动的要素。① 从这方面看,如果把知性思维完全等同于形式逻辑的思维方式,则势必抽去其具体内容及客观基础,从而使之流于空疏。

将知性思维与形而上学的思维方法等量齐观,②是知性思维经常遭到的又一误解。从形式上看,知性思维与形而上学的方法确实有不少相似之处,如在抽象性、坚硬性(固定性)等方面,二者往往是相近的。但相似、相近不等于相同。如果作一番比较具体的分析,那就不难发现二者之间存在着本质的差别。把形而上学方法与知性思维混为一谈的根据之一,即是认为二者均坚持抽象的同一,这样,欲区分二者,便不能不对知性思维的同一(亦即形式逻辑的同一)与形而上学的同一作一比较。知性的同一,如果以形式逻辑公式来表示,即是 A=A,它强调的是对象的自身同一。所谓自身同一,即是肯定该物即是该物,而不是他物。至于对象本身的内在差异,知性并不加以否

① 参见《马克思恩格斯选集》第 4 卷,人民出版社,1995 年,第 332、323 页。

② 在现代哲学的语境中,形而上学往往既被视为存在的理论,又被理解为思维的方式,这里的形而上学主要就后者而言。

定,它只是不作研究而已。从逻辑上说,承认事物的内在差别与知性的同一并不矛盾,例如,说"A＝A"与说"包含差别的 A＝包含差别的A"并不相互矛盾,而这两个命题都同样为知性思维所承认。如前所述,知性思维的成果是自身同一的抽象规定。从整个认识过程来看,这种自身同一的规定恰恰是以潜在的形式包含着内在差异(否则,从抽象到具体的思维行程,就成了仅仅对各种抽象规定作机械组合的过程),因而知性思维对这些规定的揭示与肯定,同时也就以潜在的形式承认了其中蕴涵的内在差别。与此不同,形而上学的同一则完全否认了内在差别的存在,在它看来"包含差别的同一"这种提法本身是悖理的,同一只能是无差别的绝对同一。如汉代的哲学家董仲舒认为:"天之常道,相反之物也,不得两起,故谓之一,一而不二者,天之行也。阴与阳,相反之物也,故或出或入,或右或左。"①质言之,阴与阳作为对立的两个方面不能同时存在于同一事物中,它们只能或者前后相继,或者分别存在于左右两方。严格地说,只有这种形而上学的绝对同一,才是与辩证法所说的具体同一相对立的抽象同一。

与"同一"问题上的分歧相关,知性思维与形而上学在如何看待不同规定的区别这一问题上,也有着本质的不同。恩格斯说:"与自身的同一,从一开始起就必须有与一切别的东西的差别作为补充。"②知性思维在坚持自身同一的同时,确实有执着各规定的分别而撇开它们的联系这一面。但是,首先,撇开联系并不意味着排斥联系,知性强调各规定之间的区别,旨在克服感性表象的混沌性:在表象中,各规定的特殊性质往往被整体上的混沌性、模糊性所掩盖,为了使这些规定以确定的形式呈现出来,就不能不暂时撇开它们之间的联系

---

① 董仲舒:《春秋繁露·天道无二》。
② 恩格斯:《自然辩证法(节选)》,《马克思恩格斯选集》第 4 卷,第 323 页。

而着重考察其彼此界限,换言之,知性思维所坚持的区别性,实质上即是确定性,它的对立面主要不是各规定之间的相互联系,而是感性的混沌性、模糊性。知性虽然对诸规定的相互关系不加讨论,但它也并不否认这种联系的存在。其次,知性思维所说的区别,本身具有过渡的性质。知性思维专注于各规定的确定性(区别性),而一旦对规定本身的特殊性质加以深入的探究,则它与其他规定之间的固有联系即将逐渐呈现出来,这就在客观上为把握它们之间总体上的联系提供了前提。正是基于知性思维的这一特点,黑格尔把知性称为"使各规定性过渡的唯一的威力",①也正是知性的这种过渡性质,决定了它并不构成关于外部世界的最后定论。与此相反,形而上学并不是从克服感性的模糊性与笼统性、保证思维的确定性这一角度强调事物各规定之间的分别,而是把区别本身作为一种抽象的原则而加以无限夸大,以此排斥相互联系的原则。在它看来,对象的诸规定之间既然有确定的界限,那么它们必然就是彼此隔绝的:"是就是,不是就不是,除此以外,都是鬼话。"②这就完全勾销了事物之间的关联。如果说,在知性思维中,客体之诸方面的区别具有相对的(过渡的)特点,那么,形而上学则赋予这种区别以绝对的、最终的性质,从而使之泛化为关于整个世界的根本看法。

在肯定知性思维与形而上学之间的本质差异的同时,也必须看到:二者之间并没有不可逾越的鸿沟。如果停留于知性思维,否认其过渡性(亦即否认从知性向理性转化的必要性),把知性思维的成果视为完成了的、最终的认识形式,那就不可避免地将走向形而上学,

---

① 黑格尔:《逻辑学》下卷,第 279 页。

② 恩格斯:《反杜林论》,《马克思恩格斯选集》第 3 卷,人民出版社,1995 年,第 360 页。

例如,把知性的同一绝对化,使之成为思维的唯一原则,那就容易转化为形而上学的抽象同一;把抽象规定之间的区别推向极端,则势必导致孤立、静止的思维方式,如此等等。为了避免从知性思维向形而上学的转化,就必须像黑格尔所说的那样,将知性"隶属于辩证法之下",①换言之,也就是自觉地把知性思维作为辩证思维(理性思维)的一个从属环节。

（原载《华东师范大学学报》1986 年第 3 期）

---

① 黑格尔:《逻辑学》下卷,第 540 页。

人生之境

面对凯歌行进的现代化过程,人们比以往任何时候都更深切地感受到了工业化、信息化等力量。然而,对现代文明的礼赞,往往又伴随着一个无法回避的问题:在机器与商品的迅猛扩张中,人自身的位置究竟何在?这是一个令人困惑的悖论:现代人似乎拥有一切,但却难以安顿人自身。

作为理性的主体,人总是不断地追寻存在的意义并企望实现自身的价值,从哲学家到普通人,尽管自觉的程度及沉思的深度各异,但如何在世界之中挺立自身,始终是人的关注之点。而当现代文明伴随着商品经济席卷而来时,这一问题便显得越来越突出与紧迫了。

人贵在志于道。道的具体内涵可以不同,但它总是带有某种理想的形态。作为一种超越的追求,理想(道)往往以强化的形式,凝聚了人们对人生意义及价值目标的理解和设定。在这一意义上,可以把自我实现看作是走向理想之境的过程,理想是人的灵魂。一个缺乏理想的人,在尘世的喧嚣中往往或者麻木,或者沉沦,以至最终失去本真的自我。唯有志于道,才能建构自我安顿的内在根据,并不断在二重意义上实现超越:拒斥世俗的同化,始终坚持崇高的人生取向;化本然的我为应然的我,展现自我的潜在价值。前者是对外在世界的超越,后者则是对内在自我的超越,二者构成了同一过程的两个方面。正是通过如上过程,主体逐渐由迎合躁动的异己世界,转向自我本身的提升和完善,并在理想的洗礼中卓然挺立。

当然,超越并不意味着离开日常世界。人自来到这个世界之时起,便注定只能生活于其间。如果把走向理想之境理解为归隐离世或隔绝于日用常行,那就难免步入生活的另一误区。人的存在历史早已昭示我们:一旦离开了现实的生活根基,超越便会导向虚无或寂灭,而在虚无与寂灭中,自我同样难以找到安身之所。西方的基督教以上帝之城为人的理想归宿,结果却使个体面对遥远的彼岸而愈益显得渺小无力,这种超验的进路留给人的是内在的心理重负。生活本质上是辩证的:它要求人们超越世俗,但又拒斥一切远离现实生活的企图。中国哲学已有见于这一人生辩证法:"极高明而道中庸。"①此所谓中庸涉及日用常行(庸言庸行)。一方面,自我不能沉沦于世俗,而应当追求高远的道(极高明),另一方面,这种追求又并非游离于现实,而是展开于日用常行之中(道中庸)。换言之,生命价值的实现,表现为一个在日常世界中超越日常世界的过程。这里蕴含着深沉的人生智慧,它提示我们:在一切平凡的践履之中,自我都可以通

① 《中庸》。

过对道（理想）的执着追求而达到心灵的净化和超脱。一旦迈入这种境界，那么，尽管所作的仍是日常之事，但这种活动同时又获得了新的意义。

"极高明"本质上是一种理性的要求。理性赋予人以反省意识，并使人自觉地关注于自身的价值与存在意义；自我的超越在一定意义上便展现为理性的升华。这里所说的理性，首先是与人生的终极关怀相联系的价值理性。广义的理性还包括所谓工具理性。在工业化的历史进程中，工具理性曾经显示了其难以抹煞的力量，然而也带来了无可讳言的负面结果。随着工具理性的权威化，功利的追逐往往成为目的本身，人或多或少被降格为手段。这里内在地蕴含着二种理性的紧张与对峙：按照价值理性，人本质上是目的而不是手段，但工具理性却向人是目的这一命题提出了挑战。如何化解如上的紧张？这是现代人在寻求自我挺立时所无法回避的问题。简单地以价值理性否定工具理性显然是不明智的，它将导致对现代文明的虚无主义态度，合理的选择在于恰当地定位二者。就个体而言，他既要以开放的心态对待现代科学，同时又必须把工具理性置于价值理性的规范与制约之下。孔子曾提出"君子不器"，这一主张的内在含义之一即是主体不应当被工具化，它在今天无疑显得更为重要。

理与欲相对。确定价值理性的主导地位，同时意味着从人欲的境界得到提升。作为不同于理性的趋向，欲主要体现了人的感性要求，它所展示的，更多的是人的生物学特征。在感性欲求这一层面，人与一般动物很少有本质的区别。诚然，随着物质文明的发展，可欲的对象与日俱增，人欲的范围也相应地日渐扩展。然而，这种扩展无非是饮食男女等原始欲求的延伸。如果仅仅停留在这些领域，那么，人便只能是生物学意义上的存在，而无内在潜能与价值可言。宋儒早已对德性之知与见闻之知作了区分，后者与感性欲望同处一个序列,前者则表现为理性的良知。德性之知当然不是先天的,它本质上形成于实践过程,但作为理性之知,它同时又从一个方面凸现了人的族类本质,并使人一再地意识到了自身的尊严;也正是主体精神的如上品格,使人从声色货利的骚动中得到宁息,并进而净化、提升自我。不妨说,唯有使物欲得到理性的制约,人生才能摆脱外在的纷扰而步入健康的轨辙。

当然,以理制欲,不应理解为存天理灭人欲。理性固然表现了人的本质特征,但人并非仅仅由单一的理性构成;无视人的感性需要,禁绝人的物质欲望,必然将使人变得片面,并最终导致人性的扭曲。当理与欲处于对抗关系时,人生的旅途必将出现另一种纷扰和痛苦。事实上,西方现代文明在为感性本能的过度释放提供可能的同时,又常常表现为另一极端,当代人本主义者(如马尔库萨)等对理性专制的反叛,即可视为对后者的抗议。如何终结这种二极徘徊?较为合理的思考方向似乎是在以理制欲的前提下重建理性与感性的统一,并由此达到健全的人格。只有达到这种统一,自我才能在解脱物欲之梏的同时,又避免理性的专制,从而使人生过程获得合乎人性的基础。

理性是人化(文明化)的产物,感性则更多地带有自然(天)的痕迹。这样,主体在世便始终涉及天(自然)与人的关系。从宏观的角度看,当人(作为族类的人)从自然之中分离出来时,天与人便展开了其永恒的互动过程。文明的每一进步,都表现为对自然的超越,但这种超越又不能无视自然本身的法则和力量,否则便会受到自然的无情惩罚。从当今世界日益严重的生态破坏、环境污染等问题中,便不难看到这一点。天与人的关系同样关联着个体,当然,它又具有不同的形式与内涵。当个体刚刚来世间时,他在严格意义上还只是一种自然的存在,他所具有的自然本能最初并未为社会本质所取代。只有经过一个漫长的社会化过程，个体才能超越自然而成为社会学意义上的人，也只有在这一过程中，自我才能获得人之为人的内在价值，就此而言，自我的完成和实现，总是伴随着从天（自然）到人的转换；唯有走出自然状态，人的生命才具有崇高的意义。

然而，自然的人化不能归结为对天性的简单否定。正如广义的文明进步不能无视自然本身的法则一样，个体的社会化也不能完全悖逆人的天性。自然的本性并不等于恶，现代人本主义心理学家早已指出，人的天性之中，一开始便包含着健康的潜能，社会化的过程在某种意义上同时表现为人的潜能的展开过程。如果一味敌视压抑人的天性，那就往往会扼杀自我的创造性和内在活力，并最终使文明成为对人的一种外在强制和束缚。当天与人在主体之中成为彼此对抗的两极时，人生便将陷于内在的分裂，从而难以实现其存在的意义。现代工业文明固然为人带来了种种的进步，但这常常又是以天与人的失衡为代价的。在现代西方，市场导向渗入社会的各个角落，人开始习惯于按市场价值来塑造自我；程式化、公众化的行为模式，使人渐渐忘记了自己是有独立意志和情感的个体；专业化的形成及大众传播媒介的发展，又使个体成为各种专业权威的服从者。在诸如此类的无形网络中，自我逐渐失去了淡泊的情趣、高旷的意境、自由的想象。文明的生活方式，似乎正在铸造一种无个性的人格。道家强调"无以人灭天"，这固然有消极的一面，但其中包含的法自然（遵循自然法则）的要求，在今天似乎并没有完全失去意义。总之，在实现自然人化的同时，不应忽视人的自然化（法自然），后者既表现为自我固有潜能的展开，又意味着避免文明对人性的戕贼。当人道的原则与自然的原则得到协调时，自我便将既体验到人之为人的尊严，又能摆脱外在的人为束缚而始终保持创造的个性。

天与人的如上统一，在狭义上主要指向个体人格的自我完善。

按其本义,人生过程首先是以个体为其承担者,并在某种意义上表现为个体的自我实现。儒家主张"成己",存在主义追求本真的我,都在不同程度上注意到了这一点。在人生之路上,个体诚然不能忽视群体的要求和影响,但他又必须独立地选择自己的理想境界,勾画自己的生活蓝图,并依靠自己实现存在的意义。孔子强调为仁由己,显然已有见于此。一个意识到自我价值的人,总是既肯定内在的德性涵养,又注重主体的多方面发展。一旦失去了自我,便同时意味着人生之路的终结。就此而言,自我的价值的实现,首先以自我的认同为前提。

然而,自我毕竟不是一种孤立的存在,他总是生活在社会群体之中。孔子早已注意到了此点:"吾非斯人之徒与而谁与?"这样,在实现生命价值的过程中,个体不仅面临天(自然)与人的互动,而且不能不同时涉及群(群体)与己(自我)的关系。自我的安顿固然应当以自我的认同为前提,但这种认同不能走向自我的封闭。如果像存在主义那样,仅仅关注一己之域,试图在自我的狭隘世界中去寻找存在的价值或完美的人生,则最终难免导向自我中心主义。后者本质上是一种缺乏健全内容的人生取向,它必然将在无情的现实中碰壁。存在主义所谓"他人即是地狱",表达的即是这样一种消极的人生信念,在个体与群体(他人)的这种对峙与冲突中,自我除了困扰于焦虑、孤独、畏惧、绝望等心理体验外,别无其他出路。反之,一个具有健全人格的主体,总是在肯定自我价值的同时,又积极地关怀着群体的命运。宋儒有言:"为天地立心,为生民立道,为去圣继绝学,为万世开太平。"这便是对群体关怀的一种形而上的表述。如果转换其具体内涵,那么它在今天仍有其意义。正是在这种忧国忧民的群体关怀中,自我逐渐趋向于崇高的人生境界,后者同时又赋予主体以实现生命价值的内在力量。从另一侧面看,群体的认同又展开为主体间的交往与互动,这是一种互为目的的关系,其目标在于达到主体间的相互沟通与理解,并消除彼此的冲突与紧张。概言之,主体的自我认同应当与群体认同达到内在的一致,唯有如此,人的存在才能获得其本来的意义。

如何建立合理的主体间关系,是中西哲学家很早就开始关注的问题。相对而言,西方哲学家较多地考察了正义的原则。按亚里士多德的理解,正义意味着每一个体都能得其应得。从正面看,得其应得也就是实现个体所具有的权利,其内核是对权利的普遍尊重和确认。这种原则体现于主体间关系,则既表现为主体对自身权利的肯定,又展开为交往双方对彼此权利的相互尊重。正义原则总是涉及利益的公正分配,并相应地关联着现实的福祉。从亚里士多德到罗尔斯,西方哲学始终极为注重正义的原则。这种原则对建立合理的主体间关系确实不可或缺。在某种意义上可以说,没有正义原则就难以建立健全的社会。

不过,正义原则所体现的合理性更多地带有形式化的特点,它固然似乎公正不偏,但又是无人格的、冷峻的。与正义原则相辅而相成的,是仁道原则。仁道原则的基本精神在于尊重和确认每一主体的内在价值,它既肯定主体自我实现的意愿,又要求主体间真诚地承认彼此的存在意义。孔子以爱人规定仁,孟子以恻隐之心为仁之端,等等,无不表现了对主体内在价值的注重。这里不仅蕴含着人是目的的理性前提,而且渗入了主体间的情感认同。主体间的交往当然离不开语言层面的对话,但单纯的语言交流往往只能使人明其意义并相互理解,而基于仁道的情感认同则常常能使人进一步得其意味,并达到相互沟通。仁道的原则既要求主体关注自身的存在意义,又要求通过主体间存在价值的相互确认而走出自我、打通人己;它对于抑制以利益计较为交往原则的趋向,无疑亦有不可忽视的理论意义。

总之,合理的群己关系应当建立在正义原则与仁道原则的统一之上。

相对于群体(大我),个体(小我)的存在总是有限的:每一个体都不可避免地要走向生命的终点。与这一无情的事实相联系,在人生之路的延伸中,总是交织着生与死的问题。孔子说:"未知生,焉知死?"这里的关注之点首先是生。海德格尔则认为,唯有在死亡来临之际,人才能真正体验到个体的一次性与不可重复性,并领悟生命的意义。这种思路与孔子刚好相反,它可以概括为:未知死,焉知生?古今哲学家的这些看法,从不同侧面注意到了人的存在过程与生死问题的关联。确实,既然死是人的必然归宿,那么,人生的意义究竟何在? 死的必然性突出了人的有限性,因此,问题的关键在于如何超越有限。宗教以来世为永恒的"家",试图在彼岸的追求中超越有限,而以此为进路,则往往淡化生命的现实意义。

有限的超越并不仅仅在于自然生命的绵延。人同时又是一种文化的存在,后者在更深的层面上规定了人生的意义。正如自然的生命在前后相继中表现为不绝之流一样。文化生命在某种意义上也展开为永恒的历史长河。在继往开来的文化演进中,作为文化存在的个体一方面承继了前辈的文化遗产,另一方面又通过自己的创造为后代留下了新的文化成果;他在世界上固然来去匆匆,但他所建立的文化业绩却并不会随着他生命的终结而消失:这些文化成果必将融入历史的长河,并进而指向无穷的未来。在这里,重要的是人自身在生活过程中的文化创造和道德挺立。如果一个人真正尽自己所能,努力从事文化建设并在道德实践中展现崇高的人格力量,那么,生命的终结对他来说并不意味着走向虚无,因为他的生命和人格早已与类的(大我)的文化生命融合为一,并随着后者的延续而获得恒久的意义。总之,有限的超越并不存在于彼岸世界的外在追求中,它即展开于主体的文化创造和道德实践过程;后者不一定是惊天动地、轰轰烈烈的伟业,相反,它更多地表现为日用常行中具体的文化积累和高尚德性。当主体的文化业绩和内在人格在历史的长河中绵绵延续时,他的存在价值也就同时得到具体的展现。在这一过程中,自我既没有死的恐惧,也没有生的空虚,他能够真正以充实的生命安身于世。

从价值理性的主导,到有限的超越,自我逐渐由志于道而迈向理想之境,同时又始终植根于生活世界的现实土壤,在二者的统一中,理与欲、天与人、群与己、正义与仁道、生与死等内在的紧张不断得到化解。于是,自我可以真正在价值的层面得到安顿,而人生的这一过程又以生命境界的升华和存在意义的实现为其深刻的内涵。

(原载《法言》1992 年 2 月号)

精神人文主义：意义及其扩展[*]

一

"精神人文主义"是杜维明先生近年提出的一个概念。从历史的角度看，"精神"与"人文主义"这两个概念都前已有之，但将两者结合起来而表述为"精神人文主义"，则表现为一种新的概念创造。法国哲学家德勒兹认为，"哲学是涉及创造概念（creating concepts）的学科"①，

---

 * 本文系作者于 2019 年 10 月在北京大学举行的"第二届精神人文主义学术研讨会"上的演讲记录。本文的研究同时纳入国家社科基金重大项目"冯契哲学文献整理与思想研究"。

 ① Gilles Deleuze and Felix Guattari, *What is Philosophy?* Translated by Graham Burchell and Hugh Tomlinson, Columbia University Press, 1991, p.5.

事实上,哲学的活动确乎难以离开概念的创造过程,一种新概念的提出,并不仅仅是术语的变化,在更实质的意义上,它往往同时表现为一种新的思想建构。

尽管在形式上,精神人文主义主要以"精神"来规定"人文主义",或者说主要侧重于精神的维度,但其内涵又非纯然单一,而是表现为一种综合性的观念系统。按照杜维明先生自己的解释,其中包含着四个环节或向度,分别是自我、社群、自然、天道。[①]

"自我"无疑是一个重要的观念,结合杜维明先生对自我的理解,我们可以注意到,"自我"既不是单纯的精神性的形态,也非仅仅表现为一种感性的存在,而是身和心之间的统一,这里体现的是对个体具体存在形态的肯定。"自我"同时又有别于角色,角色展现于一定的社会关系之中,其特点更多地体现于人在关系中所具有的某种功能,与之相联系,把"自我"归结为某种角色,在逻辑上容易走向以外在的关系、角色来消解自我。将"自我"本身提到重要地位、肯定"自我"具有不同于角色的主体意义,则意味着避免以上趋向。

与"自我"相关的是社群,后者具体表现为一定的社会共同体。"自我"本身存在于一定的社会共同体之中,正是在社会共同体中与他人共在和相互交往,赋予"自我"以现实的品格。仅仅注重自我、无视"自我"内在于其中的共同体,往往容易导向自我中心。相对于此,肯定社群的意义,意味着注重自我与他人的关联,其内在的指向,则是走出封闭的个体,在人与人之间的共在中成己(成就自我)、成物(成就世界)。言见于此,精神人文主义并不将自我视为封闭、孤立的

---

① 参见陈来编:《儒学第三期的人文精神》,人民出版社,2019 年,第 234—235 页。

个体,而是瞩目于自我之外的世界,注重个体与社会之间的沟通,关切人与世界的联系以及两者之间的互动。

由人我之间进一步扩展到天与人、物与我的关系,便涉及传统意义上的天或自然以及两者之间的关联。人既源于自然并内在于自然,又走出自然并与自然相对而成为自然的"他者",由此,自然与人的关系问题也随之发生。如何协调人与自然的关系,是人自身存在过程中无法回避的问题。历史地看,中国哲学很早已提出仁民爱物的观念,其中的"爱物"意味着将仁道的观念进一步引用于自然,它可以视为对待自然的总体原则。《中庸》提出"万物并育而不相害",更具体地展现了对自然的相关理解。从对待自然对象的角度看,"万物并育而不相害"表明:自然中的每一个体、每一对象都有其存在的理由,它们可以共同存在,彼此相容而不相互排斥。从人与自然的关系看,这里所确认的是,自然作为与人相关的对象,同样有其存在的意义。两者从不同的方面,体现了理解和对待自然的价值取向。

从总的思维趋向来看,精神人文主义上承中国哲学的如上传统,同样强调人与自然、天与人之间的一致。在肯定人的创造力量的同时,杜维明特别提到,人是宇宙过程中的"协同创造者":"人不仅仅是创造物,而且就是宇宙过程的协同创造者(co-creator)。他们积极地参与到'大化'(大的转变)中来。一旦我们理解了天是一种创造力的象征,是一种我们自己创造想象的内在部分的时候,我们就必须为这个'天人的'相互影响负责任。用《周易》里的话说,宇宙从来不是一个静态结构,而是一个动态过程。在其不断的开展中产生新的现实,通过创造性地将充满矛盾的既存秩序转变成不断创新的适宜过程。人类用入世进取、自我修养或某一灵修形式来仿效天之创造力。天之创造力实现在人类中,同样也实现在其自身之中,它是开放的、动态的、转化的、无休止的。对人类而言,它同样是内在的。"①在这里,人的创造力与自然(天)的创造力展现为相互关联的两个方面,作为宇宙的"协同创造者",人并非仅仅以外在的形式作用于自然(天)。如何避免天人之间紧张与对峙、如何引导两者走向和谐共在的状态,在此成为主要的关切之点。

较之自然,天道更多地涉及形而上学的层面。人总是具有形而上的关切,在中国哲学中,天道既是存在原理,也构成了终极关切的对象。不过,对中国哲学而言,形上层面的终极关切与生活世界中的日用常行并非彼此分离,《中庸》提出"极高明而道中庸",便确认了形上层面的终极关切与日常生活中庸言庸行之间的关联。精神人文主义同样注重沟通形上的天道与人的存在。从终极关切的层面看,人的存在首先与人心相联系,相应于此,在精神人文主义中,天道与人的存在之间的关联也被具体化为人心和天道如何相辅相成的问题。质言之,对精神人文主义而言,人在日常生活世界中的存在与形而上学关切之间的关系,乃是以人心与天道之间的统一为其现实形态。

二

以上所述表明,精神人文主义不同于单向度地偏于某一方面,其内容展开于多重维度。

从具体的内涵看,上述形态的精神人文主义涉及人与超验的对象、现实与超越之间的关系。"精神"首先指向超越的追求,在超越的追求这一层面上,精神人文主义同时隐含着宗教性。但同时,精神人

---

① 杜维明:《儒家视域之创造力》,载《否极泰来:新轴心时代的儒家资源》,北京大学出版社,2016年,第254页。

文主义又包含"人文主义"的内涵,这里的人文主义至少包含两方面的涵义:其一,坚持以人为本位,而非以人去依归神、上帝等超越的对象。对人文主义而言,人始终是目的,人性和人的价值应当加以关注和确认,近代人文主义追求人的个性解放和自由平等,对人的感性存在和理性本质给予双重肯定,等等,从不同方面体现了以上价值取向。与之相联系,在人文主义看来,人不能消解自身的存在而仅仅单方面地归属于超越的对象。精神人文主义也体现了人文主义以上总的思想趋向,这一意义上的人文主义,不同于超验形态的宗教。其二,人文主义的注重之点,首先指向现实或此岸。从西方近代人文主义的演化来看,人文主义一开始便包含着疏离于天国的趋向;在中国传统的仁道观念中,仁道的关切、对人自身存在的关注、对生活世界中日用常行的亲和,往往有别于单向地尊崇超越之天或彼岸的存在,所谓"未能事人,焉能事鬼?"①"敬鬼神而远之"②,等等,便表明了这一点。在这一方面,精神人文主义同样不同于关切彼岸存在的超验观念。肯定人文主义的以上观念在理论上具有如下意义:一方面,避免以超越对象的追求消解自我或走向人的退隐,另一方面,避免由此岸与彼岸、超越与现实的对峙而导致世界的两重化。从哲学层面来说,这同时意味着避免存在的玄虚化、抽象化。

当然,人文主义的关切固然既有别于单纯在精神层面讲超越,也有助于由此避免以上视域中的终极关切可能带来的负面结果,但从逻辑上说,仅仅执着于人文主义的立场,也可能导向狭义上的人类中心主义。有鉴于此,在谈到儒学的特点时,杜维明提出了超越人类中心主义的问题:"儒家的思想特点是最高的人文理念,要在最平实的

---

① 《论语·先进》。
② 《论语·雍也》。

日常生活中体现,仅仅从'凡俗'的角度,是不足以理解'人文主义'的完整性的。所以我们提出,对于'人之为人'的理解不仅要超越人类中心主义,也要超越人类学意义上对人的理解,人要成为'完人'。"①以"精神"和"人文主义"的结合为内涵的"精神人文主义",事实上已包含了对以上趋向的扬弃。从引申的意义上说,坚持以人自身为目的、以人为本位而拒绝依归于超越的对象,体现的是人的视域,后者同时可以看作是"以人观之"。这里需要区分狭义上的人类中心主义与广义上的人类中心主义,"以人观之"从广义上说也属人类中心的视域,事实上,这一意义上的人类中心是人所无法摆脱的:人总是从自身的视域出发去理解和把握世界,即使肯定天人合一、自然与人的和谐,依然体现了人的视域。比较而言,狭义上的人类中心主义主要限定于某一共同体、某一历史时期人群的利益,由此导致以狭隘的、急功近利式的立场对待人之外的对象,单向地对自然加以征服、支配,其结果,往往是牺牲整个人类,包括不同代际的人群的利益。这种狭义的人类中心主义无疑需要加以扬弃。这样,一方面,需要在人文主义视域之下,坚持"以人观之"的人道观念,由上帝走向人,始终将人作为关注中心,以此扬弃依归超越存在对人的消解;另一方面,又应当避免狭隘的人类中心主义取向。

进一步看,精神人文主义同时涉及如何超越或避免人的物化这一问题。在近代的演化过程中,人文主义往往逐渐与世俗化的趋向相结合,事实上,近代化的过程在一定意义上总是伴随着世俗化的过程,拒绝超越的追求也每每与世俗化相联系。然而,世俗化按其内在逻辑常常容易趋向功利化,后者则可能进一步引向人的物化。在启

---

① 杜维明:《新人文与新启蒙》,载《文明对话中的儒家:21 世纪访谈》,北京大学出版社,2016 年,第 227 页。

蒙主义所开启的"理性时代",便不难看到以上走向。基于以上背景,杜维明指出:"我们都是启蒙主义思想派生的产物,从启蒙主义运动产生的制度和价值观中获得了莫大的恩惠。但是,另一方面,我们也有必要对其未曾意料到的负面影响予以细心的注意。如果说,在这个'理性时代'的遗产中有非常重要的物理的、心理的、精神性的要素,是在这些要素的推动下产生了世俗主义、物质主义、功利主义、实证主义、科学万能主义等现代社会最为强大的意识形态,那么,我们所关注的问题就是:怎样才能改变现代的闭塞状况,怎样才能集结这些世界宗教的精神资源?"①世俗化、功利化和物化相互关联,无疑可能导致人文主义趋向某种负面的结果。相对来说,"精神"首先区别于物质或感性的存在,注重"精神"也相应地隐含着超越人的物化这一面。就此而言,作为"人文主义"和"精神"的结合,"精神人文主义"一方面通过以人文的关切制约精神化的进路,以此避免抽象的超越进路;另一方面又以精神的追求引导人文的走向,以此避免由世俗化进一步走向功利化以及人的物化。

　　精神人文主义同时关注不同文明之间的对话。杜维明强调精神人文主义是开放的、多元的,它面向世界的不同文明形态,并由此进一步展开不同文明之间的相互对话。在这一过程中,一方面,不同的文明可以逐渐相互了解、沟通,另一方面,这些文明形态之间又可以彼此接受、吸纳对方的发展成果。这里体现的是开放的心态,它既不同于以封闭、独断的立场来维护某种传统,也有别于无条件地去接受其他文明的观念,包括价值原则。这种对话同时表现为对其他文明的"倾听",通过这种"倾听",可以形成理解不同文明的能力,并在更广意义上推动人自身的成就:"所谓的对话方式,并不是单纯谋求同

_____

① 　陈来编:《儒学第三期的人文精神》,第241页。

一性和均等性。它是一种'成为人'的多样而有效的方法。我们要通过与不同生活方式的接触,来练就'倾听'的技术,培养关爱他人的伦理观和发现自我的能力。"①这种对话的前提,同时以现实的人为前提:"真正的文明对话的基础必须是具体的、活生生的人之间的对话。儒家在这方面,通过它的世界公民的语言,能够发展出一种对话,通过容忍和各种机制来创造一种对话的文明。"②这里既涉及前文提及的对真实自我(现实之人)的理解,也关乎不同文明之间的相互尊重。

冯契先生在上个世纪末曾提出,中国哲学和中国文化不仅应当了解认识西方哲学,而且应当以积极的姿态参与世界性的百家争鸣,按其实质,文明的对话也可以看作是参与世界性的百家争鸣:事实上,文明的对话与世界性的百家争鸣之间具有内在的相关性与统一性。这种对话与争鸣不仅仅限定于不同文明、不同传统之间相互了解对方的理论内涵、文化精神,而且在更内在的层面指向具有世界意义的当代文化的建构。作为文化发展的当代形态,在对话与争鸣中形成的具有世界意义的文化将体现人类的共同关切,融合不同文明在发展过程中所积累起来的文化成果,同时又基于当代发展的历史需要和历史背景,从而包含多方面的理论内涵。精神人文主义通过展开文明的对话、参与世界性的百家争鸣,最终指向的,便是这样一种具有世界意义的当代文化形态。

三

以上主要简略地阐释了杜维明先生提出的精神人文主义概念及

---

① 陈来编:《儒学第三期的人文精神》,第 241 页。
② 杜维明:《儒学、儒教与文明对话》,载《文明对话中的儒家:21 世纪访谈》,第 166 页。

其意义,以此为前提,同时需要关注精神人文主义的扩展问题。

从精神人文主义的扩展这一角度来说,重要的是引入"事"的视野。精神人文主义的追求与现实之"事"的展开过程,具有内在的相关性。宽泛而言,说明和把握世界总是涉及不同的角度和视域。历史地看,可以注意如下几种进路。首先是以"物"观之,在这一视域中,世界主要呈现为对象性的存在形态。肯定世界本于"物",无疑确认了世界的实在性,但在"物"的形态下,世界更多地表现为本然的存在形态,并以对象性为其内在特点:"物"作为本然的存在,主要表现为观照的对象,以"物"观之,侧重的是对世界的观照和说明,而不是对世界的变革。与以"物"观之相对的是以"心"观之,其特点主要在于以人的观念为出发点。这里的"心"泛指广义的意识或精神,包括感觉、理性、情感、直觉,等等,以"心"观之则或者表现为世界向感觉、理性、情感、直觉等的还原,或者以构造思辨的世界图景为形式。从宽泛的意义上说,以"心"观之似乎既涉及对世界的理解和说明,也关乎对世界的变革,但在思辨的形态下,这一进路不仅趋向于消解世界的实在性,而且赋予变革世界的过程以思辨性和抽象性。随着哲学向语言学的所谓转向,从语言的层面理解世界或以"言"观之成为另一种趋向。这一意义上的以"言"观之一方面涉及对象性的世界,另一方面又以语言层面的描述和逻辑分析为把握世界的主要方式。以此为背景,人所达到的,往往只是语言,而不是世界本身。

按照其实质内涵,精神人文主义与"以心观之"具有更切近的关联,在某种意义上可以看作是"以心观之"的一种独特形态。作为"以心观之"的具体形式,精神人文主义诚然既不同于对象性的静态关照,也有别于诉诸语言的进路,但是主要仍然是从心性的层面来理解世界与人自身的存在意义。仅仅局限于这一层面,往往容易走向思辨、抽象之路。从中国哲学的演化看,自宋明以来,哲学的主流趋向每每表现为以心性为进路去理解与观照世界,就注重精神、观念与意识等方面而言,精神人文主义与以上进路显然有着更多的切合性与承继关联。如所周知,传统心性之学包含内在的抽象性、思辨性,精神人文主义在以精神为主要关注之点等方面,与之多少呈现相近趋向。

从更广的视野看,除了"以物观之""以心观之""以言观之"之外,对世界还可以有更深层面的理解方式,后者具体表现为"以事观之"。按照中国传统哲学的理解,这里的"事"也就是广义上的人之所"作"。作为人之所"为"或人之所"作","事"不仅以人把握和变革世界的活动为内容,而且也以人与人的互动和交往为形式。就"物""心""言"与"事"的关系而言,只有在做"事"的过程中,"物"才进入人的视域,并成为人作用的对象,也只有在这一过程中,"心"和"言"才能逐渐生成并获得多方面的内容。离开人所做之"事","物"仅仅呈现自在或本然的形态;外在于人所做的多样之"事","心"则难以摆脱抽象性和思辨性;同样,在广义的"事"之外,"言"及其意义也无法取得现实品格。

与"以心观之"的思辨推绎和思辨构造不同,"事"既基于现实,又指向现实。以作用于对象的活动为特点,"事"不仅展开为人与世界的实际互动过程,而且涉及人的能力的提升、人的本质在对象中的外化或对象化。从做"事"的主体方面看,这里同时关乎"身"与"心"及其相互关系。从事多样活动的过程固然基于"身",但又离不开"心":以"事"为形式的对象性活动,总是展开为身与心的交融过程。精神人文主义诚然也肯定自我是身与心的统一,但未能将这一意义上的自我理解为"事"的主体,也未能把对象性的活动与上述自我联系起来。

从"事"与世界以及人自身的存在的关系来说,一方面,现实的世界基于人所做之"事"。这里需要将现实世界与本然世界加以区分：本然世界是指还未进入人的知行领域中的存在，与之相联系，这种存在与人尚未发生实质性的关联；人出现之前的洪荒之世、康德所说的自在之物在一定意义上便属于这一意义上的本然世界。相对于此，现实世界是指进入人的知行领域中、经过人的作用、打上人的印记的存在。这种存在也就是人生活于其间的世界，它非凭空而生，也不是以本然的形式存在，而是通过人所做之"事"而建构起来。中国哲学所说的"赞天地之化育""制天命而用之"，实质上也就是这样一种广义的做事过程，正是在"事"的展开过程中，现实世界得以生成。在这一意义上，现实世界的生成离不开人所做之"事"。

从人自身来说，其存在同样无法与"事"相分。从最初的先民运用石器等工具展开的多样活动，到现代信息技术条件下更为丰富的人类活动，人逐渐走出自然，成为自然的他者，并进而与自然相互作用。在这一过程中，人的能力不断提升，人的观念世界、精神意识也逐渐获得其具体内涵。离开了多样的做事过程，便既没有现实的人，也难以形成人的观念世界。就此而言，不仅现实世界基于人所做之"事"，而且人自身也因"事"而在：正是在参与多样之"事"的过程中，人塑造自我、提升自我，并获得现实的规定。中国哲学所说的成己与成物，也涉及以上方面：成己侧重于人自身的成就，成物则以现实世界的生成为指向，两者都展开于人所做之"事"。以人与现实世界的关系为视域，具有综合意义的"事"较之单一的"物""心""言"，呈现更为本源的性质，以"事"观之，也意味着从更为本源的层面理解世界和成就世界、理解人自身和成就人自身。

广而言之，人之所"作"首先包括古希腊以来亚里士多德以及康德所提出、马克思进一步加以丰富和发展的实践观念。历史地看，在西方的哲学传统中，对"实践"的理解经历了从伦理、政治领域进而扩展到科技、劳动的转换,政治、伦理领域的活动以人与人的交往为内容,劳动则既涉及人与人的关系(生产关系),又关乎人与物的互动。这一意义上的实践首先表现为社会性、群体性的活动,相形之下,生活世界中的日用常行,以及日常之行的个体之维,则似乎未能进入上述"实践"的视野。以中国哲学为视域,人之所"作"同时又涵盖了中国哲学传统所注重的"行",中国哲学传统中的"行"在侧重于伦理行为的同时,又与日用常行中的个体行为相联系。然而,无论是伦理行为,抑或日用常行,主要都限于人与人的交往,而缺乏人与物的互动等方面的实际内容。作为既包括西方哲学传统中的"实践",也兼涉中国哲学传统中的"行"的广义活动,"事"具有更广的涵盖性。从内容上说,"事"不仅涉及人所从事的观念性活动,包括科学探索、艺术创作、理论建构,等等,而且也关乎人的感性和对象性的活动,从而与人的存在过程中多方面的所"作"所"为"相关联。

从以上前提出发更深入地考察精神人文主义,便可以注意到,精神人文主义将"精神"与"人文主义"结合起来,固然体现了独特的意义追求,但从成己与成物的具体进程看,还应进一步关注如何与现实之维人所做之"事"的相互融合问题。一方面,如果离开了人所做的现实之"事",精神人文主义往往会容易趋于抽象、思辨的走向;另一方面,现实之"事"也需要精神人文主义从价值观念上加以引导和制约,以避免世俗化、功利化以及人的物化等趋向。换言之,在人的存在过程中,既应以精神人文主义所内含的抑制超验化、功利化等价值取向对人所做之"事"加以引导,又需要以人所做的实际之"事"赋予精神人文主义以现实性、具体的品格。在此意义上,引入"事"的视域既可以视为精神人文主义意义扩展的前提,也为精神人文主义更深沉的展开提供了可能的空间。

(原载《孔学堂》2020 年第 1 期)

智慧、意见与哲学的个性化
——元哲学层面的若干问题

从实质之维看,哲学表现为对智慧的探求、性道的追问,就形式的方面而言,"哲学"可以理解为概念的运用过程,其中包括概念的分析。进而言之,如果从狭义上的智慧追寻转向广义的智慧性思考,那么作为意见的哲学观念也可以融入于哲学。在此意义上,作为智慧之思的哲学可以涵盖作为意见的哲学。同时,应当区分哲学的结论和哲学的定论。哲学需要有结论,但是,结论不等于定论:定论往往只能接受,不可怀疑和讨论,但哲学的结论则可以放在学术共同体中作批判性的思考。对哲学的不同回答,同时与不同的哲学进路、哲学家的个性差异相联系,从根本上说,哲学本身便表现为对智慧的个性化追求。

一

　　"什么是哲学?"这一问题的提出本身就是一种哲学的追问。如果对古今各种关于哲学的论说作一概览,便不难注意到,对"如何理解哲学"这一问题的讨论很多,相关的定义也不少,但迄今尚未形成完全一致的看法。罗蒂曾直截了当地对"什么是哲学"这一问题提出质疑①,这一立场从一个方面表明,对以上问题的提法本身就有不同理解,如果欲就这一问题给出一个普遍都接受的回答,则更不是一件容易的事情。

　　不过,从另一角度看,"什么是哲学"这一问题本身又具有开放性。尽管定义式的回答很困难,但是,每一个从事哲学思考的人从各自的立场出发,仍可就这个问题作出自己的理解。总体而言,哲学的理解离不开哲学的历史,对"哲学是什么"这个问题的回答,同样也需要基于哲学的历史:这里最适当的方式,就是回过头去看一看,历史上的哲学家们——古希腊以来的西方哲学家们、先秦以来的中国的哲学家们——是怎么说、如何思的,他们提出了一些什么问题,又以怎样的方式回答这些问题,真实的哲学就存在于哲学史的这一思与辨的过程之中。如果从以上角度加以考察,那么,对于"什么是哲学"的问题,也许可以基于中国哲学和西方哲学这两种形态,形成一个大概的理解——虽然这不一定是严格的定义。

　　首先,追本溯源,哲学(philosophy)的涵义与"智慧"相关,可以概括为"智慧之思"。这一事实表明,哲学的起源一开始即与"智慧"联系在一起。谈到"智慧",便自然要考虑"智慧"与其他观念形式的区别,为什么哲学与"智慧"相关? 作为智慧之学,哲学与其他的学科到

---

　　① 参见杨国荣:《思想的长河》,北京师范大学出版社,2010年,第12页。

底有什么不同？这一问题涉及"智慧"与"知识"之间的关系。如所周知，"知识"主要与"分门别类"的学科相联系，它的典型形态可以说是科学，中国近代将"science"翻译成"科学"（分科之学），也有见于知识—科学的以上特点：作为一种知识性学科，"科学"以"分科"为其特点，而分科则意味着分门别类地讨论、理解世界上各种不同的对象。在分科的同时，科学以及更广意义上的知识也包含自身的界限，从物理、化学、生物等自然科学，到政治学、经济学、法学等社会科学，都有各自的界限。

　　然而，人类在理解这个世界的过程中，除了分门别类地了解不同的领域和对象之外，还需要一种整体的视域。事实上，世界在被各种知识形态分化之前，其本身并不仅仅以分化的形态出现，而是同时呈现为相互关联的整体。这样，要把握世界的真实形态，便不能限定在知识的界限之中，而是需要跨越知识的界域。事实上，"智慧"最基本的特点便在于跨越知识的界限，从不同于分化了的知识的层面去理解真实的世界。从认识世界这个角度来看，这种理解无疑是不可或缺的。以上是就"philosophy"这一概念的源头而言。

　　从中国哲学来看，中国古代没有"philosophy"意义上的"哲学"这一概念：尽管"智"和"慧"古已有之，但是，"philosophy"意义上的"智慧"，其出现则是近代以后的事。然而，这并不是说，中国历史上没有前面提到的"智慧"这样一种观念。这里需要区分"观念"与"概念"。

　　就"观念"这一层面而言，可以说，中国古代很早就有与西方的智慧探索一致的追问，这一追问集中地体现在中国哲学关于"性与天道"的探索之中。"性与天道"的讨论在中国古代很早就已开始，尽管孔子的学生曾经感慨："夫子之言性与天道，不可得而闻也。"①但这一

---

① 《论语·公冶长》。

感慨并不是说孔子完全不讨论"性与天道"或与之相关的问题：反观《论语》就可知道，孔子关于"性"与"道"具有非常深沉的见解。这里的主要问题在于，他讨论问题的方式不具有思辨性，对性与天道也非离开人的具体而真实的存在而加以追问。在"性与天道"之中，"性"在狭义上指的是"人性"，广义上涉及"人的存在"，"道"则关乎世界的存在原理，"性与天道"，总体上就是关于人与世界的普遍原理。在中国哲学中，从先秦开始，指向以上问题的追问就绵绵不绝。中国哲学不仅实际地追问关于"性与天道"的问题，而且表现出自觉的理论意识。从先秦来看，儒家一系很早就区分"形而上之道"与"形而下之器"，"器"关乎知识、经验、技术层面的追问，与此相对的"道"则是区别于知识、经验、技术层面的总体上的原理。同样，在道家那里，很早就形成"技"与"道"之分，在"庖丁解牛"的寓言中，庄子便借庖丁之口，提出"技"进于"道"，其中的"技"属广义的知识、经验之域，"道"则超越于以上层面，这里已经比较自觉地将经验性的探求与"道"的追问区分开来。

在中国古典哲学与中国近代哲学之交，哲学家对"性与天道"方面的探求形成了更自觉的理论意识，这一点具体体现在龚自珍的思想系统之中。如所周知，龚自珍既是中国古典哲学的殿军，也是中国近代哲学的先驱，他在总结清代主流学术——乾嘉学派的特点时，对当时的主要学科作了分类，并具体区分了十个门类，其中大部分是特定经验领域的学科，如训诂学、校勘学、金石学、典章制度学，等等，在此之外，他还特别列出与之不同的另一学科，即"性道之学"。可见，在中国哲学家那里，"性道之学"作为一种不同于技术、经验、知识层面的追问，在近代以前已经有了自觉的意识。总之，作为现代意义上的"哲学"这一概念在中国诚然较为晚出，但是，其中所隐含的观念，即作为一种理解世界的独特方式，则在较早时期已出现了。

法国当代哲学家德勒兹曾与人合著《何为哲学》（*What is philosophy*）

一书,该书也表达了对哲学的理解,其基本的看法是:哲学首先表现为一种创造概念(creating concepts)的活动。这里的"创造概念"主要指出了哲学在形式层面的特点。本文前面所说的哲学对智慧的探求、性道的追问,则主要是就实质内容上而言。从形式的层面看,也可以把"哲学"理解为概念的运用过程,其中包括概念的构造和概念的分析。现代西方哲学中的分析哲学,主要便侧重概念的分析,其他一些学派如现象学则更多地侧重于概念的创造,不管具体形态如何不同,二者都涉及概念的运用过程。概而言之,从把握世界这一视域看,哲学在形式层面的特点在于通过概念的运用展开智慧之思,由此走向真实、具体的世界。

<h1 style="text-align:center">二</h1>

前面提到,就其本源而言,哲学不能离开哲学的历史:我们无法悬置以往的历史,凭空构想一套观念,说"这就是哲学"。换言之,谈论哲学的时候,需要以哲学本身的发展历史为根据。正是以此为背景,前文指出了哲学与智慧之思或智慧追寻之间的关联。然而,关于智慧,我们也可以从不同的角度来理解。一些学人把哲学主要归于"意见",这与本文在前面对哲学所作的理解显然有一些区别。但这两者并非绝对地相冲突。从一开始提到的对哲学的理解——即哲学与智慧具有相关性、涉及对智慧的探求——出发,可以对哲学思考作进一步的理论区分。英国哲学家威廉姆斯(B.Williams)曾提出过两个概念,一个是真或真实(truth),另一个可视为真实性(truthfulness)。① 宽泛而言,"真"或

---

① B. Williams, *Ethics and the Limits of Philosophy*, Fontana Press, London, 1985, pp.198 – 202.

真实是比较确定的东西,如果你有充分根据说某一现象或观念真,那就不能随意怀疑;"真实性"则可以理解为一个不断向真趋近的过程。在某种意义上,有关智慧的问题也不妨作类似的理解:我们可以区分"智慧"之思和"智慧性"的思考。就广义而言,智慧性的思考都可归入于哲学,在这种智慧性的思考过程中,知识、意见都可以视为哲学之思的题中应有之义,都应该允许被纳入于其中。哲学不是独断的,任何特定学派、任何特定个体,都不能宣称唯有其理论、观念是智慧的探求,而其他都不是。哲学本身可以有多方面的看法,如果我们从狭义上的智慧追寻转向广义的智慧性思考,那么作为意见的哲学观念也可以融入进来。在此意义上,作为智慧之思的哲学可以涵盖作为意见的哲学。

宽泛而言,对哲学本身可以有两个层面的理解。追本溯源,从历史角度来看,哲学是与智慧的探求、性与天道的追问相联系的,但是近代以来尤其是当哲学进入到大学教育系统、成为专门的学习科目之后,它在相当意义上也取得了学科性和知识性的性质。按照本源意义,作为智慧的探求、性与天道的追问,哲学不是学科:学科属知识、科学之域。但是在近代以来大学的学科体系中,哲学渐渐成为招收学生、授予学位的一个专业,在这一意义上,它已取得学科性的形式。作为一种专业,哲学也涉及很多知识性的东西,比如说古希腊有多少哲学家、有多少哲学学派、他们各自有什么观点;中国古代从先秦以来有多少哲学家、多少学派,某一哲学家如孔子生于何地、何时,等等,对这些方面的把握,都带有知识性。以此为背景,我们对哲学的理解也可以稍微宽泛一点,这也就是说我曾多次提到的,可以把它理解为学科性和超学科性的一种融合:在本源的意义上它是超越学科的,在近代以来的形态下它又取得了某种学科的性质。作为包含知识之维的学科,哲学的追问、探求过程同样允许大家有不同意见。

从这方面看,在广义的哲学——趋向于智慧或智慧性的思考中,确实可以融入不同意见。

进而言之,当我们将哲学观念同时理解为一种意见时,这种看法的实质性的含义之一在于承认哲学是一种自由思考:意见不同于独断的教条,在此意义上,以哲学为意见,意味着从事哲学思考的人们可以自由地提出自己的看法,而不是独断地定于一尊。在这里,同时要区分哲学的结论和哲学的定论。哲学需要有结论,提出一种意见,便表明了自己的一种主张,后者同时意味着给出某种结论。但是,结论不等于定论:定论往往只能接受,不可加以怀疑和讨论,但哲学的结论则可以放在学术共同体中作批判性的思考。从更广的视域看,结论不等于定论还隐含另一重含义,即哲学作为一种趋向于智慧化的思考,同时展开为一个过程:它不是一蹴而就,静态地止于某一个阶段的。

肯定哲学观念具有某种意见的性质,是不是会导向相对主义?对此可以给出不同层面的理论回应。首先,认为哲学是一种意见、具有自由思考的形式,并不是说,它可以没有任何依据,可以天马行空式地、随意地提出任何观点。按照中国传统哲学的看法,哲学思考至少基于两个条件:即言之成理、持之有故。言之成理、持之有故的核心涵义,就是要进行逻辑论证。作为一种概念性的活动,哲学的思考不是给出一个意见就完事了,而是必须进行理论的论证:为什么这样说、依据何在?给出理由和根据的过程,也就是说理和论证的过程。一定的学术共同体可以按以上前提,判断某一意见是不是站得住脚:如果其整个论证是合乎逻辑、有根据的,那么至少可以在形式的层面肯定,这一意见可备一说。总之,哲学作为开放的系统,可以允许各种不同意见,但以意见的形式展开的自由思考,需要言之成理、持之有故。

哲学同时涉及经验式层面的验证。前面已提到,哲学作为一个与学科相关的系统,包含着知识性的内容,如哲学史上某一个哲学家诞生于某地、提出了某种学说,等等,这些都是经验性的东西,可以用在经验知识的层面(如历史考证)来证明。当然,哲学之中还包含形而上层面的问题,对这些问题的论证,相对而言比较困难。但对这类问题,也并不是绝对或完全不能加以任何论证。历史上的哲学家曾提出如下一类问题:我现在看到房间里有桌子,但如果我出去以后再回来,桌子还存在吗?这涉及"存在"问题,后者属形而上之域。对这一类形而上层面的问题,常识无须加以理会,但哲学却需要加以关注。有关这一类形而上的问题,同样不能完全随心所欲地立论,而是应当作哲学的论证,这种论证往往需要诉诸人的生活实践或人的生活过程本身。事实上,对于个别事物存在与否的问题,我们可以用日常的生活过程来确证。一个陷入思辨幻觉的哲学家,可以完全否定这个杯子的存在。但是一旦他感到口渴,要喝水了,他就会意识到:眼前盛水的杯子不是虚幻的,而是实实在在可以满足其饮水需求的东西。进一步说,对于更广意义上的"存在"问题,便需要用人类总体生活加以不断验证。人类的存在展开为一个历史过程,一些形而上问题也需要通过人类总体生活的不断延续来加以验证。生活实践的过程诚然包含相对性,但同时也具有确定性和绝对性,后者从一个方面为拒绝相对主义提供了根据。当然,在哲学层面,仅仅诉诸于日常经验是不够的,它同时需要基于具体的理论和逻辑论证。历史地看,哲学家确实也试图从不同方面提供这种论证。

三

如果对"哲学是什么"以及诸如此类的问题进一步加以追溯,便可注意到哲学领域中的不同进路以及哲学思考的不同方式。当人们试图对哲学给出不同界说的时候,这种界说实际上已体现了思维以及思考者本身的个性差异。对哲学的不同理解,与不同的哲学进路、哲学家的个性差异往往相互联系。与此相应,哲学本身事实上可以被视为对智慧的一种个性化追求。谈到个性化的追求,只要回过头去看一看古希腊哲学、先秦哲学以及希腊以来到现代的西方哲学、先秦以来到今天的中国哲学,就可以注意到,没有千人一面的哲学家,每一个哲学家都有鲜明的个性——只要他是真正的哲学家。

以近代哲学而言,康德与黑格尔便展现了两种不同的哲学进路。康德哲学的重要特点之一是"划界""区分":现象与自在之物,感性、知性与理性,理论理性与实践理性,以及真、善、美之间,都存在不同形态的界限。尽管他似乎也试图对不同领域作某种沟通,但在其哲学中,划界无疑表现为更主导的方面。相对于康德之趋向于划界,黑格尔似乎侧重于扬弃界限、再现世界的整体性,他本身由此更多地关注世界的统一、综合、具体之维。当然,黑格尔在总体上表现出"以心(精神)观之"的取向,对现实的存在以及现实的知行过程,往往未能真切地加以把握,这种终始于观念的基本哲学格局,使黑格尔难以达到现实的统一。

要而言之,从智慧的追求这一方面来看,哲学的探求本身并非只有一条道路,而是呈现多样化和个性化的趋向。从智慧之思的如上展开中,既可以看到哲学系统的多样性,也不难注意到哲学家本身的不同个性特点。

(原载《上海行政学院学报》2014 年第 6 期)

如何做哲学[*]

如何做哲学？这一问题涉及哲学研究的方式和进路。哲学在考察世界的同时，也不断进行自我反思，"如何做哲学"的追问与"何为哲学"的省思则彼此相关。从一般方法论的意义上看，作用于对象的方式和对象本身的规定之间具有一致性：可以说，对象的性质从存在的层面决定了人作用于对象的方式，同样，哲学作为把握世界的独特形态，也规定了我们做哲学的方式。

一

就其表达形式而言，"哲学"一词属现代汉语。从

---

* 本文内容基于作者 2015 年 12 月在上海中西哲学与文化研究会年会上的发言。

西方思想的背景看，"哲学"以"philosophy"来表示；从中国传统的文化背景看，与"哲学"相应者则为"性道之学"。事实上，龚自珍已经把"性道之学"与其他的专门之学（知识学科）区分开来，将其列为把握世界的独特方式。从实质的层面看，不管是西方的"philosophy"，还是中国的"性道之学"，作为"哲学"这一现代汉语概念的对应者，都表现为对"智慧"的追求。按其内在的品格，智慧不同于对世界的知识性把握：知识主要以分门别类的方式展开，其典型形态表现为科学。分门别类意味着对经验世界不同对象、不同方面、不同领域的追问，与之相关的特定知识领域往往彼此相分，由此常常形成各种界限。对真实的世界，不能仅仅限定于互有界限的层面之上，而是需要跨越界限，后者构成了哲学意义上的"智慧"区别于"知识"的内在特点。

在哲学的如上形态中，哲学的研究和思考过程与哲学家的生活过程往往相互交融。无论是先秦时代的孔子，还是古希腊的苏格拉底，其哲学思考和生活过程都呈现彼此重合的特点。对于这一时期的哲学家而言，哲学的探索和日常的生活实践难以截然相分，以中国哲学的观念表述，即为学与为人无法分离。此所谓"为学"，包括广义上的智慧追求或哲学探索，"为人"则涉及具体的践行过程。孔子很注重"为学"，《论语》首篇《学而》便从不同方面讨论有关"学"的问题，其中的"学"也关乎智慧的追求。对孔子来说，真正意义上的"学"（包括包括广义的智慧追求）并不是闭门思辨的过程，如果一人能够做到"敏于事而慎于言，就有道而正焉"①，便可以称之为"好学"。"敏于事而慎于言，就有道而正焉"属具体的做事、生活过程，以此为"好学"，表明包括智慧追求的"为学"过程即融入于实际生活中的为人过程。按孔子的理解，一个人只要对相关的人生理念身体力行，并

① 《论语·学而》。

实际地处理好各种人伦关系,则"虽曰未学,吾必谓之学矣"。① 从如何做哲学的视域看,以上观点意味着宇宙人生智慧的探索即展开于多样的社会生活过程。

近代以后,哲学开始进入大学的教育系统,成为诸多学科中的一种。哲学曾被视为科学之母,但到了近代,各门科学逐渐分化出来。与这一分化过程相伴随的,是知识与智慧之间愈益明显的分野:在学科没有分化之前,知识与智慧之间的区分往往隐而不彰,但是随着学科的分化,两者之间的区分便逐渐显性化。分化的各种学科主要关乎知识领域,与之相对的则是智慧之域。从实质的方面看,近代的哲学在取得学科形态的同时,又进一步展现了哲学作为智慧之思的品格,并以此区别于分门别类的知识进路。

从形式方面看,哲学在取得学科形态之后,往往更为自觉地表现为运用概念来展开思维的过程。这种概念性的活动每每取得不同的形式。它可以是对概念的理性化运用,与之相应的是逻辑层面的思维活动,在笛卡尔、斯宾诺莎、莱布尼茨等近代哲学家那里,概念的运用都与逻辑思维的过程联系在一起。概念运用也可以以非理性化的方式展开,哲学史上的直觉主义、意志主义,便往往以非理性的方式运用概念。这里需要注意的是,直觉主义、意志主义固然不同于理性主义,但却依然离不开概念的运用,如作为意志主义代表人物的尼采便提出并运用了"权力意志""永恒轮回"等概念,在柏格森这样的直觉主义者那里,其思想则与"绵延""创造进化"等独特的哲学概念相联系。

即使哲学论域中的神秘主义,也并非与概念完全相分离。按照罗素的说法,神秘主义的特点在于拒斥分析性的知识,强调不可分

---

① 《论语·学而》。

的统一。① 这一意义上的神秘主义固然常常与个体性的体验、领悟、感受等等相联系,但当它作为哲学共同体中的一种形态而呈现时,也总是要诉诸于某种概念,如"大全""太一",等等。当然,直觉主义、意志主义和神秘主义总是试图与程序化的逻辑思维保持某种距离,其概念的运用也有别于逻辑的推绎而与直觉、意志以及神秘体验等非理性的规定联系在一起。

要而言之,在取得学科形态之后,哲学一方面在实质意义上越来越呈现出以智慧追求为指向的特点,另一方面在形式层面上则更为自觉地表现为运用概念而展开的理论思维活动。以上趋向当然并非仅仅存在于近代以来"做哲学"的过程,在取得学科形态之前,哲学探索同样关乎以上方面。但是在传统的形态中,实质意义上的智慧之思和形式意义上的概念的活动这两个方面与哲学家的生活过程往往融合在一起,从而,与之相关的"做哲学"方式与哲学取得学科形态之后有所不同。

就当代而言,哲学的进路呈现出不同的趋向。首先可以关注的是 20 世纪初以来的分析哲学,其特点在于将语言的逻辑分析作为"做哲学"的主要方式。从历史的角度看,这种哲学进路所强化的,乃是哲学作为概念活动这一形式层面的规定。由此,它进而趋向以语言的逻辑分析为哲学活动的全部内容。20 世纪以来另外一个重要哲学思潮是现象学,在一定意义上可以说,它从实质的层面上强化了哲学作为智慧之思这一规定,这种强化同时又与突出意识联系在一起:相对于分析哲学之关注语言,现象学更为注重意识。尽管现象学的奠基者胡塞尔早期以所谓反心理主义为旗帜,但实质上现象学乃是以意识为本,从意向性到本质的还原、先验的还原,再到纯粹意识、纯

---

① Bertrand Russel, *Mysticism and Logic*, Doubleday & Company, Inc., Garden City, New York, 1957, pp.8–11.

粹自我,等等,现象学的这些观念都与意识的考察相联系。胡塞尔追求作为严格科学的哲学,而达到作为严格科学的哲学形态又以确立最本源的根基为前提,这种根基具体表现为通过本质的还原、先验的还原而达到的纯粹意识或自我意识。对胡塞尔而言,"纯粹意识"或"纯粹自我"既具有明证性,又呈现直接性:它没有中介,不可再加以追溯,从而表现为最原始的基础。可以看到,现象学的进路基于对意识的关注,而与本于意识相联系的,则是智慧之思的思辨化、抽象化趋向:如果说,分析哲学从强化形式层面概念活动出发而导向了实质层面智慧之思的弱化,那么,现象学则由赋予意识以本源意义而使智慧之思趋于抽象化、思辨化。

在更宽泛的层面,当代哲学中同时可以看到智慧的知识化趋向。与哲学取得学科形态,成为某种专门之学相联系,哲学往往趋向于知识化。今天哲学的划分方式,也在某种意义上体现了这一趋向,从事哲学研究的学人,成为某一领域的"专家"。对哲学的这种分门别类地、专家式地把握形态,从一个方面具体地表现了哲学的知识化趋向。这些现象,从不同的层面表明,哲学正在疏离于智慧的形态而趋向于专门化、知识化,而哲学家也逐渐成为专家、职业工作者。

尼采已开始注意到哲学的如上趋向。尽管他主要生活在 19 世纪后期,并没有看到 20 世纪以后哲学在以上方向上的具体变化,但对哲学在近代以来所出现的知识化和专门化趋向,已有较为敏锐的察觉,在《善恶的彼岸》一书中,尼采指出:哲学家往往"让自己限定于某处并使自己专门化,从而他不再达到他应具有的高度,不再具有超越限定的视域,不再环顾四周,不再俯视一切"。[①] "专门化"无疑涉及学

---

① Nietzsche, *Beyond Good and Evil*, §205, *The Philosophy of Nietzsche*, Random House, 1927, p.501.

科意义上的知识化,"超越限定的视域"则意味着哲学的本然形态。这里已注意到专门化对哲学本然形态的偏离。

海德格尔在后期喜欢讲"思"而不是"哲学",在他看来,我们之所以未思,是因为所思离我们而去。[1] 他把"思"与一般意义上的"知道"特别地区分开来。这些看法,在一定意义上可能也是有见于近代以来主流哲学越来越倾向于知识形态,而海德格尔本人则似乎试图用不同于知识化的"思"来表示其心目中对哲学本来形态的理解。当然,把"思"与哲学完全区分开来,并不能理解为一种合理的进路:事实上,作为哲学内在形态的智慧追寻,同样可以展现为"思"。

在当代哲学中,塞拉斯(Wilefrid Sellars)对此也已有所关注。在谈到哲学与其他学科的不同之点时,塞拉斯曾指出:"哲学在重要的意义上没有特定的对象,如果哲学家有这种特定的对象,他们就会转而成为一批新的专家。"[2]与特定的知识不同,"哲学活动的特点,就是注目于整体"。由此,塞拉斯对仅仅将哲学理解为对已有思想进行分析的观念提出了批评,认为与综合相对的单纯的分析,将导致"琐碎(a triviality)"。[3] 如果说,对哲学与特定对象、哲学家与专家的区分以反对哲学的知识化为前提,那么,对哲学琐碎化的批评,则有见于哲学知识化所引发的消极后果。

在今日中国,同样可以看到类似的趋向。具体而言,智慧的知识化在这里往往表现为研究的还原,即哲学的研究还原为哲学史的研

---

① Martin Heidegger, *what is Called Thinking?* Haper Perennial, 1976, P.7.

② Wilefrid Sellars, *Philosophy and the Scientific Image of man*, in *In the Space of Reason — Selected Essays of Wilefrid Sellars*, edited by Kevin Scharp and Robert Brandom, Harvard University Press, 2007, p.370.

③ Wilefrid Sellars, *Philosophy and the Scientific Image of man*, in *In the Space of Reason — Selected Essays of Wilefrid Sellars*, pp.371 – 372.

究,哲学史的研究进一步还原为思想史的研究,思想史的研究最后还原为学术史的研究,后者又主要关乎文献的疏证、史实的考察,等等。这种还原的直接后果,是哲学的思辨消解于历史的考辩,与之相应的则是智慧之思的退隐。

智慧知识化的另一重表现是道流而为技。以疏离形而上学为总的背景,向具体的知识性学科趋近成为哲学中的一种进路,后者的关注之点往往指向经验领域的各种特定问题,如基因、克隆、人工智能等等。哲学固然需要关注现实及其变迁,但如果主要限定于特定的领域和对象,则又难以使向道而思的智慧旨趣与经验层面的技术关切真正区分开来。

二

以上考察,从不同方面展现了哲学之思的历史进路,后者同时构成了今天思考"如何做哲学"的前提和背景。哲学的形态当然可以具有个性的特点,哲学的探索也需要展现不同的风格,但从普遍的视域和方式上看,"做哲学"总是涉及若干基本的关系和问题。

(一) 以人观之和以道观之

以人观之既关乎所"观"的对象,也与"观"的主体相涉。哲学的追问指向人和人的世界,所谓人和人的世界,具体而言也就是进入人的知行领域中的存在,后者不同于本然意义上的自在之物,也非与人完全不相干的洪荒之世。就"观"的主体而言,以人观之表现为"人"之观,这一意义上的以人观之,既有别于以宗教论域中的上帝之眼来看存在,也不同于从人之外的动物来考察世界。宗教论域中的上帝被赋予绝对、超验的性质,人则不是宗教意义上的绝对者,也并非如宗教所理解的上帝那样全知全能。人无法像上帝那样去理解世界，只能从自身出发去考察这个世界。同时，从人的视域理解这个世界，也区别于以动物的眼光去看外部存在，动物的特点之一在于受到自身物种的限制：每一种动物都归属于某一类的存在，并受到它所从属之物种的限制而无法超越。尽管今天经常看到动物的权利、动物的解放之类的提法，似乎动物可以以自己的眼光来看待这个世界，但事实上，所谓动物的权利、动物的解放并未超出以人观之：按其实质，这是人从自身的角度赋予动物以某种地位。换言之，这乃是人给动物立法，而不是动物自身为自己展现一幅世界图景。总之，人既不是以上帝之眼去考察存在，也不是以动物之眼去看世界，而是从人自身的存在境况出发去理解这个世界，这种存在境况包括人的需要、人的能力、人的历史发展以及这种历史发展所形成的社会形态。以上述背景为前提去理解和考察世界，具体即展现为以人观之的过程。从根本上说，本然的存在、自在的世界并没有意义，意义乃是相对于人而言，意义的生成也与人自身的知行过程无法分离。人对世界意义的敞开，归根到底基于人自身的视域。

哲学对世界的理解既表现为以人观之，又展开为以道观之。以道观之意味着非停留于经验的层面，而是源于经验又升华于经验。与之相联系，对世界的这种把握方式也不同于知识层面的理解。知识总是指向世界的某一个领域、某一个方面，并有自身特定的对象和界限，哲学作为具有超学科性品格的思想形态，则以智慧的追寻为其内在旨趣，这一进路同时也规定了哲学无法限定于某一特定对象和领域，而总是试图把握事物之间、不同领域之间的关联，并追求对世界的整体性的理解。在这方面，"做哲学"的过程展现了不同于知识性或经验性的进路。从存在之维看，在真实的世界被知识划分为不同领域和对象之前，其本身是统一和相互关联的，从而，把握真实的存在不能仅仅限定于彼此相分的状况,而是需要进一步把被知识分离开的方面沟通起来。在前述智慧知识化的背景之下,"以道观之"同时可以视为向智慧的回归。

作为哲学视域的体现,以道观之也意味着追问人和世界中本源性的问题。科学追求"真",哲学则进一步追问"何为真""如何达到真";道德追求"善",哲学则进一步追问"何为善""如何达到善";艺术追求"美",哲学则进一步追问"何为美""如何形成审美的意识",如此等等。就人的日用常行而言,其形态主要表现为人的实际生存过程,哲学则进一步追问这种生活过程的意义以及如何达到理想的人生;日常生活中的人对人生意义往往"日用而不知",一旦人开始自觉地反思生活的意义,哲学的意识便开始萌发。

概要而言,治哲学需要有大的关怀,从传统论域中的"性与天道",到今天面临的"社会正义",等等,这些根本性的问题都应当成为哲学关注的对象。如果仅仅停留在技术性的关切或特定的知识经验之上,则哲学便会自限于具体学科的层面,其作为智慧之思的意义亦将不复存在。把哲学加以知识化、技术化和应用化,从对象的角度来看意味着存在的碎片化,从哲学的层面来看则意味着智慧的消解。以道观之所要克服的,便是此种趋向。中国哲学很早就提出"下学而上达"的要求,其中亦涉及以上视域:"下学"关乎对世界的知识性、经验性理解,"上达"则意味着由日常的经验知识,进一步引向"性与天道"的终极性关切。

作为"做哲学"的两个方面,以人观之与以道观之并非相互隔绝。所谓以道观之,归根到底乃是人自身以道观之。人一方面从自身出发去考察世界,另一方面又努力以道的视域去理解世界。正是人自身,在广义的认识过程中不断跨越知识的界限,追问世界中本源性的问题,由此实现"下学而上达"。

（二）理论思维与概念性活动

以人观之和以道观之的统一,主要在实质的层面体现了哲学之思的特点。从形式的层面看,哲学又以理论思维的方式把握世界,并相应地表现为运用概念的活动。以概念活动为形式,赋予哲学以不同于艺术和科学的特点。艺术首先借助于形象,科学主要基于实验和数学的运演,哲学的思想则总是凝结于概念之上:新的哲学思想的形成或者通过新概念的提出而实现,或者通过对已有概念的重新阐发而展现出来。

哲学作为运用概念而展开的理论思维活动,首先涉及概念的生成和辨析。概念的生成可以取得两种形式,其一是"新瓶装新酒",也就是通过新的概念的提出以表达新的思想;其二为"旧瓶装新酒",亦即通过对已有概念的阐发来发展某种哲学的观念。从历史上看,庄子提出"齐物"之论,便是以新的概念阐发其形而上及认识论方面的独特思想。孔子则以"仁"这一概念为其儒学系统的核心,尽管"仁"在《诗经》《尚书》中都已出现,但孔子却通过对"仁"的创造性阐发而提出了新的哲学思想。与概念生成相关的是概念辨析,后者主要表现为对概念的界定和解说。哲学的概念不能停留于模糊、混沌的形态之中,需要作确定的界说,唯有如此,才能既成为哲学共同体中可以批评、讨论的对象,又在实质的层面展现思想的发展。

概念的运用同时展开于判断和推论的过程。正如知识通过判断而确立一样,哲学的观点也以判断或命题为表现形式。单纯的概念往往并未表明具体的哲学立场,唯有将概念运用于判断之中,哲学的观点才得到具体展现。同时,基于概念、通过判断而表达的哲学观念,其展开过程又离不开推论。宽泛而言,观点的论证过程也就是说理的过程。哲学在实质的层面表现为智慧的追寻,在形式的层面则离不开说理。在哲学领域,提出一个观点需要加以论证,并提供相关观念所以成立的根据。中国哲学家很早就提出,论辩过程应"言之成理,持之有故",这同时也是哲学作为概念活动的基本要求。哲学不应当是独断的教条,也不能仅仅表达个人的感想和体验,无论是肯定某种观念,抑或质疑、否定某种观点,都需要给出理由、提出根据、经过论证。从形式的层面看,推论以一定的判断为前提,其结论也表现为某种判断,判断本身则涉及概念之间的联接,在此意义上,判断与推论都表现为概念的运用。

一方面,智慧的追求需要经受概念的分析,另一方面,概念的分析又需要有智慧的内涵。以说理与智慧的关系而言,缺乏智慧的内涵,说理将导向空泛的语言游戏或纯然的逻辑论辩;悬置说理的过程,智慧之思则容易流于独断的教条或个体性的感想。哲学之思既要追求经过概念分析的智慧,又要接纳包含智慧的概念分析。表面看来,概念分析与智慧沉思似乎彼此相斥:分析注重"分",趋向于划界,关注局部的分析研究;智慧则要求"合",注重对整体的把握,而在创造性的哲学研究中,以上张力应当加以化解。所谓让智慧之思经受概念的分析、赋予逻辑分析以智慧的内涵,其实质的意义便是扬弃以上的张力。从当代西方哲学看,现象学和分析哲学往往主要抓住或侧重形上智慧和概念分析中的一个方面,由此相应形成了其各自限定。以此为背景,则智慧之思与概念分析的统一同时意味着对现象学和分析哲学作双重的超越。

需要指出的是,概念性的思考不能等同于抽象的思辨。按照黑格尔的看法,概念本身可以区分为具体概念和抽象概念。如果所运用的概念包含具体规定,那么与之相关的思考过程便具有现实的内容,而不能简单地归入于抽象的思辨。在这方面,值得注意的是如下趋向,即把具体的形象性叙事和概念性思考对立起来,以经验性的品味代替概念性的思考,赋予想象的诠释以优先性,并专注于所谓"古典生活经验"或"古典思想经验",等等。对哲学的这种理解不仅仍流于前述的思想还原——"古典生活经验"或"古典思想经验"均未越出思想史之域,哲学则相应地被还原为哲学史和思想史,而且在更实质的意义上表现为疏离于概念性的思考。黑格尔曾对他那个时代的类似现象作了如下评论:"现在有一种自然的哲学思维,自认为不屑于使用概念,而由于缺乏概念,就自称是一种直观的和诗意的思维",由此形成的是"既不是诗又不是哲学的虚构"。① 对概念性思考的这种疏离,在逻辑上往往可能导向哲学的叙事化:哲学本身成为一种思想的叙事,而修辞则可能由此压倒对现实世界和观念世界的理论把握。哲学当然也关乎叙事和修辞,但叙事和修辞不应当取代通过概念而展开的思与辨,否则哲学就可能流于抒情性论说或哲理性散文,后者也许确实可以带来某种美感,但它们提供的也仅是想象性的文学美感,而无法使人从智慧的层面以理论思维的方式来理解世界和人自身。

（三）回到存在本身

哲学以把握具体、真实的世界为指向,回到存在本身首先体现了哲学的这一基本使命。就当代的哲学思考而言,这一要求又以 20 世纪以来的哲学衍化趋向为背景。如前所述,20 世纪主流的哲学思潮是分析哲学,以语言的逻辑分析为主要取向,分析哲学在关注语言的同时,往往又趋向于限定在语言的界限之中,不越语言的雷池一步。这一意义上的概念的分析,常常流于形式化的语言游戏。分析哲学习惯于运用各种思想实验,这种思想实验常常并非从现实生活的实

---

① 黑格尔:《精神现象学》,贺麟、王玖兴译,商务印书馆,1979 年,第 47 页。

际考察出发,而是基于任意的逻辑设定(to suppose),作各种抽象的推论,从而在相当程度上表现为远离现实存在的语言构造。当哲学停留在上述形态的语言场域时,便很难达到真实的世界。以此为背景,回到存在本身首先意味着走出语言,回到语言之后的现实存在。哲学当然需要关注语言,语言分析的重要性也应予以肯定,但不能由此囿于语言之中,把语言作为与存在相隔绝的屏障。语言应该被视为达到存在的途径和工具,回到存在本身,意味着不再将语言作为终极的存在形态,而是通过语言走向真实的世界。21世纪的哲学未来发展,将表现为不断地超越"语言中心"的观念。

"回到存在本身"中的"存在本身",不同于现象学所说的"事物本身"。现象学曾提出"回到事物本身"的口号,回到存在本身似乎容易混同于此。然而,从实质的方面看,这里所说的"存在本身"与现象学论域中的"事物本身"在涵义上相去甚远。现象学所说的"事物本身",以存在的悬置为前提,其终极层面的意义与经过本质还原、先验还原而达到的所谓"纯粹的意识"或"纯粹自我"具有相通性,这一意义上的"事物本身"并不是现实世界中的真实存在。事实上,由存在的悬置,往往将进一步导向存在的疏离。① 在当代哲学中,如果说,分析哲学侧重于语言,那么,现象学则始终把"意识"作为根基,早期胡塞尔试图使哲学成为"严格科学",其具体进路即是从意识入手。哈贝马斯曾区分了20世纪以来的两种哲学形态,其一为语言分析哲学,在他看来这种哲学主要存在于从弗雷格到后期维特根斯坦的衍化过程,其二则是意识哲学,他把现象学作为后者的重要代表。这一看法也有见于现象学与意识的关联。

---

① 参见杨国荣:《哲学的视域》,生活·读书·新知三联书店,2014年,第392—396页。

从中国哲学的演进看,宋明时期的理学往往比较多地关注"心性"之域,当代新儒家则提出由内圣开出外王,其中也蕴含以心性(内圣)为本的趋向。可以说,从理学到当代新儒家,心性构成了其核心的方面。在关注心性的同时,他们也往往表现出限定于心性的趋向。晚近的哲学中还可以看到"情本体"论,尽管这一理论的哲学基本立场与理学及当代新儒家有着重要的差异,但就其将作为精神世界的情提到本体的位置而言,似乎也表现出强化意识的趋向,后者与"心理成本体"的主张在理论上彼此呼应。以人和人的世界为指向,哲学当然离不开对意识和精神世界的考察,然而,不能如现象学、心性之学那样,仅仅停留在心性、意识的层面之上。21世纪的哲学既需要走出"语言中心",也需要扬弃"意识中心",唯有如此,才能实现对分析哲学和现象学的双重超越。

从正面看,哲学所应回归的"存在本身"究竟所指为何? 概要而言,"存在本身"也就是具体、现实的存在。儒家曾有"本立而道生"之说①,其中包含值得注意的观念。此处之"道",可以理解为哲学的智慧,"本"在不限于文本的引申意义上可以视为存在的具体、现实形态。在以上意义域中,"本立而道生"表明哲学的智慧和存在的具体形态不可分:前者(哲学的智慧)即基于后者(存在的具体形态)。存在的这种具体形态体现于对象和人自身两个方面。从对象看,世界本身表现为道与器、理与事、体与用、本与末之间的统一,进而言之,这种统一并不仅仅呈现静态的形式,而是同时展开为一个过程。正是道与器、理与事、体与用、本与末以及过程与实在的统一,构成了对象意义上的真实存在或"存在本身"的具体形态。从历史上看,哲学家们往往主要关注或突出现实存在中的一个方面,如经验论比较多

---

① 《论语·学而》。

地强调"用""器""事",理性主义则相反,更多地突出了"体""道""理"。在片面突出某一方面的形态之下,存在本身或真实的存在每每会被掩蔽起来。

就人而言,其存在具体表现为"心""身""事"多方面的交融。"心"涉及综合性的精神世界,这里特别需要关注其综合性,后者包括知、情、意和真、善、美的统一,以及个体能力和境界的互融。"身"既表现为有血有肉的感性存在,又是渗入了理性的感性,体现了社会性的个体性,这一意义上的"身"不同于生物学视域中的躯体。"事"在中国哲学中往往和"物"相对而言,并与实践、行相关联,所谓"事,为也";另一方面"事"又不同于自然对象而表现为社会领域中的具体存在,这种存在也可以视为社会实在。合起来,"事"具体表现为社会实践和社会实在的统一。历史上,心性之学主要突出了人在精神世界方面规定;主张"食色,性也"的经验主义以及今天的所谓"身体哲学""具身知识论",等等,常常强调了人之"身";现代的实用主义、行为主义则更为关注人的存在中"事"之维。以上哲学趋向固然有见于人的存在中某一规定,但对"心""身""事"的统一,则未能给予充分的关注。真实地把握人本身,便要回到人的存在本身,后者意味着从心、身、事的关联和统一去理解,而不是仅仅关注于其中一个方面。事实上,传统哲学已经注意到这一点。荀子曾对"学"作了多方面的考察,他所理解的"学"既在广义上包括智慧追求的过程,也与人自身的存在相涉。在荀子看来,"君子之学"的特点在于"入乎耳,著乎心,布乎四体,形乎动静"①。"入乎耳"突出了感性的通道,"著乎心"关乎广义上的精神世界,"布乎四体"涉及人之"身","形乎动静"则表现为人的做"事"过程。按照以上理解,与人相关的"学",总是涉及心、身、

---

① 《荀子·劝学》。

事多重方面,对人自身存在的具体把握,也无法离开以上方面。

（四）史与思

从内在的思维过程看,哲学的研究既涉及哲学的历史,也关乎哲学的理论,与之相关的是史和思的交融。今天被作为哲学史对象来考察的哲学系统,最初是历史中的哲学家所形成的创造性理论,孔子的儒学系统,便是孔子在先秦所建构的哲学系统,柏拉图、亚里士多德的哲学,是他们在古希腊时代所建构的理论,这些思想系统首先是哲学的理论,尔后才逐渐成为哲学的历史,这是一个基本的事实。另一方面,任何新的哲学系统的形成,都是基于对以往人类文明、文化成果的反思、批判。如孔子思想的形成,便与他整理六经这一背景以及更广意义上对殷周以来文化发展成果(包括礼乐文明)的把握和反思,无法分开。苏格拉底、柏拉图、亚里士多德思想传统的形成,与他们对前苏格拉底思想的反思和批判性总结也无法相分。就近代哲学而言,冯友兰"新理学"系统的形成,同样无法与其哲学史的工作相分离。海德格尔作为一个创造性的哲学家,对康德、尼采甚至是前苏格拉底的哲学等思想都有深刻的理解和造诣,其思想也离不开对以往这些思想的把握。从这方面看,真正创造性的哲学思考,无法离开历史中的思想。

引而伸之,哲学研究的重要特点之一,就在于其问题往往"古老而常新",在这方面,哲学与科学之间亦呈现差异：科学的问题往往具有相对确定的答案,在科学的发展过程中,已经被解决并有了确定答案的问题,常常不再被提出来加以讨论。在哲学的领域,问题很少有可以一劳永逸解决的答案,先秦、古希腊哲学家讨论的问题,今天我们依然在讨论,每个时代的哲学家也每每站在他们所处的特定背景之下,对历史中的问题作出新的理解、回应。问题的这种历史延续性,也从一个方面展现了哲学的历史和哲学的理论之间的相关性、互动性。以上事实从不同的方面表明,创造性的哲学研究总是无法离开史与思之间的相互作用。

（五）理论与经验、知识与智慧的互动

哲学固然以理论思维为形式并表现为对智慧的追问,但并非隔绝于经验和知识。事实上,理论与经验、知识与智慧之间,总是展开为互动的过程,这种互动具体呈现为"技进于道"和"道达于技"的统一。"技进于道"意味着在理解和作用于世界的过程中,知识升华为智慧,"道达于技"则展现为哲学的智慧运用于对经验世界的理解和变革,后者既使智慧在具体的知行过程中得到确证,也使智慧在以上过程中进一步丰富和深化,理论和经验、知识和智慧由此扬弃了彼此的分离。

从具体的哲学思考来看,知识和智慧的互动同时表现为大处着眼和小处入手的交融。如前所述,哲学需要有大的关怀,并进行本源性的追问,但是,这一过程不能流于泛泛的空论和抽象的思辨,而应当从现实存在出发,并通过对事与理的具体考察和严密分析而展开。忽略大处着眼,将导致智慧的遗忘;无视小处入手,则容易引向智慧的抽象化。

知识与智慧的互动,同时表现为理论与现实世界和现实生活之间的交融。理论既需要基于现实、关注生活,也应当规范现实、引导生活。从知识与智慧的关系看,智慧一方面跨越知识的界限,另一方面又不能游离于知识之外。智慧的沉思如果不基于各学科形成的多样的认识成果,往往会流于空疏、思辨、抽象。与知识经验相关的具体对象,则包括社会存在。一般而论,哲学的发展有两重根据,其一为观念的根据,其二则是现实的根据。前者包括多方面的思想成果,后者则首先展现为社会存在。哲学思考需要对社会发展所提出的问题作出回应，也需要对社会的进一步发展作出引导、规范，这两者都涉及哲学和现实存在之间的关系。对后者的关注同样也构成了今天哲学思考的重要方面。

当然，从哲学的层面关注现实，应避免流于庸俗化。哲学对现实的关切和引导，并不表现为提供具体的操作性方案，这种关注乃是通过理论思维的方式而实现的。黑格尔的《精神现象学》在这方面便提供了值得注意的范例。该书形式上虽然非常思辨，但在实质的方面却涉及很多具有现实社会内涵的问题，如其中讨论的主奴关系，便折射了现实的社会关系，并构成了今天政治哲学讨论"承认"问题的重要思想资源。可以看到，即使在总的进路上终始于观念的思辨哲学，其哲学思考也难以完全隔绝于现实。当然，哲学家乃是以他们独特的方式体现对社会问题的关切，而并非简单地提供技术性的方案：提供这种技术性、操作性的方案，往往涉及实证性、经验性的活动，后者与哲学之思具有不同的规定。要而言之，一方面，创造性的哲学思考无法离开知识经验与现实存在，另一方面，知识与智慧的互动又并不意味着将理论思维的方式还原为经验科学的方式。

基于现实与规范现实、关注生活与引导生活的如上统一，在某种意义上意味着在更高的层面上回到传统哲学所注重的哲学探索和生活过程、为学和为人之间的统一，当然，这是经过分化之后的回归，其中蕴含着对说明世界与规范世界双重哲学向度的肯定。在此意义上，古典哲学不仅是吸引我们向之回顾的智慧之源，而且其"做哲学"的方式也是一种可以在更高的层面向之回归的形态。

（原载《哲学动态》2016 年第 6 期）

哲学对话的意义 [*]

中国哲学、西方哲学、马克思主义哲学曾各有自身的话语系统,长期不相往来。当哲学还停留在中、西、马等不同学科的彼此分界时,其本身便难以摆脱近于知识的分化形态,后者与哲学跨越知识界限的内在旨趣显然难以相容。从以上前提看,中国哲学、西方哲学、马克思主义哲学对话的实质指向,在于走出学科界限、展现哲学作为智慧之思的内在意蕴。哲学所指向的是现实世界,这一现实世界既不同于本然形态的存在,也有别于哲学家思辨构造的超验对象,在探索这一现实世界的过程中,中国哲学、西方哲学、马克思主义哲学一方面展现了不同的视域,另一方面也形成了多

* 本文系作者于 2017 年 1 月在北京大学未名论坛的演讲记录。

样的思维成果。从不同哲学传统彼此交融的方式和进路看,这里同时涉及会通问题,而中国哲学、西方哲学、马克思主义哲学之间的会通,则首先应该理解为一个历史过程。

一

中国哲学、西方哲学、马克思主义哲学之间的关系与互动,逐渐成为哲学界所关注的问题。中、西、马之间的相互沟通之成为问题,缘于 20 世纪 50 年代以来三者在学科上的分化。对这一思想现象,当然可以从不同方面加以理解。从哲学自身的发展看,值得思考的问题是:为什么中、西、马的学科分化经过几十年,现在要将它们放在对话、交融的视野中来考察? 稍作考察便不难发现,这与哲学本身的性质难以分离。哲学(philosophy)一开始便与智慧结下了不解之缘,作为智慧之思,哲学不同于各种特定的知识门类。知识的特点是以分门别类的方式把握这个世界,科学(science)可以视为其典型的形态,近代以来的中国以"科学"这一汉语来翻译 science,是非常到位的:science 作为知识最系统、最严格的形态,同时便表现为分科之学(科学),其特点在于以研究领域彼此区分的方式去理解和把握世界。不管是自然科学,抑或社会科学,不同的科学门类,所指向的都是世界的某一个特定领域、某一个方面或某一对象,其趋向在于对世界分而论之。

以不同的方式去理解这个世界,目的在于把握真实的世界。然而,在人们以知识这样一种分门别类的形态对世界加以划分之前,世界本身并非以分裂的形式存在,而是呈现相互关联的整体或统一形态。这样,要把握世界的真实形态,便不能仅仅以知识的形式去对世界加以划分,而是需要跨越知识的界限,以整体或统一的形态来把握世界本身。智慧不同于知识的根本之处,正在于前者已跨越了后者的各种界限,从整体、统一的视域来理解世界。即使是自身研究进路有所限定的分析哲学,其中的一些人物也无法完全无视哲学的这一指向。塞拉斯(Sellars)便肯定:"哲学的目标如果抽象地概括,就是理解最广意义上的事物如何在最广的意义上相互关联。"[1]质言之,以有别于知识的方式来把握相互关联的世界,构成了智慧之思或哲学追问的内在旨趣,也正是在这里,展现了中国哲学、西方哲学、马克思主义哲学对话的内在意义。

具体而言,当哲学还停留在中、西、马等不同学科彼此区分的形态时,其本身便类似各自相分的特定知识门类,呈现分化的格局。事实上,在中国哲学、西方哲学、马克思主义哲学各不相属、相互分离时,它们同时也往往呈现为哲学领域某种专门的知识形态,并越来越限定于各自特定的界域之内。在相当长的时期,中、西、马往往各有自身的话语系统,彼此不相往来,其情形类似 20 世纪以来现象学与分析哲学的分野。不难看到,这种划分形式已渐渐远离了哲学跨越知识界限的内在旨趣、消解了哲学作为智慧之思的本来意蕴。从以上背景看,中国哲学、西方哲学、马克思主义哲学对话的实质指向,在于跨越学科界限、回到哲学作为智慧之思的原初形态。

当然,从历史角度看,中国哲学、西方哲学、马克思主义哲学在作为不同的学科分别演化的过程中,也形成了各自丰厚的思想资源,其中既有相近或者相通之处,也存在彼此差异之点。今天重新思考哲学问题,包括马克思主义哲学本身发展的问题,充分关注哲学的不同学科在相对独立的形态下形成的多样理论资源,无疑具有重要意义。

---

[1] Wilefrid Sellars, *In the Space of Reason*, *Selected Essays of Wilefrid Sellars*, edited by Kevin Scharp and Robert Brandom, Harvard University Press, 2007, p.369.

从哲学的演进看,多样的理论资源本身可以成为多样的智慧之源,中、西、马各自形成的思想资源经过会通、交融,将从思想之流的层面,构成推动哲学发展的内在动力。

二

在如何通过中、西、马对话和沟通以推进哲学的发展这一问题上,当然也可以有不同的理解与不同的侧重。除了在一般的层面上对此加以探讨外,这里更实质的方面,关联着基于现实世界的具体哲学问题。不难注意到,此处重要的不是空洞地呼喊"中、西、马之间应当对话和沟通"之类的口号,而是在对具体问题的思考研究中,展现中、西、马不同的理论背景,以此从更广的视域推进对相关问题的理解。

从普遍的层面看,中国哲学、西方哲学、马克思主义哲学之间的沟通,也有其内在的意义。"哲学究竟是什么"与"哲学应该走向何方",是相互关联的问题,对此,具有多样背景的哲学家一直从不同的方面进行着探索。从否定的方面看,20 世纪以来,可以看到各种形式的哲学终结论。以海德格尔而言,在其后期,便一再将哲学的终结与"思"联系起来,在断言哲学终结的同时,又要求开启所谓"思"的过程。① 罗蒂提出后哲学或后形而上学的文化观念,后者意味着告别以所谓基础主义或本质主义为形式的哲学,走向文化评论。维特根斯坦关于哲学的思考始终关乎语言,前期规定了哲学应该对不可言说者保持沉默,后期则强调从语言的形而上学运用,回到其日常的意义

---

① 参见海德格尔:《哲学的终结和思的任务》,载《面向思的事情》,陈小文、孙周兴译,商务印书馆,1996 年,第 76 页。

领域。如果追溯得更早一些,则在恩格斯那里,哲学终结的问题已以更明确的形式得到了表述,其实质的内涵既涉及科学的不断分化和独立,又与思辨的形而上学(凌驾于其他科学之上的哲学)走向终点相关。当然,尽管上述哲学家从不同的角度提出了哲学终结的问题,但就实质层面而言,他们认为已经终结或者应当终结的哲学,主要乃是指历史上的某种特定形态,而不是全部哲学。与之相应,在提出哲学终结的同时,他们又以不同的方式探索在已经终结或应当终结的哲学之外的哲学研究进路。

20世纪以来,哲学领域中值得注意的现象首先表现为对语言和意识的关注。语言的关注与分析哲学相联系,对分析哲学而言,哲学的工作无非是改变语言的形而上运用,回到其日常的用法。较之以语言为指向的哲学趋向,另一种哲学进路更多地与意识相关,后者以现象学为重要代表。海德格尔与胡塞尔尽管在不少问题上存在差异,但在注重意识这一点上,又呈现相通之处,他的基础本体论以"此在"为关注重心,所讨论的具体问题则关乎个体在心理层面的感受和体验,包括烦、操心、畏,等等,这一类生存感受或体验直接或间接地都涉及意识之域。对不同意识现象的分析和考察固然也有助于推进对人自身存在的理解,但赋予意识以终极意义,同时也表现出思辨化、抽象化的趋向。

从以上前提考察"何为哲学"与"哲学向何处去",同时也从更广的层面展现了中国哲学、西方哲学、马克思主义哲学沟通对话的意义。与20世纪以来语言哲学、意识哲学等趋向于特定的存在领域相对,哲学所指向的本应是现实的世界,这一现实世界既不同于本然形态的存在,也别于哲学家思辨构造的超验对象,在探索这一现实世界的过程中,中国哲学、西方哲学、马克思主义哲学既展现了不同的视域,也形成了多样的思维成果。

马克思主义所理解的现实世界,首先不同于"自在之物"等以往思辨哲学构造的超验存在。对马克思主义而言,人自身是在历史实践中生成的,这种历史实践的最本源形态,便是劳动。劳动既创造了人,也改变了外部世界。基于人的历史实践而形成的现实世界,不同于本然意义上的存在。马克思主义的这一看法,在一定意义上也可以视为对西方哲学反思总结的结果:马克思主义哲学并不是凭空产生的,它既是哲学革命的产物,也批判地吸取了西方哲学发展的成果。另一方面,在马克思之后,西方哲学关于现实世界的思考本身也在继续,其中亦可以看到与马克思主义类似的某种探索。海德格尔关于存在的看法,便从一个侧面体现了这一点。海德格尔不满于以往的形而上学,并试图建立与之不同的所谓"基础本体论",后者以"此在"为核心。撇开其思辨的形式,则所谓"此在"实质上也就是人的个体存在。基于"此在"(人的个体存在)的这种基础本体论,确乎不同于传统形而上学视域中的超验存在或本然存在。这里从一个侧面涉及了马克思主义哲学与现代西方哲学的关系。一方面,二者确有一些共同之处:马克思主义基于人的存在以理解现实世界,海德格尔也未离开人自身存在来考察外部存在,在联系人的存在以理解世界这一点上,二者无疑表现出某些相通之处。但另一方面,马克思主义以历史实践为前提,更多地把人视为类的、社会性的存在,这一哲学传统所理解的世界也更多地展现了现实的内涵。与之不同,海德格尔主要关注个体生存以及个体生存过程中的内在体验和感受,如烦、操心、畏,等等。这一事实表明,在关注马克思主义与海德格尔等现代西方哲学对话时,应当避免将马克思主义海德格尔化。

　　在对世界及其原理的理解上,中国哲学同样很早就形成了"道不远人"的看法。在中国哲学看来,人所面对的世界,并不是本然形态的存在,当人追问或沉思对象时,这种对象总是已与人形成了某种联系。人与道的关系,是中国哲学所关注的中心问题之一,而其立论的基点,则是道非超然于人:"道不远人。人之为道而远人,不可以为道。"①这里的道,即形上视域中的存在根据和法则,对中国哲学而言,道并不是与人隔绝的存在,离开了人的为道过程,道只是抽象思辨的对象,难以呈现其真切实在性,事实上,作为存在根据和法则的道,其意义本身展现于人的形上视域。同时,中国哲学强调"赞天地之化育""制天命而用之",所谓"赞天地之化育",并不是人帮助自然过程的完成,而是指通过人的活动使对象世界(天地)由本然的存在("天之天")转化为打上了人的印记的存在("人之天"),从而合乎人的合理需要并获得价值的意义,其中蕴含着现实世界基于人的存在及其活动的观念。就其肯定人所处的世界并非本然的存在而是与人的参与息息相关而言,以上看法与马克思主义哲学也有一致之处。当然,在中国哲学中,"道不远人""赞天地之化育"的观念,尚未以历史过程的具体考察为前提,其中仍包含某种思辨内容。

从哲学的层面理解人所面对的真实存在,无疑需要把目光转向人生活于其间的现实世界。在这一层面,可以看到中国哲学、马克思主义哲学、西方哲学既存在相通之处,又同中有异。深入地考察三者的具体关系,揭示其中蕴含的不同哲学智慧,无疑将推进对存在的理解。

同样,在对人的理解上,中国哲学、西方哲学、马克思主义哲学也既有交集,又存在不同进路。马克思主义哲学更多关注人的社会性以及人类社会演进的历史规律性;中国哲学一方面在价值观上表现出群体关切,另一方面又关注个体人格、德性、精神境界;马克思主义哲学之外的西方哲学,则更多地关注于个体存在、个体权利,直到现

---

① 《中庸》。

代,依然可以看到此种趋向:罗尔斯的《正义论》以正义为讨论对象,而正义的核心问题,便关乎个体权利。

进而言之,在人与物的关系上,不同的哲学传统都以各自的方式肯定人的内在价值,反对人的物化。马克思主义哲学反对拜物教,批评人的异化,追求人的解放,其中包含着对人的内在价值的肯定。中国哲学中,儒家注重人禽之辩,要求将人与其他存在区分开来,强调天地之中人为贵;道家则主张不以物易性,反对以外在的名利,取代人的内在天性。儒道的这些看法,都从不同的方面确认了人的价值。同样,在近代以来西方哲学的演进中,康德在追问何为人的同时,又肯定人是目的,反对将人视为手段,其中所突出的,也是人之为人的内在价值。

人的存在与现实的世界的生成,离不开人自身的活动。关于人的活动对人与现实世界的意义,不同的哲学传统展现了不同的侧重。马克思主义哲学强调的是制造工具与运用工具的实践活动的本源性;西方哲学,包括其实践哲学,则主要关注政治、伦理的活动;中国哲学,特别是其中的儒学,则更为注重人的伦常活动以及与之相关的日用常行,包括洒扫应对的日常活动。人类生活和人类实践本身包含不同方面,对人的活动这些看法,可以说分别涉及其中一个方面。

在如上的不同理解中,同时可以看到对现实世界与人的真实存在的多方面探索。如果限定于其中一个侧面,无疑容易引向对世界和人的片面理解。以人的存在而言,单纯注重其中社会性的规定,可能便会导致对人的个体性,包括个体人格、个体权利的某种忽略,反过来,仅仅强调个体权利,则可能漠视人的社会性、道德上的人格境界。同样,以个体德性、精神境界为主要关注之点,忽略其后更广义上的社会性,也会引向对人的抽象理解。马克思主义哲学、中国哲学、西方哲学作为不同的哲学传统固然主要关注于人的存在及其活动的某些方面,但这些方面同时表现为存在的真实规定,它们综合起来,即涉及人的存在及现实世界的多方面性。可以看到,分而论之,中国哲学、西方哲学、马克思主义哲学都各自积累了丰厚的思想资源;合而言之,这些不同的探索则趋向于真实的世界。在这一意义上,中、西、马对话并不仅仅表现为主观层面的要求,而是最终指向现实世界与人的真实存在。事实上,对以上不同哲学传统所积累的思想资源进一步加以反思和总结,确乎有助于更真切和深入地理解世界和人自身。当然,中国哲学、西方哲学、马克思主义哲学之间的沟通和对话,不能停留于空泛的议论,而是需要最后落实于对哲学和时代具体问题的研究。

三

从不同哲学传统彼此交融的方式和进路看,这里同时涉及会通问题。中国哲学、西方哲学、马克思主义哲学之间的会通,首先应该理解为一个历史过程。具体而言,在不同历史时期,会通具有不同的内涵,思想的交融,也是在不同的层面上历史地实现的。事实上,以往的历史上已展示了这一点。以佛教与中国文化的关系而言,佛教本是外来宗教,传入中国后,经过了近千年的历史衍化,它才逐渐实现了与中国文化的会通。这种会通的历史形式和实现方式,同时呈现多样性。在宗教的层面,经过从魏晋南北朝到隋唐的演进,最后出现了中国化的佛教——禅宗,后者既是外来佛教的发展,又融合了中国的思想传统。在哲学的层面,以三教合流为历史趋向,宋明理学站在儒家立场上,实现了中国传统哲学与包括外来佛教在内的其他思想的某种会通。不管是哪种形式的会通,其现实形态都是在历史过程中形成的。较之佛教,西方哲学和马克思主义哲学进入中国的历史还不算很长,中国哲学与二者的会通,也将经历一个漫长的过程。

另一方面,哲学的会通不仅仅存在于中、西、马之间。广而言之,在任何一种哲学传统的内部,也同样存在着会通问题。就西方哲学而言,现象学与分析哲学的两极对峙,便成为 20 世纪以来引人瞩目的景观,而如何扬弃两者的这种对峙、实现思想的内在交融,则构成了西方哲学进一步发展所无法回避的问题。从更高的哲学视域来看,仅仅为某一种趋向辩护或拘守某种哲学系统,本身都表现为一种偏向,合理的立场在于超越和扬弃简单对峙。

就内容而言,如前所述,哲学可以视为智慧之思;从形式的层面看,哲学活动则主要表现为概念运用的过程,后者首先与逻辑分析相关。与之相联系,智慧的追求和逻辑的分析是哲学不可分离的两个方面。以中国哲学的概念来表述,这里同时涉及"道"和"技"的关系。智慧的追求近于中国哲学所注重的"道"的追问;逻辑的分析,包括概念的界说和辨析、观点的论证,等等,则更多地与中国哲学所说的"技"相关联。20 世纪以来西方的分析哲学和现象学,可以说各自抓住了其中一个方面。现象学比较关注"道",事实上,一些论者每每将现象学系统中的相关思想(如海德格尔的哲学)与中国的天道加以比较,也反映了现象学与"道"的追问之间的相关性。比较而言,分析哲学对逻辑分析给予了更多的关注,其中所涉及的首先是中国哲学所说的"技"。两者各有所长,也各有所偏。哲学研究应该关注宇宙人生根本性的问题,这是哲学不同于科学、艺术之处,如果哲学不追问天道、宇宙人生这样的大问题,那么,哲学之思的意义又何在? 但是,另一方面,以上追问又必须建立在可靠的基础之上,后者既涉及现实的背景,又关乎严密的逻辑分析。用比较通俗的话来说,这里表现为大处着眼和小处入手的统一。没有"大处着眼","小处入手"就会流于"技"的关注,从而失去哲学之为哲学的根本意义;未能做到"小处入手"(包括缺乏严格意义上的逻辑分析),则哲学就可能仅是一种个体的感想或体验,难以成为言之成理、持之有故的思想形态。

从世界范围看,尽管一些哲学家试图沟通现象学和分析哲学,但总体上,两者彼此隔绝的状态没有根本改变。与之类似,从中国的哲学界看,专注于分析哲学与倾心于现象学研究,也构成了不同的哲学趋向。从事分析哲学研究的,往往限定于特定论题的细密分析,对哲学领域的大问题则不甚关注;从事现象学的研究,则常常沉溺于哲学思辨,而未能把概念的严密分析、观点的逻辑论证放在应有的位置之上,两者各有自身的局限。在从世界哲学的角度扬弃现象学和分析哲学对峙的同时,也需要使当代中国哲学超越道与技、思辨哲学与逻辑分析的分离。

要而言之,哲学思想的推进离不开多元的哲学智慧。在单一的传统之下,思想资源往往会受到内在的限制。当代西方哲学家大都没能超脱古希腊以来的西方哲学传统,不断地在古希腊到现代西方哲学的单一传统里兜圈子。源于现象学的海德格尔尽管对中国的道家哲学有过兴趣,但其根底仍是西方的传统,他之研究前苏格拉底的思想、考察康德和尼采哲学,等等,都体现了这一点;分析哲学在将古希腊以来注重逻辑分析的传统发挥到极致的同时,又陷入了思想的碎片化。不接纳其他文明的思想资源,其发展潜力无疑将受阻。分析哲学自限于"语言"的牢笼,现象学则陷入了"意识"之域,近年来成为"显学"的政治哲学、伦理学则既囿于特定的社会领域,又以古希腊以来的政治伦理传统为主要思想之源,其进路相应地受到不同意义上的限制。

比较而言,近现代以来,熊十力、梁漱溟、冯友兰等中国哲学家已比较注意运用多元智慧。他们也许并不十分精通外语(如熊十力),但这并不完全妨碍其对西方哲学的了解。这里有必要对"了解"作一区分：一为专家式的了解，一为哲学家式的了解。从专家式的了解来说，熊十力关于西方哲学的了解可能没有那么细致"到位"，但是他有一种哲学家的直觉，能够从整体的方面把握西方的哲学观念，后者不同于细节性的表述。梁漱溟的情况也有类似之处。冯友兰则曾留学美国，对西方哲学有更细致、更深入的理解。这些哲学家既对西方哲学有不同程度的了解，又对中国自身的传统有深厚的底蕴，他们也因此能够在不同的哲学传统和多元智慧中进行创造性的哲学思考，由此形成具有独特品格的哲学系统，这些系统在哲学史中的具体创造意义，也许有待于未来的进一步验证，但其研究进路的历史意义，则是显而易见的。

从中国哲学与西方哲学的关系看，中国哲学既不应妄自尊大，也无需妄自菲薄。妄自尊大，意味着不能真正深入地把握和理解西方哲学从古希腊到现代的发展历程及其思维成果；妄自菲薄，则常常引向对西方哲学亦步亦趋的迎合。从当代西方哲学的发展过程看，在罗尔斯、蒯因、诺齐克、罗蒂等哲学家谢世之后，真正能称为哲学家的，愈来愈有限。哲学领域固然有不少专家，他们在一些具体领域，如伦理学、语言哲学、科学哲学等方面，可能确实做出了非常出色的工作，然而，不能将专家简单地等同于哲学家。专家既有所长，也有自身的限度，与之相联系，从事哲学研究，无需刻意地迎合当代的一些西方学者，以其研究范式或写作风格为圭臬。事实上，从"道"和"技"的关系看，现代西方哲学每每或者以"道"消解"技"，或者将"道"引向"技"，智慧的关切和逻辑的分析由此彼此相分。从中国哲学、西方哲学、马克思主义哲学的相互关联看，在注重三者互动的同时，也需要在更本原的层面超越"道"和"技"的分异。

（原载《甘肃社会科学》2017 年第 4 期）

人类认识：广义的理解与具体的形态

　　如何理解人类认识？这一问题关乎不同的认识论进路。传统视域中的认识论主要从认知的层面规定人类认识。以评价的引入为前提，人类认识的内涵得到了历史的扩展。更广的认识论视域，进一步涉及认识的规范性之维。认知主要以事物自身的规定为指向，评价更多地以确认事物对人的意义为内容，规范性则以引导人的观念活动和实践活动为旨趣。以上方面的相互交融既赋予人类认识以广义的性质，也展现了人类认识的具体内容，认识的现实形态，即体现于认知、评价、规范的统一。

一

　　如所周知，赖尔曾区分了"知道是何"（knowing

that)与"知道如何"（knowing how）。"知道是何"关乎真理性的认识，"知道如何"则与实际地做事相涉：具体而言，"知道如何"也就是能够完满地做好相关之事（perform them well）。① 这里，值得注意的首先在于"知道如何"在实质上被归入"知"。作为"知"的一种形态，"知道如何"所指向的，主要不是事物自身的规定，而是人所从事的活动："知道如何"的内在意蕴是知道如何做。以"如何做"为内蕴，"知道如何"同时包含规范性的内涵："知道如何"的实际涵义，也就是"知道应当如何做"，这里的"知"，总是体现或落实于引导、规定行为的有效完成。与之相联系，当我们将"知道如何"引入广义之"知"时，便意味着肯定认识包含规范性之维。

历史地看，对人类认识存在着不同理解。如前文提及的，较为传统和通常的看法，是将认知视为人类认识的内容，赖尔所说的"知道是何"，主要便与之相关，这一进路所注重的是"认知能力"（cognitive repertoire），其目标则是把握真理。相对于此，冯契对认识作了更为宽泛的理解。在他看来，"人类的认识活动除认知之外还包含着评价。所谓认知，就是要如实地反映自然，了解其事实，把握其规律；所谓评价，就是要考察自然物的功能与人的需要之间的关系，评价其对人的价值如何。认知与评价虽可区分，但实际上往往结合在一起。"② 将人类认识视为认知与评价的统一，显然不同于将认识等同于认知的传统认识理论。认知所指向的是事物自身的规定，评价则旨在把握事物对于人的意义，后者包含价值内涵，其具体形态包括利或害、善或恶、好或坏，等等。就其现实性而言，对象不仅包含与认知相关的事实层面的属性，而且以评价所涉及的价值规定为题中之义。以"水"

---

① 参见 G. Ryle, *The Concept of Mind*, Barnes & Noble Books, 1949, pp27 - 28.
② 冯契：《认识世界和认识自己》，华东师范大学出版社，1996，第237页。

而言,"说'水是液体','水是氢、氧化合物',这是认知判断。说'水是人生活中不可缺少的饮料''水力能利用来发电',这已不是单纯的认知判断而已经包含了人的评价,它揭示了水的性能和人的需要之间的联系,肯定水对人的功用、价值。作饮料、被利用来发电,是人的利益之所在"。① 对"水"的认识既要从认知层面把握"水是氢、氧化合物"等事实之维的属性,也需要从评价的层面把握其可以作饮料、可以用以发电等价值规定。引申而言,生活世界中的对象,也既具有认知意义,又兼涉评价意义。以人所使用的器物来说,在事实的层面,它主要表现为某种特定的对象,但其中又不仅涉及满足人不同需要的功能(给人带来便利),而且往往包含使用过程中形成的熟稔、好用、亲切等价值负载,这种功能和负载的意义,需要通过评价加以揭示。可以看到,唯有从认知和评价的统一中考察对象,才能具体地把握其真实的形态。

然而,以认知和评价为人类认识的相关内容,固然不同于将认识等同于认知,但如果联系"知道是何"与"知道如何"的分别,则可以进一步看到,认识并非仅仅限于认知和评价。如前所述,以了解如何做为指向,"知道如何"包含规范性之维。事实上,除了认知(cognition)和评价(evaluation),人类认识还包括规范(regulation-normativity)。以事实的把握为指向,认知首先关乎"是什么"这一问题,其关切之点在于如其所是地敞开对象;以揭示事物对于人的意义为指向,评价涉及的主要问题是"意味着什么",其旨趣在于把握对象的价值规定;以确定人之所作的目标和方式为指向,规范所涉及的是"应该做什么"和"应该如何做"的问题,其关切之点是做什么事以及如何做事。人不仅需要知道事物是什么(knowing that)、事物对人意味着什么

---

① 冯契:《认识世界和认识自己》,华东师范大学出版社,1996,第237页。

（knowing what），而且需要知道应该做什么或是否应该做以及应该如何做（knowing whether-knowing how），由此进一步通过人所作之"事"来实现事物对人所具有的积极意义，避免其消极意义，从而满足人的合理需要或实现人的价值理想。事物意义的如上实现固然离不开做事过程，但又以认识层面对是否应该与应该如何的理解（knowing whether-knowing how）为前提。

相对于认知和评价，这里所涉及的规范性呈现更为复杂的形态。规范所关涉的广义之"事"不仅关乎观念性活动，而且牵连着对象性的活动，与之相应，规范性本身一方面具有观念的面向，并与观念层面的认定或判断（"应该做什么""应该如何做"）相联系，另一方面又体现于实际地选择和行动的实际展开过程；二者从不同方面展现了认识过程中规范性之维的具体意义。如后文将进一步讨论的，作为广义认识过程的内在环节，规范的作用既体现于对认知、评价等观念活动的引导，又渗入于行动的选择和行动的展开过程。

在谈到认识论问题时，冯契曾将其概括为四个方面："哲学史上提出过的认识论问题，大体说来可以概括为四个：第一，感觉能否给予客观实在？第二，理论思维能否达到科学真理？换一个提法，普遍必然的科学知识何以可能？用康德的话，就是纯数学和纯自然科学何以可能？第三，逻辑思维能否把握具体真理（首先是世界统一原理、宇宙发展法则）？用康德的话，就是'形而上学'作为科学何以可能？上面三个问题，用德国古典哲学的术语来说，就是关于'感性'、'知性'、'理性'的问题。第四，人能否获得自由？也可以换一个提法，自由人格或理想人格如何培养？"[1]这可以视为对广义认识论更具

---

① 冯契：《中国古代哲学的逻辑发展》（上），华东师范大学出版社，1997，第41—42 页。

体的阐释,其中,前三个问题涉及宽泛意义上的认知:感觉能否给予客观实在、普遍必然的知识如何可能,关乎经验对象的认知;逻辑思维能否把握具体真理(世界的统一性原理与发展原理),以形上对象的认知为指向。第四个问题(自由人格或理想人格如何培养)则与评价和规范问题相联系:自由人格或理想人格包含价值意义,"如何培养"则关乎规范性。这样,尽管冯契主要将人类认识理解为认知与评价的统一,但在对认识论问题的具体阐释中,无疑也蕴含了对认识的规范之维的肯定。

布兰顿曾认为,康德哲学中存在着"规范性转向"(normative turn)。就康德既注重范畴的建构性(constitutivity)意义,又肯定其调节性(regulativity)意义而言,康德确乎涉及了规范性问题,布兰顿的以上看法无疑也有见于此。在康德那里,调节性或规范意义同时与认识过程相联系,并被置于比较广义的视域之中,对"经验类比"的理解,便体现了这一点:"经验类比(analogy of experience)只是一种规则,根据这种规则,经验的统一可从知觉中形成。"①作为引导经验达到统一的规则,"经验类比"无疑体现了调节性或规范意义。尽管在康德的哲学系统中,认知构成了人类认识的主要方面,认识过程中的规范性主要也与认知相联系,但通过肯定先天的范畴以及"经验类比"规则等等对感性经验的整治作用,康德多少也从一个方面注意到了认识过程包含规范之维。布兰顿本人也从"概念性活动"(conceptual doing)的角度确认了规范性,②尽管这主要是在观念活动的层面肯定规范性的意义,但与康德的进路相近,其中似乎也涉及认

---

① Kant, *Critique of Pure Reason*, Translated by N. K. Smith, Bedford/St. Martin's Boston/, New York, 1965, p211.

② R. Brandom, *Perspective on Pragmatism*, Harvard University Press, 2011, pp1－4.

识过程与规范性的关联。

作为人类认识的构成,规范性具体涉及二个方面,即:"知道应当做什么"或"知道是否应该做"以及"知道应当如何做"。确认"应当做什么"或"是否应该做"(knowing whether)包含自觉的认识之维,从而不同于自发的意识。就其内容而言,这种认识既不限定于事物本身的规定,也非主要指向事物对人的意义,而是与人的活动及其性质相联系。前文已提及,广义的认识不仅涉及对象的规定及其价值意义,而且关乎人的活动,在"应当做什么"或"是否应该做"的断定背后,同时蕴含着对相关活动性质的认识:它是合理的还是不合理的?有利的还是有害的?将引向善还是引向恶?等等。这种认识既与宜或不宜、善或恶等价值意义的把握相联系,属广义的"知",又具有规范意义:与仅仅肯定事物本身"是什么"或事物对人"意味着什么"不同,它同时引导行为的选择:具有正面价值意义的"事",便"应当"去做,反之,则"不应当"做。

认识的规范性之维的第二个方面是"知道如何"(knowing how)。这里的"知道如何"主要指"知道应当如何做",从逻辑上说,与之相关的"知"以了解如何做的规则为其题中之义。骑自行车需把握的基本规则包括身体保持平衡、两眼前视、抓住车把以控制方向;游泳需要了解的规则,涉及双臂如何伸张、双腿如何蹬水、呼吸如何调整;驾驶汽车需要知道的驾驶规则,则包括如何掌握方向盘,如何控制油门、如何操作排挡,如何倒车入库;如此等等。这些规则可以用命题性知识(propositional knowledge)的形式表示,并具有相应的认识意义。

在此,可以进一步把握认知意义上知道是何(knowing that)与规范意义上知道是否应该(knowing whether)、知道如何(knowing how)的区分。知道交通规则(如红灯停、绿灯行),这属于"知道是何"(行车时需注意的交通规则是什么);开车时看到红灯,知道不能继续行驶,这属于"知道是否应该"(知道不应当闯红灯);见红灯后知道如何停车,这属于"知道如何"(知道如何通过刹车控制车辆)。同为规范性认识,知道是否应该(knowing whether)与知道如何(knowing how)包含着不同的意义指向。从知与行的关系看,"知道是何"固然构成了行为选择的前提,但行为的现实选择,则基于"知道是否应该",而"知道如何"则体现于行为展开的过程。

"应当做什么"或"是否应当做""应当如何做",可以基于已有的社会共识,从而在社会的层面并不表现为一种新的认识形态,但对相关的个体来说,知道"应当做什么"或"应当如何做",仍是一种通过传授、学习、践行而获得之"新知"或新的认识。以"应当做什么"或"是否应当做"而言,开车变道应当基于虚线,不能实线变道、在公园养草期间应当绕道而行,不能践踏草地,这涉及对交通规则以及游园准则之"知",而后者又制约着人的行为选择。就"应当如何做"来说,从人的简单活动如骑车、打球,到较为复杂的活动如驾驶飞机、操纵精密仪器,都包含需要了解的行动规则、操作要领等规范性知识,个体由传授、学习、践行而获得之"新知",其实质的内容便关乎这些规范性认识。以上事实既从一个方面体现了规范性的认识论意义,也表明广义的认识过程包含规范性之维。

当然,从"知道如何"看,其中的"知道"并不仅仅意味着把握以上知识。如前所述,"知道是否应该做"或"知道应当做什么"关乎行为发生之前的选择,与之有所不同,"知道如何"与行动或做事过程具有更为切近的联系,事实上,它本身需要通过做事过程得到确证。以前面提到的骑自行车、游泳、驾驶汽车而言,仅仅知道相关的规则,并不表明"知道"如何骑车、如何游泳、如何驾车,唯有能够实际地骑车、游泳或驾车,才表明确实"知道"如何做这些事。

能够实际地做某事,意味着具有这方面的能力,由此,"知道如何"往往被归结为能力或与能力相关之知。确实,从检验认识的角度看,能否成功地做某事,是判断是否真正"知道如何"的主要依据,而成功做事同时表明具有完成相关之"事"的能力。不过,不能忽视"知道如何"之知对于实际做事的引导意义。这里需要区分两个不同的问题:一方面,"知道如何"之知的获得,包括了解应当如何做的程序、规则,等等,不等于实际的"知道如何"做;另一方面,知道实际地如何做,总是以显性或非显性的方式蕴含着对"知道如何"之知的把握,包括以某种方式了解和掌握如何做的程序、规则等方面的规范性知识,这种"知"固然主要引导人们"如何做",而非关乎事物的性质("是什么"),但它又为行为或所作之事取得自觉品格提供了前提。仅仅知道驾驶的要领或规则确实并不意味着能够成功地驾车,但合乎规范地驾车,又离不开以显性或非显性的方式了解这些规则或要领。事实上,教练或有经验的司机在指导初学者时,总是会以不同方式传授这方面的知识。自发地探索、摸碰,或许也可以"无师自通"、开车上路,但这种缺乏"知道如何"之知引导的驾驶,往往具有不规范或不合乎技术规程的特点,其中蕴含着各种风险(包括发生车祸、引起其他交通事故,等等)。

从现实的形态看,"知道如何"之知总是以不同的方式为实际地做事提供多方面的引导。在艺术领域,绘画、雕刻包含着如何运笔、布局等规范性的知识,在下棋、打篮球等游戏活动中,存在着如何移棋、如何投篮等规定,在学习绘画、雕刻等艺术或下棋、打球等游戏时,人们常常需要了解一定的规则或要领,以便使相关的活动取得自觉的形式。无论是传统的师徒传授模式,还是现代形态的学校教育,以上活动都涉及规则、程序、要领等"知道如何"之知,所谓"无师自通",只是表明传授之师的阙如,从事不同活动所涉及的相关规则、程序、要领仍需通过观察、揣摩、习行等逐渐加以把握,否则便难以摆脱自发的形态。小孩可以通过观看大人对弈而学会下棋,而做到这一点的前提,则是在观看过程中了解下棋规则,此时,虽然他不一定十分清楚"那些'正确'和'错误'的规则应如何定义"①,但依然可以达到对规则的具体把握,后者尽管也许不同于明晰的语言界说,然而其内容也属广义的"知道如何"之知,并同样构成了实际地"知道如何"(能够实际地做相关之事)的条件。

　　自觉形态的规范性之知与人的实际活动过程,无法截然相分。赖尔曾批评理智主义及其追随者,认为按照理智主义的看法,"行为主体必须先经过内在的过程来断定某些有关将做之事的命题(有时被称之为'公理'、'律令'或'引导性命题'),才能根据这些命令实施自己的行为。他在行动之前必须先对自己宣讲;厨师必须先背诵一遍菜谱,再按此烹饪;英雄必须先默颂某条适当的道德律令,再游入水中抢救溺水者;棋手必须先全盘考虑一下所有相关的下棋规则和变通原理,然后再走出正确而娴熟的一步。根据这种传奇,一个人做某事时又思考自己所做之事,这总是成为两件事,也就是说,先考虑某些恰当的命题或规定,然后将这些命题和规定所责令者诉诸于实践。这也就是是先做一件理论工作,再做一件实践工作"。② 按赖尔的以上概述,理智主义的特点在于知与行的分离:"知道应当做什么"和"知道应当如何做"这种规范性的认识(知)与实际地做(行),被视为彼此分离的两个方面,前者处于后者之先。对知与行的以上理解显然忽视了:在具体的行为过程中,规范性知识即体现于这种知识所制约的行为过程。换言之,从理论的层面看,需要肯定规范性知识相对独立的一面,但在实践之维,规范性知识与它所引导的行动难以判

---

　　① G. Ryle, *The Concept of Mind*, Barnes & Noble Books, 1949, p41.

　　② G. Ryle, *The Concept of Mind*, Barnes & Noble Books, 1949, p29.

然相分:"知道如何",即体现于"知道"实际地如何做。

"知道如何"向"知道实际地如何做"的转化,与规范性的认识转化为人的实践能力相关。前文已提及,"知道如何"往往被归结为能力或与能力相关之知,这一看法尽管表现出以能力消解规范性认识的偏向,但也从一个方面注意到了二者的关联。这里需要作如下区分:一方面,规范性认识可以取得命题性知识的形式,在各种行为规则、操作规程、技术要领的说明中,便不难看到这一点;另一方面,规范性认识需要化为人的行为定势和能力,以实际地影响人的行为。"知道如何"诚然包含规范性知识,但这种知识在单纯的命题形式下,并不能化为做事的能力或引向成功做事,只有通过"习事"的过程,规范性知识才能化为人的能力和行为定势,并由此使命题形态的"知道如何"体现、确证于具体的做事过程。在这里,"知道如何"的规范性知识既在实际地做相关之事的行动过程中超越了单纯的命题形态,又以显性或非显性的方式引导相关之事。

需要指出的是,以"知道如何"为形式的规范性知识之体现于人的能力和行为定势,并不意味着其自身完全被摒弃或完全消隐,这里涉及的主要是其存在的方式或存在形态的转换:通过与个体行为趋向的相互融合,相关的认识已由命题性知识(propositional knowledge),化为人的第二天性(second nature),后者既包含与身相关的行动技能,也渗入了与心相涉的意识之维,当然,在"第二天性"的形式下,这种意识已呈现近乎习惯成自然的特点。质言之,一方面,表现为"知道如何"的规范性的认识需要取得能力等形式,以实际地影响和引导人的行动;另一方面,能力并非仅仅表现为身体的技能或心理的定势,其中同时包含规范性认识的内化。若作进一步考察,则可注意到,这里同时涉及显与隐的互动。一个初学打篮球的运动员,除了实际地接触篮球、参与多方面训练之外,还需要通过教练指导在观念层面知道如何运球、如何控球、如何投篮、如何在球场奔跑,等等,这些以"知道如何做"为内容的"知",属广义的规范性认识,相关运动员打球技能的形成,则伴随着这些规范性认识的内化,后者可以视为规范性认识由显(显性的存在形态)而隐(取得非显性的形态)。然而,当该运动员作为老队员传带新手时,他常常不仅须以身示范,而且需要比较明晰地介绍和解释相关的动作要领,这种介绍实质上也就是以语言的形式表述"应当如何做"。此时,这种以明晰的语言形式传授的有关"应当如何做"的规范性知识呈现命题性的一面,而作为传授者的运动员本身所具有的规范性认识则相应地涉及由隐而显的转化。可以看到,取得内化形态并超越命题形式的规范性之知在以上过程中又以命题性形式呈现。以上事实从另一侧面表明:与"知道如何做"相关的行动中总是蕴含某种规范性认识,所谓由隐而显,实质上也就是这种认识由非显性的形态,转化为显性的形态,这一转化同时也确证了规范性认识在化为人的"第二天性"之后,并未完全被消解。

从更广的层面看,行动过程中总是内含"心",而非仅仅是"身"的活动,体现于行动过程的技能,也并不单纯表现为肢体的熟练动作,而是渗入了"心"的作用。麦克道尔已有见于此,在他看来,"没有概念的肢体移动仅仅是发生的现象,而不是有意为之的体现。"①这里的概念在广义上包括对"应做何"、"如何做"这一类规范要求的把握,尽管这种把握不一定以明觉的或名言的形式呈现,但完全缺乏这种概念意识(包括以内化形式存在的规范意识)的肢体运动,便近于物理世界中发生的现象,而不同于人的自觉活动。比较而言,赖尔注意到实际知道如何做意味着按相关的行为方式做已成为行动者的"第二

---

① John McDowell, Mind and World, Harvard University, 1994, p89.

天性",但同时又将其隔绝于意识之外,①从而一定程度地忽略了这种"第二天性"包含着规范性认识的内化,这种看法容易将"第二天性"仅仅限定于与"身"相关的行动技能。事实上,对赖尔来说,涉及"第二天性"的习惯性行为只是"先前之行的复制品",从而不同于"基于先前之行而加以调整"的理智性行为。② 习惯性行为与理智性行为的这一分野,在逻辑上以"第二天性"疏离于规范性认识为前提。从总的认识立场看,与质疑"心"的相对独立意义相联系,赖尔多少趋向于以"实际地知道如何"消解"观念层面知道如何"。这一进路似乎未能注意到后者(观念层面知道如何)对前者(实际地知道如何)的制约。③

概要而言,认识过程包含规范性之维。以人之所作为指向,规范性既涉及基于心的观念性活动,也关乎与身相涉的对象性活动;前者如后文将论,包括对认知和评价的引导,后者则在知行统一的意义上,体现于对象性的活动过程。以"知道应当做什么"与"知道应当如何做"之知为内容,规范性的认识一方面以自觉的形式(包括命题性之知)引导人的观念性活动和对象性活动,另一方面又通过化为人的现实能力,成为人在本体论意义上的某种存在规定(第二天性),由此进一步影响人实际做的过程。

二

从广义的认识过程看,认知、评价和规范呈现相互关联的形态,

---

① G. Ryle, *The Concept of Mind*, Barnes & Noble Books, 1949, p41.

② G. Ryle, *The Concept of Mind*, Barnes & Noble Books, 1949, p42.

③ 参见 G. Ryle, *The Concept of Mind*, Barnes & Noble Books, 1949, pp27 – 61.

这种关联首先表现为认知对评价和规范的制约。以认知和评价的关系而言,尽管评价所指向的不是事物自身的规定,而是事物对人的意义,然而,把握这种意义的前提,是如其所是地认识事物的规定和人自身的合理需要,后者的具体内容则由认知构成;如果缺乏上述认知,便很难形成正确的评价性判断。与之相近,规范性的认识,无论是以"知道应该做什么"为形式,抑或表现为"知道应该如何做"之知,也无法离开认知。尽管规范性的认识主要与人的行为或人所做之事相关,但对这种行为或事的合理规范,乃是基于恰当地把握实然与必然,后者同时包含着认知的内容:实然关乎事实,必然涉及事实之理,"知实然"与"知当然",意味着按其本来形态认知相关对象,这种认知又进一步为"应该做什么"和"应该如何做"提供了根据。

同样,评价对认知与规范也具有多重制约作用。人们往往从已形成的价值取向出发,从事多样的活动,接触不同的事物,以进一步了解相关对象的属性,使之由尚未为人所知的本然形态转换为人所把握的"事实"形态。价值取向对本然之物转换为"事实"的如上制约,从一个方面表明,认知与评价无法相分。就具体的过程而言,认知目标的确立,需要基于一定的价值判断:如果说,为知识而知识的目标选择,体现了对认知内在要求和意向的肯定,那么,基于一定的实践需要而确立相关的认知对象,则展现了现实的价值评价对认知活动的制约。进而言之,认知结果的评判,也离不开评价:相关认知是否具有真实的品格?是否对解决认识或实践中的问题具有积极的意义?等等。对以上问题的判定,同时表现为一个评价过程。

评价与规范之间呈现更为内在的关联:"知道应当做什么",以判定当做之事的价值意义为前提,这种价值意义包括相关对象或行为的好坏、善恶、利害,等等,从理性的层面看,如果某种行为是好的或善的,那就属于"应该"做的,与之相对的选择,则可能呈现"非理性"

的性质：知其有害或恶,仍去做;知其有利或善,却拒绝做,固然可能源于各种情意等方面的缘由,但从理性的层面看,以上选择显然属不当之举。在此,价值意义的判定构成了"应当做什么"意义上的规范性要求形成的前提。与之相近,"知道应当如何做",关乎对行为方式、程序、手段适宜与否或正当与否的判断,其中,适宜与否涉及行为方式是不是合乎实然或必然;正当与否则与行为方式是否合乎当然相关。以上判定和判断不管以显性的形式呈现,还是以非显性或隐含的形式表现出来,都包含评价的内容。在上述方面,评价无疑制约着规范性的认识。

在受到认知与评价制约的同时,规范性认识也在不同的层面影响着认知和评价。如前文所提及的,规范性认识既关乎对象性的行动,也涉及观念性的活动,作为人之所作,认知和评价都属广义的观念性活动,其中也蕴含与"应当如何"相关的规范之维。以认知而言,其展开过程便在不同意义上关乎规范性问题。作为观念性活动,认知过程面临经验主义、理性主义、直觉主义等多样的进路,选择不同的进路,意味着以不同的方式引导认知过程,其中内在地渗入了规范性内涵。从更为内在的方面看,认知过程包含着感性材料与理性概念之间的互动,康德已注意到知性范畴对感性质料的整治作用。感性材料固然为把握对象提供了原初之源,但在与概念形式分离的形态下,往往缺乏内在的条理,以概念形式整治感性材料,构成了后者呈现条理性的条件,而感性材料之间的条理,则可以视为事物之间内在关联的再现。概念形式对感性材料的认识作用,展现为金岳霖和冯契所说的"以得自现实之道还治现实"的过程,其中的"还治现实",即体现了认知过程中的规范性。同样,评价过程包含着一般价值原则的运用:对象的意义,主要相对于人的现实需要和价值理想而言,这种需要和理想通过抽象而进一步取得价值原则的形态,评价的过程,往往表现为基于一定的价值原则进而对相关事物作出判断,以确认其是否包含真、善、美等正面的价值意义或伪、恶、丑等负面的价值意义。引用一定的价值原则以评价对象意义的以上过程,同时具有规范的意义。

认知、评价与规范在广义认识过程中的相互关联,在日常生活中也不难注意到。以对礼物的认识而言,在认知的意义上,礼物往往主要表现为某种对象,如一支笔、一块表、一款手机,等等,但其中又总是包含关爱、友情、敬意等情意负载,这种负载的意义,无法仅仅通过认知而敞开,而是需要借助评价加以揭示。进一步看,礼物的赠送和接受,都需要合乎礼仪规范,其中渗入一定的规范性意识,唯有基于这种规范性的认识,相关的活动(礼物的赠送和接受)才能获得合宜或得体的形态。以上事实从一个方面表明,对事物(如日常礼物)的具体把握,离不开认知、评价与规范的相互制约。

然而,认识过程中的以上关联在哲学史中往往未能得到应有的肯定。以康德而言,尽管他有见于知性范畴对感性质料的整治作用,但对认知、评价与规范的总体联系,却未能充分地把握。在《纯粹理性批判》中,康德曾提出了如下三个著名的问题:我可以知道什么?我应该做什么?我可以期望什么?这里的"知道什么"主要与认知相关,"应该做什么"则既以相关行为的价值意义的评价为前提,又关乎如何选择行为这一规范性问题,然而,在以上提问中,以"知道什么"为指向的认知与"应该做什么"所涉及的评价和规范,呈现彼此分离的形态。事实上,在康德哲学系统中,认识论的问题主要限于"我可以知道什么",而"我应该做什么"则被归入伦理学之域,这一思维取向所体现的,是狭义认识论的视域。现代的分析哲学不仅承继了康德的进路,而且进一步将认识论限定于知识论,后者主要以认知意义上的逻辑分析为主要内容。相形之下,以现象学为进路的海德格尔将真理与人的存在联系起来,其中包含着对评价和规范意义的肯定,但在突出存在意义和人自我筹划的同时,认知之维却多少被置于边缘的地位。在基于分析哲学与本于现象学的以上趋向中,认知与评价、规范呈现彼此相分的形态。

从广义认识论的角度看,以事物自身规定为指向的认知、以确认事物对人的意义为内容的评价、以引导人的观念活动和实践活动为旨趣的规范,构成了人类认识的相关方面,认识的具体形态,体现于认知、评价、规范的统一。

三

作为认识过程的相关方面,"是什么","意味着什么","应该做什么"以及"应该如何做"以各自的方式、在不同的层面追问着真理性之知。真理性之知如何可能? 这是考察人类认识时无法回避的问题。

相应于所谓认识论转向,近代哲学对认识过程作了多方面的考察。以确定性的追求为指向,笛卡尔首先将直觉提到突出地位,在考察"一个命题必须具备什么条件才是可靠的"这一问题时,笛卡尔得出了如下结论:"凡是我十分清楚、极其分明地理解的,都是真的。"[①]所谓清楚、分明地理解,即是直觉地理解。与之相关的是推论以及更广意义上的怀疑。斯宾诺莎将知识区分为经验的(直接经验与基于传闻的间接经验)、推论的,以及"纯粹从事物的本质来认识事物"[②],后者涉及直觉的方式,在注重直觉与推论方面,斯宾诺莎与笛卡尔似乎呈现了相近之处,二者体现了理性主义对知识以及知识形成的条

---

① 笛卡尔:《谈谈方法》,商务印书馆,2000,第 28 页。

② 斯宾诺莎:《知性改进论》,商务印书馆,1986,第 24—25 页。

件之理解。比较而言,以经验主义为立场的洛克赋予感性经验以更重要的认识论意义,在他看来,"我们底一切知识都是建立在经验上的,而且最后是导源于经验的。"①在此,经验被视为真实知识所以可能的条件。

较之以上哲学趋向,康德主要侧重于从感性与知性的统一中反思人类认识。按康德的理解,"人类知识有两大主干,其一为感性,其二为知性,通过前者,对象被给予我们;通过后者,对象被我们思维。"②这里的感性与知性,分别与前述经验主义的经验以及理性主义的推论相关,在康德那里,两者都被规定为普遍必然的知识所以可能的条件。相对于经验主义与理性主义,康德的以上看法更多地体现了综合的视域。

然而,无论康德之前的经验主义的经验和理性主义所理解的可靠知识,还是康德以上视域中的感性和知性,不仅都主要限于认知,而且对认知条件的把握也有其限度。认识固然既离不开感知、直觉、推论等活动,也无法与感性材料与知性形式(概念形式)等相分,但这些活动和形式本身又有其现实之源。直觉活动乃是基于认识过程本身的历史沉淀:某些数学、几何学公理之获得不证自明的形式,源于人类认识的长期反复和确证,同样,感性材料并非凭空而生,而是形成于人所从事的多样活动,概念形式以及与之相关的推论,也与更广意义上的做事和人类实践过程相联系,其中既包含着认识内容的抽象化,又渗入了由行动模式的不断反复之后凝结而成的逻辑和概念形式。经验主义和理性主义对感知、直觉、推论的理解呈现抽象的趋

---

① 洛克:《人类理解论》,商务印书馆,1981,第68页。

② Kant, *Critique of Pure Reason*, Translated by N. K. Smith, Bedford / St. Martin's Boston /, New York, 1965, pp61 - 62.

向,康德在肯定时空和范畴是认识所以可能的条件的同时,又将其视为先验形式,无疑未能把握认识形式的现实根据。

与"是什么"的追问相联系的认知,侧重的是人给自然立法。在认知之维,人给自然立法主要指人运用历史地形成的概念、逻辑形式,以整治经验材料,由此进而把握自然之理,包括因果法则。不难看到,这一意义的"立法"并非人将"法则"(包括因果法则)强加于自然,而是通过认知过程中经验材料与概念形式的互动,以敞开自然之理。

进一步看,以所知和能知的互动为背景,认知过程同时涉及本体论或形而上的前提。作为认知的对象,所知不仅内在于具体的时空之中,而且以体与用、本与末、现象与本质、过程与实在等统一为其内在规定。这一意义上的所知既不同于单纯的现象,也非片面或静态的存在,而是呈现具体、现实的品格。同样,与所知相对的能知,也表现为存在与本质、理性与情意、德性与能力的统一,这一视域中的能知既非纯粹的理性化身,也有别于单纯的情意主体,其存在形态包含多重方面。所知和能知内含的以上存在规定,在不同意义上为如其所是地把握事物提供了形而上的根据。

以把握事物对于人的意义为指向,评价过程既需要认识事物的属性和规定,也无法忽略普遍的价值原则,对事物属性和规定的认识,属广义的认知过程,对价值原则的把握,则既涉及对价值原则的理解,也关乎对价值原则的接受和认同,后者进一步与确认和肯定合理的价值观念相联系。不难注意到,评价过程所关涉的真理性认识一方面以如其所是地把握事物自身的规定为前提,与此相联系,认知所以可能的条件,也构成了评价所以可能的条件;另一方面,评价又以确立合理的价值观念、认同合理的价值原则为条件。一般而言,肯定人之为人的内在价值,构成了与人的存在相关的基本价值观念或价值原则：否定这一原则，意味着否定人的存在意义。在评价过程中，唯有确立以上价值、拒绝人的物化，才能判定合乎相关价值原则的现象具有正面的价值意义，并将与之悖离的言和行归为负面的价值形态。

　　较之认知和评价，作为广义认识环节的规范性呈现更为多方面的品格。就规范本身而言，其形成基于实然、必然和当然。观念层面的规范性，关乎认知与评价。在认知过程中，认识的规范性以得自现实之道还治现实之身为形式，后者又以知"道"为前提。此所谓"道"，既内在于事物的现实形态（实然），又源于事物的现实之理（必然），以此"道"还治现实，离不开对实然和必然的把握。在评价活动中，认识的规范性体现于将普遍的价值原则运用于相关对象的过程，普遍的价值原则呈现为"当然"的形态，从普遍的价值原则出发判定事物的价值意义，以知其当然为前提。从以上方面看，在观念之维，把握实然、必然与当然，构成了实现认识的规范意义所以可能的条件。

　　认识的规范性同时指向具体的行动过程。在实践的层面，"知道如何"或"知道应当如何做"，关乎对象性活动，后者以做多样之"事"为其现实的内容，也可视为习事的过程。通过体认、反思，习事过程所内含的规范性以及所积累的知识经验，逐渐凝结为稳定的心理定势，并化为惯常的行为方式。这种心理定势和行为习惯，往往与人同在，后者具体表现为人之心与人之身合而为一，心智结构（包括规范意识）则由此化为人的存在形态。作为与人的存在合而为一的观念形态，以上规范意识虽不同于通常意义上的认知，但又包含认识的内容而非完全外在于人类认识。从广义认识的角度看，与"知道如何做"相联系的心理定势和行为习惯既渗入了认识的内涵并包含规范的意义，又从一个方面为认识的规范作用落实于实践提供了前提。

　　如上所论，作为广义认识内在环节的规范性内容，可以取得明晰的命题形式,这种命题常常用语言加以表述,其运用过程具有专注和显性的特点。在学习骑车的过程中,对初学者所提出的"保持身体平衡""注意两眼前视""双手抓住车把"等要求中蕴含着规范性内容,这种要求既渗入对相关过程的认识和把握,又以语言表述和专注性的形式呈现。更广意义上活动过程中所涉及的动作要领、操作规程、处事程序,等等,都包含可以用命题形式表达的内容,以此传授技能、规范行为的过程,也相应地包含着命题性知识的运用。规范性的认识也可以用非命题性的形式,后者的特点之一在于以非专注、非显性、非语言的形式呈现。然而,尽管表现为非命题性的形式,规范性认识仍对行动具有引导意义。在现实的形态中,这种规范性认识或广义的规范性意识往往从总体上引导人的行为过程。以钢琴的演奏而言,流畅地完成某一曲子,常常构成了相关的行动目的,对这种目的的把握,同时引导着所涉行动,并相应地具有规范意义。这种规范意识虽然并不始终以专注、自觉的形态呈现,但却在整个过程中引导着演奏者的行动:此时演奏者无需时时自觉关注自己的每一动作,而整个行动过程则始终受到以上意识的规范。在轮扁斫轮的著名寓言中,庄子借轮扁之口,以斫轮为例,对此作了更具体的论述:"斫轮,徐则甘而不固,疾则苦而不入。不徐不疾,得之于手而应于心,口不能言,有数存焉于其间。"[①]"得手应心"是手与心之间的默契,这种默契并不是通过斫轮过程中有意识的计划而实现的,也并非以语言的形式明晰表达("口不能言"),但其中又包含当然之则,所谓"有数存焉于其间",便暗示了这一点。对这种"数"的把握,具有非专注、非显性、非语言的特点,但它又通过渗入人的身心而制约着斫轮等行为过程。

---

① 《庄子·天道》。

"数"内在于人的行为过程而又可以为人所把握,对"数"的以上把握不同于命题性知识而具有"体知"的形态。作为非命题性的认识,"体知"与前述行为的心理定势和行为习惯具有相通之处,其特点在于身心融合为一。荀子在谈到君子之学时,曾指出:"君子之学也,入乎耳,著乎心,布乎四体,形乎动静。端而言,蠕而动,一可以为法则。"①这一意义的君子之学,也就是所谓身心之学,在引申的意义上,"学"的具体内容则表现为习事,以后者为形式,一方面,外在的规范通过"学"的过程,逐渐转化为个体的内在意识,并体现于与身相关的行为趋向("布乎四体,形乎动静");另一方面,这种内在意识最后又付诸于实践或习事、体现于多样的活动过程,后者始终包含着当然之则的引导作用,所谓"一可以为法则",便强调了这一点。如果说,对规范的命题性内容的自觉把握,是以专注的形式实现认识的规范意义之前提,那么,化规范意义上的"数"为人的"体知",由此"布乎四体,形乎动静",则是以默会或非专注的形式实现认识规范作用的条件。

与认知主要表现为人给自然立法有所不同,认识过程中的评价和规范更多地涉及理性的自我立法。广义的"法"不仅以必然(必然法则)为内容,而且关乎当然,后者具体表现为人的观念活动和对象性活动的规范系统(当然之则)。康德将实践领域主要理解为道德之域,而其中的理性法则,则主要被归之于实践理性或自由意志的产物。这一看法不仅未能注意到实践的更广领域,而且表现出将理性规范抽象化、先验化的趋向,其中体现的思维进路,与康德所理解的人给自然立法所蕴含的观念具有一致性。人所立之"法"的真实根据存在于实然、必然、当然,人与对象的认知关系中所立之"法"体现了

---

① 《荀子·劝学》。

这一点,评价和规范意义上理性所立之"法"也不例外。与之相联系,对实然、必然、当然的把握既是理性自我立法的根据,也构成了理性之"法"实现规范意义所以可能的条件。

四

可以看到,认识既涉及对象,也关乎人自身。认识的对象并非以本然的形态外在于人,而是已进入知行过程中的存在,可以视为"事"中之"物",人自身则因"事"而在,并表现为做"事"的主体。以"事"的展开为总体背景,认识不仅以把握对象自身的规定以及对象与人的意义关系或价值关系为指向,而且也以规范人的活动(包括观念活动与对象性活动)为题中之义。与之相联系,认识同时具有认知、评价、规范的不同向度。在这里,认识的内容与认识的功能呈现相互统一的形态:认知以事物的自身规定为内容,其功能在于敞开这种规定;评价以对象与人的意义关系或价值关系为内容,其功能在于揭示这种意义关系或价值关系;规范则以引导人自身的活动为内容,其功能则在于规定人应该做什么、应该如何做。

马克思曾对以往哲学提出了如下批评:"哲学家们只是用不同的方式解释世界,而问题在于改变世界。"①从哲学上看,仅仅限于说明世界而疏离于改变世界,与狭义地理解人类认识存在内在的关联:对传统哲学而言,认识仅仅表现为一个认知的过程,后者所引向的,主要是对世界的说明。

以广义的认识论为视域,认知、评价和规范呈现相互关联的形

---

① 《关于费尔巴哈的提纲》,《马克思恩格斯选集》,第1卷,人民出版社,1995,第57页。

态,这种关联,同时为说明世界与改变世界的沟通提供了前提。如前文所提及的,认知既以如其所是地把握事物为指向,又以人给自然立法为形式,然而,在认知的层面,人给自然立法仅仅表现为人对世界的说明,世界本身并未因此而发生实际的变化。通过评价,事物对人所具有或可能具有的意义开始显现,由此进一步引向"应当做什么"和"应当如何做"的规范性判断:如果评价确认了相关的事与物具有正面的价值意义,则"应当"实现这种意义,反之,如果评价所敞开的价值意义具有负面性质,则"应当"对其加以限定或转换。上述论域中的"应当",同时表现为对现实的规范,其中蕴含着改变世界的要求。

当然,"应当做什么"在尚未转化为"实际做什么"以及"应当如何做"在尚未转化为"实际如何做"之前,它们所体现的规范性还处于观念的形态,一旦"应当做什么"转化为"实际做什么""应当如何做"转化为"实际如何做",其中体现的规范性便呈现实践的意义,后者的实际指向,是对世界的改变。从人给自然立法这一角度看,在规范这一层面,人不仅以认知的方式给自然立法,而且根据自己所立之法(对世界的理解和认识)作用于世界,由此,认知所体现的说明世界,进一步转化为评价和规范所蕴含的改变世界。可以看到,人给自然立法,改变的主要是人对世界的理解,人根据自己所立之法作用于自然,则意味着改变世界本身。康德仅仅强调人给自然立法而悬置了人基于所立之法作用于世界,从而未能超越仅仅说明世界的视域。

广而言之,人的活动展开于多重方面,这种活动不仅成就世界,而且成就人自身,其本身则具体地展现了认识的广义内涵。以了解如何演奏琴而言,懂得琴的演奏,从艺术活动这一侧面体现了人的能力的提升和发展。从广义认识的角度看,掌握琴的过程,同时包含着认识的不同环节。颜元对学琴、习琴、能琴的区分,已涉及这一点。

在具体考察学琴、习琴、能琴的不同特点时,颜元指出:"歌得其调,抚娴其指,弦求中音,徽求中节,声求协律,是谓之学琴矣,未为习琴也。手随心,清浊、疾徐有常规,鼓有常功,奏有常乐,是之谓习琴矣,未为能琴也。弦器可手制也,音律可耳审也,诗歌惟其所欲也,心与手忘,手与弦忘,私欲不作于心,太和常在于室,感应阴阳,化物达天,于是乎命之能琴。"①所谓"歌得其调,抚娴其指,弦求中音,徽求中节,声求协律",包含着"应当如何做"的规定和要求,后者以指法、奏法等形式展现,具有规范性的涵义:歌,应当"得其调";指,应当抚而娴;弦,应当"求中音";徽,应当"求中节";声,应当"求协律",其中既关乎显现的、符号性的方面("调""律"等,都可以用谱的方式表示),也涉及隐性的,非命题性的方面,如指的娴熟。"清浊、疾徐有常规,鼓有常功,奏有常乐",可以视为规范性认识在行动中的体现。"心与手忘,手与弦忘,私欲不作于心,太和常在于室,感应阴阳,化物达天",则意味着规范性认识逐渐化为人的"体知",行为开始超越了以技炫人、刻意而为("私欲不作于心"),达到自然天成("感应阴阳,化物达天")之境。如果说,将刻意而为与"私欲"联系起来内含了评价的向度,那么,"心与手忘,手与弦忘"则表现为基于"布乎四体,形乎动静"的"体知",后者的特点在于身心合一,从容中道(合乎规范)。在颜元看来,只有达到这一境界,才可以说真正知道了如何演奏琴("能琴")。这一意义上的"能琴"既包含对琴的认知("弦器可手制,音律可耳审"即以此为前提),又在不同层面渗入了评价和规范性的作用。

从人与世界的关系看,以"意味着什么"为实际所指的评价既基于"是什么"的认知,又引向"应该做什么"或"应该如何做"的规范性认识。以人与自然的关系而言,乱砍乱伐树木意味着生态的破坏,这

---

① 《颜元集》,中华书局,1987,第78—79 页。

是评价性的认识,其内容涉及人的特定行为可能导致的负面价值意义。这一评价性认识,以砍伐树木和生态环境之间关联的事实性认知为其依据,由这一评价性的认识,又可以进一步引出"不应该乱砍乱伐"的规范性判断。同样,在观察自然的过程中,人可以从大地回春、万物复苏等现象中逐渐认识到"春天是植物生长的季节",这种认识具有认知性质。以农事(农业生产)的展开为背景,由以上认知可以形成"农作物在春天播种最为适宜"的判断,后者属评价性的认识。基于农事活动的现实需要,这一类评价性认识又可以引出"应该在春天播种"的规范性结论,后者进一步为实际的做事和践行提供了依据。

类似的情形也存在于日常的生活。从驾驶车辆来说,"开车看手机容易分散注意力",这是基于实际的驾驶活动而形成的事实层面认知。从相关行为对人的价值意义而言,由以上事实性的认知可以引出"开车看手机会危及安全行车"的结论,后者是具有评价意义的判断。以如何行车为关注之点,上述评价性的认识将进一步引向"开车时不应该看手机"的规范性认识。行车的过程不仅仅涉及个体性的活动,而且关乎驾驶人与道路、行人以及其他车辆的关系,从而同时表现为人与世界的互动,从后一方面看,"开车时不应该看手机"这一规范性判断又通过作用于驾车过程而制约着人与外部世界的互动,由此超越了单纯的说明世界。

就人的认识而言,评价与认知以及规范的以上关系,体现了广义认识过程相关方面的内在关联;就人与世界的互动而言,认知所内含的说明世界,通过评价和规范进一步引向了对世界的作用和变革,尽管实际地改变世界离不开人的做事和践行,但认知、评价、规范在认识过程中的彼此关联,无疑为说明世界与改变世界的沟通提供了认识论的前提。说明世界与改变世界在逻辑上涉及认识与实践、知与行之辩,相应于此,广义认识过程中认知、评价、规范的以上关联,同时制约着认识与实践、知与行的关系:认识的规范之维既体现于认识或"知"的过程本身,也渗入于实践或"行"的过程,由此,认识与实践的统一或知与行的合一也从观念的层面获得了内在根据。

从更为综合的视域看,无论是说明世界与改变世界,抑或以认知、评价、规范为内容的广义认识过程,都基于广义之"事"。作为人之所"作"①,"事"既涉及观念性的活动,包括人所从事的科学研究、理论建构、艺术创作,等等,也关乎对象性的活动,包括人与自然之间的互动。以"事"观之,不仅说明世界与改变世界表现为人作用于世界的相关活动,而且认知、评价、规范也既源于人所作之"事",又进一步指向人之所"作"。就其现实过程而言,"事"的展开不仅以认知层面如其所是地了解对象为前提,而且离不开在评价和规范的层面对"应做何事""应如何做事"的把握。如果说,沟通说明世界与改变世界,主要从观念之维展现了认知、评价、规范在认识过程中彼此关联的内在意义,那么,以"事"为本,则从认识之源上彰显了以上关联的现实根据。

要而言之,广义的认识关乎对象本身的规定、对象之于人的意义,以及人作用于对象的过程,与之相涉的是认知(是什么)、评价(意味着什么),以及规范性认识(应该做什么、应该如何做)。通过如其所是地把握事物,认知为评价和规范提供了根据;以敞开事物对人的价值意义为指向,评价构成了由"是什么"引向"应该成为什么"("应该做什么")的前提,基于行动目标和行动方式的确认,规范进一步展现了知与行的内在关联,并以"应该如何做"为其指向。认识过程固然可以从分析的角度加以理解,在分析的视域下,认知、评价、规范往

---

① "作焉有事,不作无事"。(《恒先》,《上海博物馆藏战国楚竹书》(三),上海古籍出版社,2003,第112页)

往各自呈现相对独立的意义。所谓为真理而真理、为知识而知识，便体现了认知的相对独立意义。然而，以说明世界和改变世界的互动以及更广意义上"事"的展开为视域，认知、评价和规范在广义认识过程中无法相分。事实上，以认知、评价和规范为内容，广义的认识过程既彰显了说明世界与变革世界的关联，也为说明世界与变革世界的沟通提供了内在的根据。这一意义上的广义认识论，也就是现实的认识论或人类认识的具体形态。

（原载《学术月刊》2020 年第 3 期）

中国文化的认知取向

中国文化注重伦常而忽视认知,这似乎成为关于中国文化的流行之论。然而,就其现实性而言,人的生活、实践过程无法离开认知过程,与之相联系的文化形态也难以悬置认知。如果对中国文化作比较深入的反思,便不难注意到,即使其中的伦理生活过程,也处处渗入了某种认知的取向。在此,真正有意义的问题,不是中国文化是否注重认知,而是中国文化在认知取向方面呈现何种特点。

认知取向既涉及能知,也关乎所知。就能知之维而言,中国文化在认知层面展现了以人观之的向度,后者使认知与评价难以分离:以人观之,认知过程便无法仅仅限定于狭义的事实认知,而总是同时指向价值的评价。从所知的方面看,中国文化的认知取向既表现为以道观之,又呈现为以类观之。前者(以道观之)关注于对象本身的关联性、整体性、过程性,从而内含了辩证思维的趋向;后者(以类观之)注重从类的层面把握对象,并以类同为推论的出发点,其中体现了形式逻辑层面的思维特点。能知层面的以人观之与所知层面的以道观之、以类观之,同时指向知行过程的有效性、正当性、适宜性,后者在中国文化的认知取向中具体表现为明其宜。在"明其宜"的认知取向中,以人观之所渗入的认知与评价的互融、以道观之所体现的辩证思维、以类观之所展现的形式逻辑层面的思维趋向,统一于旨在实现多样价值目标的知行过程。

一

狭义上的认知首先关乎事实,并以求其真为指向。然而,在中国文化中,事实的认知与价值的评价往往彼此交错。对中国文化而言,"知"既涉及"是什么"层面的事实内涵,也关乎"意味着什么"层面的价值意义。"是什么"以如其所是地把握事物本身的多样规定为指向,"意味着什么"则以事物对人所具有的价值意义为关切之点,在中国文化中,二者构成了认知活动的相关方面。

从对象的层面看,认知在宽泛意义上指向物。但在中国文化的视域中,"物"与"事"难以分离。韩非已对"物"与"事"加以对应:"故万物必有盛衰,万事必有弛张。"①这里所说的"事"大致包含二重涵义,从静态看,"事"可以视为进入知行之域的"物";就动态言,"事"

① 《韩非子·解老》。

则可以理解为广义之行以及与知相联系的活动,所谓"事者,为也"。①前者涉及内在于人的活动之中的"物",后者则可进一步引向事件、事情、事务,等等。对中国文化而言,"物"同时即表现为"事":"物,犹事也"。② 作为人之外的对象,"物"首先与狭义上的认知相关,其意义也相应地关乎事实;以人的知行活动为存在前提,"事"则包含价值的内容,对"事"的把握也相应地涉及价值层面的评价。然而,在中国文化中,作用于"物"和成就于"事"并非相互分离,所谓"开物成务",便表明了这一点:这里的"务"也就是"事",物非本然,可以因人而开。在此意义上,物与事也彼此相通:物可通过"开"而化为事,事也可以通过"成"而体现于物。"事""物"通过人的活动而相互关联。"物"与"事"的如上沟通,不仅本身体现了认知与评价的相关性,而且从对象的层面为这种相关性提供了根据。

在中国文化中,认知过程同时关联"是非"之辩。无论是认识社会领域的活动,抑或理解观念层面的论说,广义之"知"都离不开是非的辨析。这里的"是非"既关乎认识论意义上的正确与错误,也涉及价值观意义上的正当与不正当。判断认识论意义上的正确与错误以是否如其所是地把握对象为准则,确定包括正当与不正当则以是否合乎当然之则为依据。后期墨家以"明是非之分"为论辩的首要目的,便既意味着区分认识论意义上的正确与错误,也蕴含着分辨价值观意义上的正当与不正当。直到现在,明辨是非依然不仅涉及对事实的如实把握,而且以追求价值意义上的正当性为其题中之义。正如物与事的沟通从对象的层面构成了认知与评价交融之源一样,是

---

① 《韩非子·喻老》。又,《尔雅》以"勤"释"事",又以"劳"释"勤","勤"与"劳"都和人的活动、作用相联系,后者又进而与知交融或相涉。

② 郑玄:《礼记注·大学》。

非之辩从认知的内容上,展现了二者的统一。

按中国文化的理解,人固然有求知的能力,对象也包含可知之理,但仅仅以对象本身的规定(物之理)为指向,则永远无法穷尽对象:"凡以知,人之性也;可以知,物之理也。以可以知人之性,求可以知物之理,而无所疑止之,则没世穷年不能遍也。其所以贯理焉虽亿万,已不足以浃万物之变,与愚者若一。学,老身长子而与愚者若一,犹不知错,夫是之谓妄人。"①要避免泛然地求知,便需要引入价值的目标:"故学也者,固学止之也。恶乎止之?曰止诸至足。曷谓至足?曰圣也。圣也者,尽伦者也;王也者,尽制者也,两尽者足以为天下极矣。"②这里涉及对"知"(学)的意义之理解:对中国文化而言,单纯地以事物自身的属性(物之理)为对象,其结果总是"没世穷年不能遍",这种"知"的过程对人并没有实际意义。所谓知"止",也就是超越这种单纯的认知趋向,其具体的内容则表现为以一定的价值目标来规定认知过程,所谓"圣",便可视为这一类价值目标。在中国文化看来,正是这种价值目标,使认知得到了限定,由此展开的认知过程,则相应地将避免与人无涉的泛然性而获得具体意义。

与以上视域相联系,人的认知,主要不是表现为对无所不知、无所不能的追求,而是在于"有所正":"君子之所谓贤者,非能遍能人之所能之谓也;君子之所谓知者,非能遍知人之所知之谓也;君子之所谓辩者,非能遍辩人之所辩之谓也;君子之所谓察者,非能遍察人之所察之谓也。有所正矣。"③这里所说的"正",便体现为价值层面的

---

① 《荀子·解蔽》。
② 《荀子·解蔽》。
③ 《荀子·儒效》。

正当性或正确性。①正是价值目标的引导和规范,赋予认知过程以内在的正当性,而认知本身的意义,也相应地并不仅仅限于事实的把握,而是同时展现为合乎正当的价值取向。

认知与评价的相关性,体现于知和行的互动过程。墨子在谈到如何治天下时,曾指出:"人以治天下为事者也,必知乱之所自起焉,能治之;不知乱之所自起,则不能治。譬之如医之攻人之疾者然,必知疾之所自起焉,能攻之;不知疾之所自起,则弗能攻。治乱者,何独不然。必知乱之所自起焉,能治之,不知乱之所自起,则弗能治。圣人以治天下为事者也,不可不察乱之所自起。"②这里既关乎如何行,也涉及对"知"的理解。无论是"知乱之所自起",抑或"知疾之所自起",其中的"知"无疑都包含对相关领域对象的事实认知(把握"乱""疾"发生的原因),但它又不限于事实层面的认知,而是同时涉及价值的旨趣:"知乱之所自起",旨在"治天下","知疾之所自起",则指向"攻人之疾"。以"治天下"与"治疾"("攻人之疾")为指向,"知"不同于仅仅认识事物的自身规定,而是内在地关乎事物对人所具有的作用和功能,对后者的把握,则同时表现为一个评价的过程。

事实层面的认知与价值层面的评价之间的以上相关性,进一步制约着对"知"的判断。在主流的中国文化看来,确认某种"知"的意义,无法离开它与人的关系,如果相关之"知"对人自身的完善或不同领域的实践没有积极的作用,那么,这种"知"便没有正面的意义。以名辩领域而言,"坚白同异之分隔也,是聪耳之所不能听也,明目之所

---

① 以上引文中的"正",一说为"止"之误,但即使如此,其中仍蕴含价值的意向:在"止"于什么的问题上,荀子曾明确引入"礼",所谓"学至于礼而止矣"(《荀子·劝学》),这里的"礼"即是体现正当性的普遍规范。在这一意义上,"止"与价值层面的"正"具有相通性和一致性。

② 《墨子·兼爱上》。

不能见也,辩士之所不能言也。虽有圣人之知,未能偻指也。不知无害为君子,知之无损为小人。工匠不知,无害为巧;君子不知,无害为治。王公好之,则乱法;百姓好之,则乱事"。①"坚白同异"的辨析,属名辩领域之"知",按主流中国文化的理解,获得这一类的"知"对人格的发展(积极意义上成为君子或消极意义上不做小人)并没有任何作用,对工艺技术(工匠之巧)的发挥,也无意义。相反,如果执着于这一类思辨之"知"(好之),则往往将对政治实践及日常活动都带来危害(王公好之,则乱法;百姓好之,则乱事)。广而言之,判断某种活动过程的"巧"或"拙",也主要基于它对于人的价值意义:"利于人者谓之巧,不利于人谓之拙"②。

"知"所内含的评价意义,同时为人的选择提供了前提。在中国文化中,包含评价内涵的"知",往往被理解为选择的根据。《老子》一书便有如下名言:"知其雄,守其雌,为天下谿。""知其荣,守其辱,为天下谷。"③这里的"雄"不仅仅指性别,而且意谓某种强有力的存在方式,"知其雄""知其荣"既涉及对事实层面上"何为雄""何为荣"的把握,而且关乎"雄""荣"价值意义的理解,后者同时又构成了行为选择(守其雌)的前提。类似的趋向也见于如下看法:"仁人以其取舍是非之理相告,无故从有故也,弗知从有知也。无辞必服,见善必迁。"④"取舍"即人的选择,基于价值评价,"是非之理"则既涉及认知意义上的正确或错误,也关乎评价意义上的正当与否。"故"不仅指逻辑上的理由,而且兼涉存在上的根据(原因),无论是认识层面的评价,还是实践之域的选择,都需要基于一定的理由或根据,而"知"本身则以

---

① 《荀子·儒效》。
② 《墨子·鲁问》。
③ 《老子·二十八章》。
④ 《墨子·非儒下》。

评价为内容,以选择(取舍)为指向。"无辞必服"是逻辑意义上以理由为取舍的前提,"见善必迁",则意味着在实践意义上以价值评价(善或不善)为选择(取舍)的根据。在这里,评价向认知的渗入,与实践意义上的价值选择("见善必迁")具有内在的相关性。

以评价与选择为关注之点,认知的内容往往不是首先指向对象,而是涉及认知主体自身。朱熹对此作了比较明确的表述:"大凡道理,皆是我自有之物,非从外得。所谓'知'者,便只身知得'我底道理',非是以我之知去知彼道理也。"[①]这里包含了朱熹对"知"的理解,对他而言,"知"并非把握外在对象的本然形态,而是与人("我")的道理相关,人的"道理"则主要涉及评价性的价值内容。对"知"的如上界说,从一个更为普遍的层面,体现了认知与评价的互渗。

从形而上的层面看,认知与评价的如上关联,与中国文化对道的理解难以分离。道可以视为中国文化的最高原理道,"形而上者谓之道,形而下者谓之器",便通过道与器的分别,突显了道作为存在的统一性原理这一品格,"一阴一阳之谓道"[②],则突出了道与发展过程的联系。然而,在中国文化中,道并非仅仅表现为形上的世界原理,而是同时与人自身的存在紧密相关,在以下论述中,这一点得到了言简意赅的肯定:"道不远人。人之为道而远人,不可以为道也。"[③]道并不是与人隔绝的存在,道的意义之呈现,也离不开人自身的存在过程。进一步说,道既表现为天道,又展现为人道,天道侧重于存在的原理,人道则包含价值原则,而对中国文化来说,正如天与人无法相分一样,天道与人道也难以分离:人道以天道为根据,天道则具体落实、体

---

① 朱熹:《朱子语类》卷十七,《朱子全书》第十四册,上海古籍出版社、安徽教育出版社,2002年,第584页。

② 以上引文均见《周易·系辞上》。

③ 《中庸》。

现于人道。道与人、天道和人道的如上关联,从形而上的层面,构成了认知与评价交错的理论之源:道或天道首先体现为世界本身的原理,人或人道则与价值的关切相联系,前者涉及形上层面的"是什么",后者则关乎价值层面的"意味着什么",二者的相互联系渗入认知过程,内在地引向"是什么"意义上的认知与"意味着什么"意义上的评价的彼此交错。

从另一角度看,无论是天道,还是人道,都与"如何"存在相联系。在天道的层面,道既被理解为存在的根据,又被用以表示存在的方式,后者所涉及的,便是以何种形态存在或"如何"存在的问题。就其内涵而言,这里的存在根据和存在方式,主要与形而上之域的"实然"相涉(世界本身的存在根据与存在方式)。相对而言,人道领域中的"如何",则同时关乎"当然"。如前文所提及的,"道"在人道意义上与广义的价值关切相联系,这种价值关切首先具体地展开为社会、文化、道德等方面的价值理想:所谓"道不同,不相为谋"①,便是指个体之间由于社会、文化、道德等方面的价值理想不同,往往难以彼此沟通。价值理想内在地涉及如何实现的问题,与之相关的"道",相应地以价值理想的实现方式("如何"实现理想之道)为内涵。在此意义上,人道的追问涉及何为当然(什么是应当达到的理想)与如何实现当然(如何达到理想)二重维度。以此为前提,可以进一步看到天道与人道彼此相通的内蕴:在走向道的过程中,明乎"实然"层面的天道与把握"当然"层面的人道相互交错,从形上之域体现了认知与评价的相关性。

道的观念体现了以理性的方式把握世界与人自身的存在。从更原初的文化发展形态看,对世界的理解往往与巫术相联系。在涉及

---

① 《论语·卫灵公》。

天人关系方面,道的追问与巫术存在某种相通性,不过,巫术视域中的天,常常取得神秘化、超验化的形式;同时,道的追问首先表现为观念性的活动,巫术则更多地展开为操作性的过程。以沟通天人为指向,巫术所追求的,首先不是如其所是地把握对象(天),而是实现人的价值目的(祈福、去祸,等等)。诚然,巫术的操作过程中也关乎对象(包括超验化、神秘化之天)的理解,但这种理解过程中总是处处包含人的价值投射:巫术运作的前提在于其沟通和作用的对象(超验化、神秘化之天)不同于自然的事物,而是具有降福或降祸的力量,这一意义上的"知",显然有别于单纯的事实认知。随着中国文化的发展,巫术本身固然逐渐淡出历史,但不仅其仪式化的系统通过漫长的衍化过程在礼之中得到了某种延续,①而且其把握世界的方式也在一定意义上制约着尔后的认知过程。事实上,在评价向认知的渗入中,不难看到对世界的价值投射以及以实现人的价值目的为出发点等巫术方式的历史影响。

相对于巫术,礼更多地体现了脱魅的特点。从作用的趋向看,较之巫术以沟通天人为旨趣,礼主要指向人间的秩序,而秩序的建构和维护,则涉及对社会人伦的把握,后者同样关乎把握世界的方式。作为社会秩序的担保,礼既体现于多样的社会体制(包括政治体制),也包含广义的规范系统,后者以"应当做什么"的规定为其内容。从现实的社会功能看,礼的作用首先体表现为确立"度量分界",亦即对社会成员作政治、伦理等层面的区分,使每一成员都各安其位,彼此互不越界,由此建立社会的秩序。具体而言,这里既涉及"别同异",又关乎"明贵贱",前者("别同异")与事实层面的社会区分相联系,并相应地包含认知内容;后者("明贵贱")则以价值层面的上下之别为

---

① 参见李泽厚:《说巫史传统》,上海译文出版社,2012 年。

指向,并相应地具有评价的意义。进而言之,行其当然(依礼而行)在逻辑上以知其当然(明其礼)为前提,然而,对规范系统的把握,不仅仅限于对何为规范(何为礼)及规范内容(规范对行为的不同规定)的理解,它同时要求把握规范(礼)对社会生活的内在意义:唯有不仅把握规范的内容(知其当然),而且理解遵循规范的价值意义(了解当然之则在建构理想的社会生活中的作用),才可能在行动过程中自觉地依循规范。儒家区分"行仁义"与"由仁义行",这里的仁义在包含规范意义方面,与礼具有相通性,相对于"行仁义"的自发性,"由仁义行"更多地体现了自觉的品格,而行动的这种自觉的性质,则基于对仁义规范的把握,后者不仅意味着知其当然,而且以理解行其当然的意义为内容。关于规范内容的理解,与"是什么"的认识具有相通性,把握规范对社会生活的意义,则与"意味着什么"的评价相一致。

礼既有形式的规定,也包含实质的趋向,在宽泛的层面上,礼的形式规定首先体现了理性的程序,其实质趋向或内在精神则与情相联系。无论是礼乐文化,还是礼义要求,其中的"礼"都不仅仅关乎"理",而且体现"情"。所谓"礼云礼云,玉帛云乎?"[1] "人而不仁如礼何?"[2],便既指礼包含内在的方面,而非仅仅形之于外,也意味着礼不仅具有理性的规定,而且包含仁爱之情。从具体的运作看,如果仅仅关注理性的程序,则"礼"往往容易成为虚文,唯有同时渗入内在之情,"礼"才具有现实的生命。谈"法",可以只关注理性的程序;言"礼"则无法略去内在之情,"礼"不同于"法"的重要之点,便在于其运作同时涉及理与情。内在之情包含价值内涵,礼与内在之情的相关,也使之难以远离评价性的认识活动。相对于此,与侧重于形式化

---

① 《论语·阳货》。
② 《论语·八佾》。

的程序相联系,礼之中的理性规定则更多地关乎认知。"情"与"理"在礼之中的交织,从另一个方面引向认知与评价的互融。

自先秦以来,主流的中国文化对礼予以了特别的关注:就人自身的历史衍化而言,依礼而行被视为由"野"(前文明的存在形态)而"文"(文明的存在形态)、人禽之分的前提;就社会的运行、发展而言,合乎礼则被理解为由乱而治(社会秩序建立和维系)的保证。从政治实践,到日常生活,礼的制约作用体现于社会领域的各个方面。礼的这种普遍影响,也兼及认知之域,而把握礼的过程所内含的"别同异"与"明贵贱"、"是什么"与"意味着什么"等相关性,既从一个方面体现了中国文化对认知的理解,也构成了这种理解的内在根源之一。

礼作为社会体制和规范系统,主要从外在的社会背景等方面制约人的认知过程。从内在的方面看,认知活动同时又与语言的运用相联系。这里首先值得关注的是汉语的结构及运用规则对认知活动的影响。语言以思想为内容,思想通过语言而表达,认知过程则既涉及思想内容,又关乎语言形式。在现实的层面上,正如人并非先理解逻辑规则,然后再进行思维一样,人也非先学会语法,再运用语言。语法与逻辑即内含与语言和思维之中,在此意义上,形式(语法、逻辑)与内容(思维、言说)不可分离。就认知活动而言,获得认知内容,需要借助语言的形式,语言的形式,也制约着认知内容的生成。传统的认知内容主要通过自然语言加以表达、概括,作为自然语言的基本形态,汉语对传统的认知活动也具有较为直接的影响。

从汉语的衍化看,其特点之一是系词的出现较晚。尽管后来被用作系词的"是"在先秦已经出现,但在先秦,"是"并不具有系词的意义,而是在是非之辩或指示代词的意义上使用,作为指示代词,其涵义近于"此"。根据王力的研究,以"是"为系词,是六朝以后的事。① 从语法功能看，系动词的作用在于联接主词与谓词，从认知的层面看，其意义则与"是什么"的追问相联系。以"是什么"的形式所展现的认识内容，主要是对事实的断定，系动词"是"在此赋予这种断定以确定性、限定性。在缺乏系动词的背景下，对事实的认知诚然仍可形成，但这种认知往往不同于以"是"加以确认的认识形态，这种不同，主要便体现在是否具有与"是"相联系的确定性、限定性。确定性和限定性往往与界限相关，基于"是"的认知形态在逻辑上确乎蕴含着某种界限：肯定其"是"什么，便意味着确认其"不是"什么，二者之间存在确定的区分。引申而言，在同一认识过程中，认知的内容与评价内容之间，也常常彼此相分。与之有所不同，在"是"不在场的情况下，认识的形态每每具有更大的开放性，不仅"是什么"与"不是什么"或"既是"与"又是"非截然相对，而且"是什么"与"意味着什么"也具有了相容的可能。

中国文化对"圣人"的看法，便体现了以上特点。圣人在中国文化中通常被视为完美的人格，但具体而言，何为圣人？对此往往有不同的理解和表述。孟子的界说是："圣人，人伦之至也。"②这里的人伦首先涉及事实的形态（人与人之间的社会关系），但"人伦之至"则包含价值内涵：它意味着最完美地体现人伦原则。在此，对圣人的理解既与事实层面的认知相关（圣人与现实的人伦相联系），又渗入了价值层面的评价（人伦原则在圣人之中得到完美体现），二者一方面关乎"是"什么的事实认定，另一方面又不限于事实层面的认知。《管子》从另一角度对圣人作了界说："圣人之所以为圣人者，善分民也。

---

① 参见王力：《汉语史论文集》，科学出版社，1958 年，第 235 页。
② 《孟子·离娄上》。

圣人不能分民,则犹百姓也。于己不足,安得名圣?"①这里的"分民",涉及实际的利益问题(在利益上与民共享)。对是否做到以上这一点的确认,属事实层面的认知;将其与百姓加以比较,则涉及价值的评价:不能分民,则在人格层面与一般人(百姓)无异。相对于孟子之注重伦理意义上的人伦关系和原则,《管子》诚然更多地将关注之点指向实际的利益,不过,在不限于事实层面的"是"什么,而是同时兼及价值层面的评价意义这一方面,二者又呈现了相通性。可以看到,汉语中"是"这一类系动词的晚出,使中国文化中的认知过程很难以"是什么"这种单一的认知形态呈现,不妨说,它从语言的表述形式这一层面,为中国文化中认知与评价的彼此相关提供了前提。

作为中国文化的内在特点,认知与评价的彼此交融既植根于中国文化,又对中国文化本身产生了多方面的影响。评价向认知的渗入,首先使认知过程显现了以人观之的向度。以人观之既体现为以人的需要为认知的出发点,也意味着以实现人的价值目标为认知的指向。认知过程的这一趋向赋予认识过程以现实的关切和实践的向度,使之与思辨性、抽象性保持了某种距离。确实,就总体而言,中国文化对认知的理解,往往基于人自身存在过程的实践需要,以科学而言,即使是与具体的工程技术有所不同的数学,也每每引向实际的运用。如中国古代具有一定代表意义的数学著作《九章算术》,主要便不是侧重于普遍数学原理的分析、推绎,而是从实用的角度,划分为方田、粟米、衰分、少广、商功、均输、盈不足、方程及勾股九个方面的问题,并具体介绍了二百四十六个具有应用性的题目。这种数学的著述,无疑较为典型地体现了认知过程的现实关切与实践向度。在思想家们关于"学"的看法中,以上趋向得到了更普遍层面的概括。

---

① 《管子·乘马》。

孔子在《论语》中开宗明义便提出了"学而时习之"之说,其中的"习"即包含习行。陈亮后来对此作了进一步的引申,强调学"以适用为主"①。不难看到,认知与评价的交融,在逻辑上引向了知与行的统一。

就对象的理解而言,认知所指向的是对象在事实层面的属性,评价则关乎对象在价值层面的规定。对象在进入人的知行之域之后,便获得了现实的形态,现实的存在同时也是具体的存在,这种具体性的涵义之一在于,对象不仅包含着"是什么"的问题所指向的规定和性质,而且也以"意味着什么"所追问的规定为其题中之义。从日常的存在看,水是常见的对象,当我们问水"是什么"时,我们试图澄明的,主要是水的化学构成,这种构成固然揭示了水在事实层面的性质,但它并没有包括其全部内涵。对水的更具体的把握,还涉及"意味着什么"的问题;以此为视域,可以进一步获得"水是生存的条件""水可以用于灌溉""水可以降温"等认识,而维持生存、灌溉、降温等,同时从不同的方面展示了水所具有的功能和属性。水的化学构成所体现的,是狭义认知所把握的事实,但在这种单纯的事实形态下,事物往往呈现抽象的性质:它略去了事物所涉及的多重关系及关系所赋予事物的多重规定。事物的现实形态不仅表现为物理或化学规定,而且与人相关并呈现价值的性质,这种价值性质并不是外在或主观的附加,而是同样具有现实的品格。唯有在揭示事物在认知层面的事实属性的同时又把握事物的价值规定,才能达到事物的具体形态。

与注重认知与评价的关联相联系,中国文化对事物的把握不仅

---

① 陈亮:《又乙巳春书之一》,《陈亮集》卷二十,中华书局,1974 年,第287 页。

仅指向其事实层面的规定,而且关注其价值规定。《尚书大传·洪范》在对水、火等事物作界定时,曾指出:"水、火者,百姓之求饮食也;金、木者,百姓之所兴作也;土者,万物之所资生也。是为人用。"从言说方式看,"水、火者"对应于"何为水火"的提问,它在广义上属于认知层面"是什么"的问题论域,但饮食、兴作、资生等解说所关注的却主要是"人之用",后者同时关乎评价之域的"意味着什么"。在这里,认知层面的"是什么"与评价层面的"意味着什么"之间呈现交错或互渗的形态,其特点在于从对象与人的联系中,把握事物的具体性和现实性。从认识世界的视域看,中国文化中认知与评价交融的意义,首先便体现在为把握世界的现实性和具体性提供了内在的根据。

以单一的事实认知为进路,往往趋向于追问对象的本然形态。这里所说的本然,主要表现为外在于人自身的知与行。在狭义的认知之域,"是什么"的问题首先追问事物本身具有什么规定或本来具有什么规定,事物本身或事物本来的规定未经人的作用,从而呈现本然的性质。在人的知行领域之外对事物本然形态的追问,在逻辑上以物自身或自在之物的预设为前提,后者容易进而引向超验的进路。事实上,追问本然的存在与走向超验的对象之间,常常具有理论上的一致性。相形之下,评价非仅仅从对象本身出发,而是基于人与对象的关系,评价向认知的渗入,使认知难以仅仅以存在的本然形态或规定为指向,对物自身或自在之物的承诺,也由此缺乏理论上的前提。以此为进路,对存在的超验把握将受到抑制。要而言之,认知与评价交融的总体趋向,在于联系人自身的存在以理解存在的意义,这种进路体现了以人观之的认知取向,并使中国文化与超验的认识旨趣保持了某种距离。

当然,尽管广义认识包含认知与评价,但认知仍有其相对独立的意义。如果忽视了认知的这种相对独立意义,则可能对如其所是地把握对象带来限制。认知与评价交融的背后，是明其真与求其善的互渗，在"真"与"善"合而不分的形态下，"真"的内在价值往往难以彰显，对"真"本身的追求也将由此受到抑制。中国文化固然并不否定明其真，从《易传》所确认的"类万物之情"，到更普遍意义上"实事求是"的主张，都包含对"明其真"的肯定，但是，"真"的意义常常又是通过"善"而得到确认，所谓"类万物之情"，便被视为卦象（八卦）功能的体现。从某些方面看，在中国文化中，与认知过程相对独立意义的不彰相联系，明其真的认识意义上每每未能得到充分的关注。

明其真层面认知意义的淡化，与评价层面价值意义的相对突出，往往相互关联，后者又进一步引向对知行过程现实之用的关注。在认识的领域，注重评价层面的价值，常常导致突出具体之"术"而非普遍的原理。以前面提到的《九章算术》而言，尽管其中涉及一般的计算方法，但这种方法的介绍更多地呈现"术"的意义，而有别于普遍数学原理的阐释。中国古代的科学技术固然早已萌生并发展，但后来却没有出现近代意义上的科学，这里的原因无疑是多方面的，但注重评价层面的求其善而相对忽视认知层面的明其真，似乎也构成了重要的原因。

二

认知与评价的互融既从认知的内容、旨趣等方面，体现了中国文化对认知的理解，也从能知之维，展现了以人观之的向度。与能知相关的是所知，就认知所指向的对象（所知）而言，中国文化同时又表现出以道观之的趋向，后者具体地渗入于注重存在的关联性、整体性以及变动性、过程性等认知取向。

对中国文化而言，现实的对象首先以相互关联的形式存在。在社会的领域中,人与人之间的关系展现为不同形式的人伦,从亲子、兄弟、夫妇等家庭伦常,到君臣之间的政治纲常,从长幼之序,到朋友交往,人伦关系展开于道德、政治、日常社会生活各个方面,对人的理解,相应地需要从这种社会关系入手。同样,在更广的对象领域,事物之间也彼此联系,所谓万物一体,便可以视为对事物之间普遍关联的肯定。

事物的关系性质,规定了人的认知方式。肯定对象存在于关系之中,意味着肯定对象的多方面性:任何一种关系都涉及对象的不同属性。就对象与人的关系而言,它固然可能包含使人接受(可欲)之处,也往往有让人拒斥(可恶)的方面,就对象所涉及的时空关系而言,在空间上,有远近之异;在时间方面,有始终的不同,如此等等。事物在不同关系中的不同形态,要求从多重视域加以把握:"圣人知心术之患,见蔽塞之祸,故无欲、无恶、无始、无终、无近、无远、无博、无浅、无古、无今,兼陈万物而中县衡焉。是故众异不得相蔽以乱其伦也。"①所谓"无欲""无恶""无始""无终""无近""无远",也就是超越单向度的视域,从不同的方面把握事物。值得注意的是,中国文化将认知意义上的多方面考察,与避免"乱其伦"联系起来,"伦"所表示的即为不同意义上的关系,在此,存在的关系性质规定认知的多方面性,与通过多方面的考察把握事物的真实关系,表现出相关性和互动性。

从更为内在的方面看,事物之间的关系,呈现为相互对立而又相互关联的两个方面,在中国文化看来,仅仅关注其中的一个方面,往往容易走向片面性。荀子在评论先秦诸子的思想时,曾指出:"墨子蔽于用而不知文,宋子蔽于欲而不知得,慎子蔽于法而不知贤,申子

① 《荀子·解蔽》。

蔽于势而不知知,惠子蔽于辞而不知实,庄子蔽于天而不知人。""慎子有见于后,无见于先;老子有见于诎,无见于信;墨子有见于齐,无见于畸;宋子有见于少,无见于多。"①这里涉及用(实质的功用)与文(形式的文饰)、欲(与意欲相关的目的)与得(达到目的手段或方式)、法(法律规范)与贤(内在德性)、天与人、先与后、齐(无别)与畸(有别)等关系,无论是社会领域,还是更广意义上的世界,关系中的两个方面既相互区分,又彼此统一,由此构成了现实的存在。当人们仅仅限于一端时,便会产生"蔽"(片面之见),从而难以把握存在的现实形态。

基于关系所涉及的不同方面以把握事物,同时表现为从整体的角度考察对象。在整体中,事物的不同规定呈现统一的形态。如果与整体相分离,则事物的规定往往被赋予外在的性质。从整体的视域考察对象与外在于整体以理解对象,分别表现为两种认识方式,两者之别相应于"技"与"道"之分。"技"与"道"作为考察事物的不同视角,其各自的特点是什么?庄子曾以"庖丁解牛"作为事例,对此作了形象的说明。庖丁解牛的特点在于已由"技"提升到"道"。具体而言,他在解牛的过程中,一方面了解其不同的结构、部分,在此意义上,"目无全牛";另一方面又把牛作为一个完整的整体来看待,而不是分别地执着或牵涉于牛之中互不相关的某一个部分,在此意义上,又"目有全牛"。在这里,"技"和"道"的区分体现在:仅仅限定于事物彼此区分的特殊规定还是对事物作整体的、相互关联的理解。类似的看法也为儒家所肯定。前面提到,荀子在主张多方面地考察事物的同时,又特别提出"兼陈万物而中县衡","衡"即引导并判断认识的最高准则。具体而言,"何谓衡?曰,道。故心不可不知道,心不知

---

① 《荀子·解蔽》《荀子·天论》。

道,则不可道而可非道"。① 以道为衡,意味着将多方面的考察事物与基于道的整体把握结合起来。

从道的视域考察事物,在中国文化中常常被理解为"以道观之"。以道观之既涉及个体,又不限于个体。与认知与评价的互融相联系,中国文化所理解的认知,包括形上之域的认识,后者所涉及的,是更广意义上的世界。在形上之域,与"道"相对的,主要是"器"。道作为形而上者,体现了存在的整体性、全面性;器则表现为特定的对象。作为特定之物,"器"总是彼此各有界限,从而,在"器"的层面,世界更多地呈现分离性,停留于此,往往将限定于分离的存在形态。由"器"走向"道",意味着越出事物之间的界限,达到对宇宙万物统一层面的理解。

上述意义上的以道观之,与以人观之似乎呈现不同的向度。如前所述,评价与认知的互融,使认知过程同时呈现为以人观之,这既意味着在人与对象的关系中考察事物,而非仅仅指向本然或自在之物,又表现为从人的视域出发理解对象。后一层面的以人观之尽管与以道观之呈现相异的趋向,但二者并非彼此相悖。事实上,以道观之也是人的一种"观":在其现实性上,这乃是人以道观之。荀子在谈到二者关系时,曾指出:"圣人者,以己度者也。故以人度人,以情度情,以类度类,以说度功,以道观尽,古今一也。"②"以己度",也就是以人观之,"以人度人,以情度情,以类度类"与"以道观尽"(以道观之)则可视为"以己度"(以人观之)的不同形式。在荀子看来,"以己度"(以人观之)不仅可以取得"以人度人,以情度情,以类度类"等形式,而且也可以展开为"以道观尽"(以道观之)。这一看法既注意到

---

① 《荀子·解蔽》。
② 《荀子·非相》。又,"古今一"后原衍一"度"字,据王念孙说删。

人无法离开自身的存在对世界作抽象的思辨,同时也肯定了从不同角度理解对象与从整体上把握对象并非相互冲突。从认知的角度看,一方面,对事物的分别把握应当提升到整体的、统一的理解,另一方面,对事物的整体理解又需要基于对事物的多方面认识。前者有助于超越片面性,后者则为扬弃抽象性提供了前提。

在中国文化的视域中,道同时又体现于事物的变化过程,所谓"一阴一阳之谓道",便表明了这一点。这里的"一阴一阳",是指"阴"和"阳"两种对立力量之间的相互作用,"一阴一阳之谓道"所涉及的,主要是世界的变迁、演化及其根源。作为现实的存在,世界不仅千差万别而又内在统一,而且处于流变过程之中,道便表现为发展、变化的一般原理。王夫之在谈到社会演化的历史特点时,曾指出:"洪荒无揖让之道,唐虞无吊伐之道,汉唐无今日之道,则今日无他年之道者多矣。"[1]这一看法从社会的层面,肯定了道与变化过程的联系。道与过程的相关性,同时也规定了以道观之的过程性。按中国文化的理解,对事物变化过程的把握,不仅仅限于社会领域,而且也指向自然对象。贾思勰在谈到谷物种植时,曾指出:"谷田必须岁易,二月、三月种者为植禾,四月、五月种者为稺禾。二月上旬及麻菩杨生种者为上时,三月上旬及清明节桃始花为中时,四月上旬及枣叶生桑花落为下时。岁道宜晚者,五月六月初亦得,凡春种欲深,宜曳重挞。夏种欲浅,直置自生。"[2]谷物的生长,随着季节、时间的不同而变化,就种植的适宜性而言,则有上时、中时、下时之别。人之种谷物,需要了解其变迁性,选择最适当的时间段。从认知的层面看,这

---

① 王夫之:《周易外传》卷五,《船山全书》第一册,岳麓书社,1988 年,第1082 页。

② 贾思勰:《齐民要术·种谷》。

里突出了把握事物变化过程的重要性,而对事物变迁性的把握,又与人自身的实践活动相关联。

作为中国文化的认知取向,从关联性、整体性、变动性(过程性)的维度考察对象,无疑具有某种辩证的性质。确实,相对于强调形式层面的严密性、程序性,中国文化在认知方面更注重思维的辩证性。从人自身的存在看,对关联性、整体性的关注,与中国文化突出人伦关系,注重从父子、兄弟、夫妇、君臣、朋友等社会关系中定位个体,无疑具有相关性。就语言与认知的关联而言,如前所述,汉语无论在形式结构,抑或实际运用方面,都具有关联性的特点,汉字首先关乎形,字形的组合所展现的关系便涉及空间性;汉字同时又与音无法相分,假借的运用便基于音,语音的作用则通过时间关系(时间中的前后绵延)而得到体现。汉字在总体上表现为形与音的交融,后者同时涉及空间关系与时间关系的统一;对汉字的掌握和运用,相应地离不开对形与形、音与形关系的关注。由此形成的语言习惯,也内在地影响着认知的方式:汉语构成的组合性、关联性,似乎也影响着运用汉语的认知过程对关联性、整体性的注重。

在更宽泛的层面,中国文化的以上认知取向与中国文化中的形上观念无法相分。如上所述,作为中国文化核心观念之一的道,便内在地包含着整体性、统一性的内涵,以此为范导性的原理,中国文化对万物之间、天人之际的考察,也更倾向于把握其中的关联性、统一性,所谓万物一体、天人合一,等等,即体现了这一趋向。广而言之,传统的形上理论,从五行说到阴阳说,都既侧重关联性、统一性,也关注其中的动态性、过程性。在中国古典哲学的气论中,以上思维趋向得到了更综合的展现。气被理解为世界的基本构成,其形态不同于原子:原子彼此独立,气则无法相分。从时间上看,气具有绵延性、连续性,从空间上看,气又联为一片,难以分隔。同时,气不仅构成了物理世界的共同基础,而且往往既被规定为物质性的元气,又被理解为精神层面的志气、浩然之气,等等,尽管对心与物的这种沟通带有某种思辨性,但这种理解本身又从更广的层面确认了存在的关联性、整体性。进而言之,气在形上之维又被赋予变动性、过程性。就气与万物的关系而言,一方面,气聚而为物,另一方面,万物又散而为气,气的聚散,同时便体现了其变动性。与之相辅相成的是"气化流行",气的这种变化"流行",进一步突出了气的过程性。气论从本体论的维度体现了中国文化对世界的看法,气所具有的绵延连接、变化流行等品格,从形而上的层面制约着中国文化在认知上的相关取向。

就能知与所知的关系而言,作为认知的对象,事物本身以相互关联的形态存在,并展开为一个过程,事物的现实性,也体现于其整体性、过程性。从这方面看,注重关联性、整体性以及变动性、过程性的认知取向,无疑为把握事物的现实形态提供了视域。然而,当以上方面被不适当地强化时,往往也可能引发具有负面意义的趋向。在突出相互关联的背景下,事物之间或事物不同规定之间的关系每每成为首要的关注之点,而事物的具体规定、属性本身,即严复后来所说的"常寓之德"①则难以得到考察。以医学而言,传统的医学强调人体的整体性,并注重把握器官之间的关系,这无疑体现了整体的视域,但对不同器官的具体构造、性质,却未能作解剖学意义上明晰考察,后者对揭示人体的机理无疑也带来某种限定。

对事物的认知,同时涉及因果性。关注对象的整体性、统一性,无疑有助于扬弃对因果关系的线性理解:事物联系的多方面性,决定了事物之间的因果联系难以单向地展开。然而,在强调普遍联系、万物一体的前提下,事物之间具体的因果关联常常容易被掩蔽。对中

---

① 约翰·穆勒撰,严复译述,《穆勒名学·部乙案语》,商务印书馆,1981年。

国传统文化而言,阴阳之间的互动普遍地存在于事物之间,在对不同现象加以解释时,往往也诉诸于阴与阳之间的这种普遍互动。以地震而言,何以会发生地震? 早在先秦,伯阳父就从阴阳的关联加以解释:"阳伏而不能出,阴迫而不能烝,于是有地震。"[1]直到宋代,阴阳之间的关联,仍被用来解释人与其他存在、夷与夏的差异所以形成的根源:"独阴不生,独阳不生,偏则为禽兽,为夷狄,中则为人。"[2]这一类解释显然没有深入到事物的具体因果关联,它在相当意义上似乎主要给人提供某种形而上的满足。确实,与注重整体性、关联性的认知取向有其形而上的根据相应,这种趋向的过度强化,也有自身的形上限度。

三

以注重存在的关联性、整体性、过程性为形式的"以道观之"既基于对象的现实品格,又体现了具有辩证性质的认知方式。与辩证思维相关的是更广意义上的逻辑思维形式,后者在中国文化中首先与以类观之的认知取向相联系。

注重对类的把握,是中国文化中的特点之一。从"五行"之说,到《周易》的卦象,类都成为关注的对象。狭义上的五行与金、木、水、火、土等质料相涉,其中每一种质料都构成了特定的类,以五行说明世界,既涉及世界的构成(世界由什么构成),又关乎世界的分类(世界区分为哪些形态)。广义上的五行同时涉及精神世界,其内容包括

---

① 《国语·周语上》。
② 程颢、程颐:《二程集》,中华书局,1982 年,第 122 页。

仁、义、礼、智、信或仁、义、礼、智、圣①,这些规定既展现了德性的多样形态,也表现了规范的不同类别。与之相近,《易经》的卦象具有范畴的意义,每一卦象都分别涵盖不同类的现象,以卦象表示世界的不同方面,同时意味着以类观之。在科学的领域,类的观念同样渗入其中,以前面提到的《九章算术》而言,其中区分的方田、粟米、衰分、少广、商功、均输、盈不足、方程及勾股,便涉及实践过程中的不同类别。广而言之,中国文化中所谓"物以类聚""人以群分",等等,也从日常思维的层面,表现了对类的关注。

从认知的层面看,对类的关注具体表现为重视察类。考察类,侧重之点首先在于从类的角度把握事物的不同性质。荀子曾对水火、草木、禽兽、人作了比较,②其中同时涉及"类"的区分:从最广的视域看,以上四类存在都是由"气"构成的"物",在这一层面,它们有相通之处,但同时这四者又各有不同的规定,这种不同规定使之形成类的差异,后者具体表现为无生命(水火)、有生命(草木)、有知觉(禽兽)、有道德意识(人)等方面的区分。每一层面的"类",都与其特定的规定相关,这种规定,赋予对象以相应的性质。儒家所注重的人禽之辩,其着重之点也在于将人这一特定之"类"与人之外的其他"类"(禽兽)区分开来。这里固然存在类的不同层面之间的相关性:无论是无生命(水火)、有生命(草木)、有知觉(禽兽)、有道德意识(人)等不同的对象之间,还是相对单一的人禽之间,都存在着"类"的关联,然而,察类的重心,却主要指向辨别不同的"类"。

与察类相联系的是以类论物。后期墨家已对此作了比较自觉的表述:"夫辞,以故生,以理长,以类行者也。立辞而不明于其所生,妄

---

① 参见郭店楚简《五行》。
② 《荀子·王制》。

也。今人非道无所行,虽有强股肱而不明于道,其困也可立而待也。夫辞,以类行者也,立辞而不明于其类,则必困矣。"①"辞"即命题或判断,它既是广义的立说形式,也具有认知的意义。包含认知内容的"辞"(命题或判断),需要论而有据(以故生),合乎规则(以理长),并基于相关之类(以类行)。"类"首先关乎同与异:"类,谓同异之类也。"②物凡共具某种类的规定,则同属一类,不具有这种类的规定,则彼此相异。后期墨家特别强调"类"的重要,所谓"立辞而不明于其类,则必困矣",便表明了这一点。

从认知方式上加以分析,"以类行"同时意味着以"类"为推论的依据。在中国文化看来,推论应当建立在类的基础上,所谓同类相推,异类不比,也侧重于这一点:对象唯有在类的层面具有相同、相通或相似的规定,才能进行推论。这里的推论是就广义而言,包括演绎、归纳、类比。从逻辑的层面看,演绎涉及由一般到个别的推论,归纳的行程主要表现为从个别到一般,类比则关乎个别与个别之间或类与类之间。在推论方式上,演绎与归纳尽管推论的方向各异,但都基于个别与一般之间的纵向关系,类比则更多地基于个别与个别或类与类之间的横向关联。作为推论的基础,类与个别、一般无疑具有相关性,但其间的关系,又可以有不同的侧重。相对于关注蕴含于推论各项中的个别与一般以及它们之间的关系,中国文化对类本身予以了更多的注重。

就认知取向而言,从关注一般出发,往往容易引向普遍的理念或原理;以个别为关注之点,则可能进一步突出经验层面的个体或实体。在西方文化的衍化中,不难看到以上二重趋向。西方文化中的

---

① 《墨子·大取》。

② 伍非百:《中国古名家言》,中国社会科学出版社,1983 年,第 426 页。

理念论,在理论上与突出存在的一般之维便存在内在关联,而西方科学对普遍原理的追求,与之也具有逻辑的相关性。同样,在西方文化中的原子论背后,可以注意到个别的关注,而西方科学对经验层面实质规定或基质的重视,也体现了突出个体或个别的认知取向。比较而言,对"类"本身的注重,与突出一般和突出个别或个体都有所不同。相应于"类"的注重,中国文化中既较少出现理念论这一类强化一般之维的理论趋向,也未能为普遍原理的追寻提供认知的前提;既没有使原子论这类与注重实体相关的理论趋向成为主流,也很少涉及对个体作穷尽性探究的实验科学。相对于纯粹形态的一般和个别,"类"一方面呈现普遍的涵盖性:多样的现象、规定,都可归摄于某一种"类",另一方面又具有某种可转换性,所谓"类与不类,相与为类"①,亦从一个方面表明了这一点。与之相联系的是:"从其同者而综合之,不类者可以类。从其异者而分析之,类者可以不类。"②较之一般与个别之间的界限性,"类"更多地表现出宽泛性和可过渡性:在宽泛的意义上,只要在某一方面或规定上相同、相近或相似,则可视为同一类;而不同的类从更高的层面看,又可归入同一类,这也就是所谓"不类者可以类"。从认知的层面看,对类的这种理解既蕴含开放性,从而避免将一般规定抽象化、绝对化或追求终极的实体,又可能导向不确定性、模糊性:当以类观之与类的相似(类似)相联系时,"是什么"的确定性追问,便常常容易导向"似什么"的不确定比较。事实上,以明其类为认知的取向,以类的相通、相同、相近为推论的依据,确实在某种意义上使中国文化呈现以上二重特点。

以类观之不仅仅体现于推论,而且渗入更广视域中对事物的认

---

① 《庄子·齐物论》。
② 伍非百:《中国古名家言》,第110页。

知过程。对中国文化而言,从更本源的层面看,"类"的意义即体现于事物之间的关系,其具体形式表现为"物各从其类":"施薪若一,火就燥也;平地若一,水就湿也。草木畴生,禽兽群焉,物各从其类也。"①火与燥、水与湿、草木的茂盛与禽兽的群聚之间,存在内在的关联,所谓"物各从其类",便指出了这种联系。在此,"类"主要被理解为事物之间的相关性,而察类或明其类则相应地意味着把握事物之间的联系。作为事物之间关联的体现,类在更内在的层面与理相涉:"类不悖,虽久同理。"②类的规定具有稳定性,即使经历时间的绵延,只要类的这种规定不变,则事物之间的联系也依然保持其稳定性。"理"本身即展现为事物的稳定联系,认知过程中的推论,即基于"理"所体现的这种稳定联系:所谓"类不悖,虽久同理",同时即构成了推论所以可能的前提,也正是在此意义上,中国文化强调"以类取、以类予""推类而不悖"③。

以"理"为内在规定,"类"同时体现了事物的内在秩序或条理。从认知的层面看,基于类的视域考察对象,则表现为对多样现象的整治:"以类行杂,以一行万;始则终,终则始,若环之无端也,舍是而天下以衰矣。天地者,生之始也;礼义者,治之始也;君子者,礼义之始也。为之,贯之,积重之,致好之者,君子之始也。"④所谓"以类行杂",也就是通过把握内在于"类"之理,使纷杂的现象呈现为有序的系统,由此进而作用于对象世界(为之,贯之,积重之,致好之)。这一过程,也被理解为"举统类而应之":"法后王,统礼义,一制度,以浅持博,以今持古,以一持万,苟仁义之类也,虽在鸟兽之中,若别白黑;倚

---

① 《荀子·劝学》。

② 《荀子·非相》。

③ 《墨子·小取》《荀子·正名》。

④ 《荀子·王制》。

物怪变,所未尝闻也,所未尝见也,卒然起一方,则举统类而应之,无所儗怍,张法而度之,则奄然若合符节。"①这里的"统类",体现了类之中的内在融贯性,"举统类而应之",不仅可以统摄、条贯已有的现象,而且能够从已知推断未知,并进一步应对"未尝闻""未尝见"的现象。在此,以类观之既表现为事物的条理化,也表现为依据对类的把握,作用于对象。

以类观之不仅涉及对事物的把握,而且与理解人自身相联系。在谈到自我与圣人的关系时,孟子曾指出:"故凡同类者,举相似也,何独至于人而疑之? 圣人,与我同类者。"②根据这一看法,则从同一类中的不同个体都具有类的相似性,便可推出:普通人与圣人作为人(相同之类),也具有这种相似性。这里的着重之点,在于肯定个体之间在类的层面上的相似或相通。对个体与类关系的以上理解,同时意味着将个体归属于类,所谓"圣人与我同类",便在肯定人性平等的同时,蕴含了个体以"类"相属之意。就人的存在而言,类的归属所指向的,乃是群体的归属,从这方面看,以类观之与群体的观念无疑又存在内在的关联。

当然,圣人与我同类所体现的,并不仅仅是群体归属的观念,它同时内在地包含实践的取向,并表现为成圣的价值追求。正是从圣人与同类的前提出发,中国文化形成了"人皆可以为尧舜"③的信念,后者又具体展开为成就圣人的道德实践过程。如前所述,类的观念所蕴含的实践取向,在前面提到的"以类行杂""举统类而应之"等思想中,已得到多方面的展现,由肯定自我与圣人在类的层面的相通性

---

① 《荀子·儒效》。
② 《孟子·告子上》。
③ 《孟子·告子下》。

而强调"人皆可以为尧舜",进一步以人这一特定之"类"为视域,展开了以上思想。广而言之,与人这一特定之"类"相关的实践,不仅仅限于成圣的道德之域,它同时也体现于政治、法律等领域:"有法者以法行,无法者以类举。以其本知其末,以其左知其右,凡百事异理而相守也。庆赏刑罚,通类而后应。"[①]这里所说的"以类举""通类而后应",可以视为以类观之的实践趋向在治国或社会治理过程中的多样展现。

类既涉及不同层面的蕴含关系,也关乎同异关系。草木包含于植物这一"类",植物又包含于生物这一"类",其间体现的便是类的蕴含关系。水火不同于草木,草木不同于禽兽,这种不同则体现了类层面上的同异关系。从类的角度考察事物,既可以指向类的蕴含关系,也可以专注于类的同异关系。就逻辑推论而言,演绎的过程更多地涉及类的蕴含关系,类比则首先关乎同异关系。中国文化对类的考察固然同时兼涉以上二重向度,但相对而言,其关注之点往往更多地指向同异关系。以类的归属而言,尽管这种归属关系也关乎类的从属性、包含性,但在中国文化中,它通常又主要被置于同异之辩的论域,所谓"圣人与我同类",便表明了这一点。

在同异关系的视域中,以类观之涉及个体与类或个体与个体之间的关联。个体如何被归属于某一类?不同的个体如何被作为同一类加以把握?从认知方式的层面看,这里的前提在于发现个体之间或个体与类之间的相同、相近或相似之处,而对这种相同性、相近性或相似性的把握,则离不开想象、联想。与之相关的是对类比的注重:尽管推类包含多重推论形式,而不能等同于类比,但类比无疑构成了中国文化认知世界的重要形式。从逻辑上看,作为同异关系体

---

① 《荀子·大略》。

现形式的类比,与注重想象、联想具有更多的相关性。一般而言,演绎主要基于相关对象之间蕴涵性:它要求严格地限定于蕴涵关系,而非以想象等方式超出这种蕴涵关系。在此意义上,演绎需要的首先不是想象,而是对蕴涵关系的把握。比较而言,类比(analogy)的基础主要不是蕴涵关系,其侧重之点在于同异之辩。从后一方面看,类比不仅仅在于从已知对象在某些方面类似,推论二者在另一或另一些方面也类似,而且在于通过发现不同对象之间的相同、相近、相似之处,由相关对象的某一规定而联想到另一对象的类似规定,由此或者在理论层面推进对相关对象的理解,或者在实践的层面更有效地作用于对象。在此,想象或联想具有重要的作用。在谈到人体器官的功能时,《黄帝内经》曾指出:"心者,君主之官也,神明出焉。肺者,相傅之官,治节出焉。肝者,将军之官,谋虑出焉。胆者,中正之官,决断出焉。膻中者,臣使之官,喜乐出焉。脾胃者,仓廪之官,五味出焉。大肠者,传道之官,变化出焉。小肠者,受盛之官,化物出焉。肾者,作强之官,伎巧出焉。三焦者,决渎之官,水道出焉。膀胱者,州都之官,津液藏焉,气化则能出矣。凡此十二官者,不得相失也。"[1]在此,作者根据君和臣在社会结构中的不同职责与器官在人体中不同作用的相似性,对后者的具体功能作了形象的概述。器官功能与社会职能本来属于不同的类,但通过联想或想象,又可看到二者的某种相近或相似之处,并在功能上被归入相近之"类"。不难看到,想象或联想在这里展现了重要的作用:实体上不同的类,通过想象,在功能上便可以作为相近或相似之类来把握。基于想象而达到的这种类比,既生动地推进了对人体器官的理解,又为诊断、治疗的实践活动提供了依据。

---

① 《黄帝内经·素问》。

从类的视域考察,则不同事物或领域如果在某一方面具有相同、相近、相似之处,便可作为相近之类加以理解。韩非子在考察政治领域的实践活动时,曾有如下论述:"宋人有酤酒者,升概甚平,遇客甚谨,为酒甚美,县帜甚高,著然不售,酒酸。怪其故,问其所知,问长者杨倩。倩曰:汝狗猛耶。曰:狗猛则酒何故而不售?曰:人畏焉。或令孺子怀钱挈壶瓮而往酤,而狗迓而龁之,此酒所以酸而不售也。夫国亦有狗,有道之士怀其术而欲以明万乘之主,大臣为猛狗,迎而龁之,此人主之所以蔽胁,而有道之士所以不用也。"①售酒之家若有凶猛之狗,则人们往往不敢前去买酒,这是日常生活领域的现象;朝廷若有类似猛狗的大臣,则有道之士便不敢前来向君主进言,这是政治领域的现象,二者虽属不同的领域(日常生活之域与政治实践之域),但在拒人于门外这一点上又有相近或相似之处。从认知过程看,尽管这里的推论不能简单地理解为从日常生活领域的某种关系("狗猛"导致酒"不售")引申出政治领域中的相关现象,但这里确实又涉及不同领域之间的类比,这种类比不同于基于蕴含关系的推绎,而是基于想象以彰显其中的"类同"关系,它对深化政治领域中相关实践的理解,无疑具有实质的意义。

基于某一方面的类似而作自由的联想,由此获得或推进对相关事物的认知,这种"以类观之"的形式与汉语言的构成和运用方式也存在某种相关性。关于汉字的构成与运用,《周礼》已提出六书之说。《汉书·艺文志》把六书解释为象形、象事、象意、象声、转注、假借。许慎的看法与之相近,在《说文解字·叙》中,将六书具体表述为:指事、象形、形声、会意、转注、假借。随着假借、转注、形声等成字方式的出现,汉字的"象形文字"意义在实质上已淡化。这里特别值得注

---

① 《韩非子·外储说右上·说三》。

意的是假借。假借亦即由某字之音,联想到与该音相关的其他字,它的运用,乃是基于联想。从汉语的历史衍化看,假借与言语与文字之间的非同步性相关:某一语音符号一开始可能仅有语音,而无文字,亦即"有音而无字",因而只能以同音的其他文字代为表示。假借既与表达相关,也与理解相联系,无论是以假借的方式表达某种意义,还是对假借意义的理解,都离不开想象或联想。在解释"武"的原始涵义时,刘熙曾提出如下看法:"武,舞也,征伐行动,如物鼓舞也。"①这是由"武"与"舞"在语音上的相近,追溯与军事活动相关的"武"与早先舞蹈活动的相关性,由此为理解"武"的原始涵义提供了一种视域。从认知的角度看,这里渗入了基于"音"的相通而展开的联想,这种相通亦属广义的"类同"。类似的联想尚有"道者,导也,所以通导万物也","义,宜也,制裁事物使合宜也",如此等等。②"道"与"导"、"义"与"宜"在此也呈现为假借的关系,而这种假借又都表现为根据音的"类同"而展开的联想。汉语运用中的联想当然不仅仅基于"音",事实上,汉语的特点首先在于与"形"相联系,其中既涉及早先的单体之"文",如"日""月",也关乎复合之"字",所谓"独体为文,合体为字。"③文字的意义,常常可由"形"加以推想,包括从其偏旁,推知其所属之"类",如由某字的"氵"之偏旁,联想该字表示之意与"水"相涉,由"犭"偏旁,联想该字与动物或动物品格相关联,等等。尽管汉字的运用一再要求与"望文生义"保持距离,但无论在识字抑或实际运用文字的过程中,基于"形"的联想,依然发挥着重要作用。汉字构成、运用过程中所涉及的"类同"观念以及与之相关的联想性

---

① 刘熙:《释名·释言》。
② 刘熙:《释名·释言》。
③ 郑樵:《通志·总序》。

趋向,既可以视为中国文化注重以类观之的具体体现,又从语言的层面构成了这种认知取向形成的重要根源。

进而言之,如前所述,汉语的另一重要特点是系动词的晚出,以及系动词的非严格使用,这一语言特点同样对中国文化以类观之的认知取向具有内在影响。在非严格运用系动词(对以"是"联接主词与谓词的相对淡化)的背景下,类的区分与类的归属关系常常都呈现宽泛的特点,所谓"类同",每每基于某一方面或某一点的相似。与之相联系,认知过程往往满足于"似"什么(类似)的想象或联想,而不是追求对"是"什么的严格判定。同时,就类所涉及的不同关系而言,类的蕴含关系更多地与"是"什么的确认相联系,同异关系则可基于"似"什么,系动词("是")的相对淡出,也使类的同异关系获得更多的关注,而类的蕴涵关系则难以被置于更为主导的地位。

"似"什么对于"是"什么的相对优先,一方面在一定意义上抑制了非此即彼的独断趋向,另一方面也容易引向强化对事物理解的主观视域,而弱化对事物本身的认知。以汉代董仲舒对天人关系的看法而言,其中确乎涉及对天的多重解释,诸如:"以类合之,天人一也。"[1]"求天数之微莫若于人……天之数,人之形,官之制,相参相得也。"[2]"天地之符,阴阳之副,常设于身,身犹天也,数与之相参,故命与之相连也。"[3]等等。这里无疑也体现了以类观之,但对天与人之间所作的这种类比,主要基于外在的相似性,它所满足的,主要是一定历史条件下特定主体对天人关系解释的需要。以上解释固然包含了某种实践的旨趣(被赋予目的性规定的天,同时被视为规范君主行为

---

① 董仲舒:《春秋繁露·阴阳义》。

② 董仲舒:《春秋繁露·官制象天》。

③ 董仲舒:《春秋繁露·人副天数》。

的最高主宰），但以类比为形式的如上解释并未实质地推进对天与人本身的认知。尽管中国文化很早已注意到类与理之间的关联，然而，当外在的相似性被提到不适当地位时，以类观之便可能离开对事物真实关系的理解，引向外在的比附。

<h2 style="text-align:center">四</h2>

以人观之通过认知与评价的交融，使认知过程不同于与人悬隔的抽象思辨；以道观之进一步趋向于整体和过程的视域；以类观之则既引向"类同"，也趋向于"类似"。前者（以人观之）体现了认知过程与人的相关性，后二者则以存在的具体形态为指向。与人的相关性，意味着认知意义的判定无法与人相分；关注具体的存在形态，则使认知意义的形成难以离开特定的知行之境。以此为背景，在中国文化中，认知过程进一步导向明其宜。

从语义的层面看，"宜"有适宜、应当、适当等涵义。本然的对象不存在"宜"或"不宜"的问题，"宜"的内在意义乃是在人的知行过程中所呈现。当认知仅仅指向事物本身时，通常并不发生"宜"与否的问题，然而，当广义的评价引入认知过程后，"宜"或"不宜"便成为认知过程难以回避的问题。就社会的运行而言，依礼而行构成了其中重要的方面，礼本身又基于理，后者与分辨、条理、秩序相联系，而如何由礼—理建立秩序，则关乎"宜"："礼者，因人之情，缘义之理，而为之节文者也。故礼者，谓有理也。理也者，明分以谕义之意也。故礼出乎义，义出乎理。理，因乎宜者也。"[1]这里的"宜"不同于抽象的原则，而表现为礼义行为的适当性，"因乎宜"，意味着内含"理"的礼以

---

① 《管子·心术上》。

适宜、适当为有效作用的前提。与"礼"相关的是"法",后者在另一意义上与人的实践活动相联系并涉及规范的运用,而这种运用过程同样离不开"宜",所谓"法异则观其宜"①,便表明了这一点:"法"属一般的规范,规范对实践的引导,以"宜"为其指向,而是否为"宜",则取决于是否具有对于相关实践活动的适宜性。在这里,认知与评价的交融,具体便表现为把握实践过程之"宜"。

以知行过程为视域,"宜"首先与正当性相关。一般而言,人的活动过程是否具有正当性,在形式的层面取决于其是否合乎一定的价值原则。然而,一方面,行动本身展开于一定的实践情境,这种情境不仅具有变动的特点,而且呈现多样的形态。另一方面,价值原则本身非单一而抽象,而是表现为一种相关的系统。不同情境中展开的行动与不同价值原则之间的关系,往往难以限定于某种绝对不变的形式。在某一背景下缺乏正当性的行为,在另一条件下可能获得正当性。以先秦时代的交往方式而言,"男女授受不亲",这是判断行为正当性的准则,但在某些特定的情况下,行为的正当性,却并不以是否合乎以上原则来确定。例如,当兄嫂不慎溺水之时,便可不受"男女授受不亲"这一原则的限制。事实上,此时如果拘泥于以上原则,倒将使行动失去正当性:"嫂溺不援,是豺狼也。"②《中庸》所谓"义者,宜也",也可以视为对上述观念的肯定:"义"与"仁""礼"处于同一序列,关乎价值之域的"正当","义"("正当")与否,则因"宜"而定。在这里,"宜"具体表现为达到正当性的适当条件,而"明其宜"则意味着对这种条件的把握。对中国文化而言,在伦理、政治等领域,认知过程便以把握相关之"宜"为其重要指向。

---

① 《墨子·经上》。
② 《孟子·离娄上》。

"宜"不仅涉及正当性,而且关乎有效性。有效性主要与目的和手段之间的互动相联系,其意义也体现于达到目的的方式和过程。目的与手段本身有多样的表现形态,从实践活动到理论活动,知与行的过程在不同形式都关乎目的与手段。如何确定目的实现过程的有效性? 在这一方面,中国文化很少追求绝对不变的判断准则,而是更多地以"宜"为出发点。以此为视域,有效地实现相关目的,意味着选择适当的手段、以合乎特定情境的方式达到目的。质言之,有效性与适宜性之间呈现内在的一致性。以中医的治疗活动而言,按中医的治疗原则,不同个体如果患同一种疾病,其治疗的方式,包括用药的剂量,往往并不相同,这种不同,主要基于个体在身体状况(包括体质、性别、年龄等等方面)的差异,治疗是否有效,则取决于治疗的手段和方式是否适合于这种不同特点。在这里,实践的有效性与适宜性便难以相分,而从认知过程看,对二者关联的把握则表现为"明其宜"。

　　以上趋向同样体现在理论性的活动中。宽泛而言,理论性的活动既涉及立说,也包括论证。论证的有效性固然关乎论据的可靠性、论证过程的合乎逻辑,等等,但同时也与论证是否具有说服力相关,后者从另一个方面体现了"宜"。在中国文化中,立说和论证常常并不仅仅从逻辑的层面追求严密性,而是更多地注重相关论说是否具有实际的说服力。如果说,前者指向形式层面的普遍性、必然性,那么,后者则首先追求实质层面的有效性。从具体的论说方式看,其过程往往注重"机宜"(灵活)性:"其法有分有合,有释有证,有譬有喻,或偏举,或全举,不拘一格。"[①]这里涉及不同方式的运用,究竟选择哪一种方式或哪几种方式,则视具体的需要而定。如上的论证过程当

―――――――――――

① 　参见伍非百:《中国古名家言》上,第64页。

然也循乎规范,并相应地渗入了规范性,然而,与实质的有效性与形式的有效性之分相应,规范性也有形式与实质的分野。以注重实质层面的有效性为内在趋向,中国文化在认知过程中往往更突出实质的规范性。就论证这种理论性的活动而言,规范性的意义在于提供更具有说服力的论说,后者同时构成了规范本身有效性的判断依据。在这里,不存在无条件的、普遍适用的论证模式,论证的有效与否,以是否适合于不同的论证目的、论证背景为条件。论证与特定情境的适合性,展现了另一重意义上的"宜",对其把握同时构成了"明其宜"的具体内容之一。

逻辑的论辩与语言相关联。从语言的运用看,中国文化区分了"名"与"谓",名家对此尤为关注:"关于名谓之分,古代名家极重视之。"①名即形式的名称、概念,"谓"则是主体在一定条件下赋予"名"以意义。后期墨家对"名"与"谓"已作了明确区分:"名:达、类、私。""谓:移、举、加。"②"达"即涵盖性较大的名词或概念,如"物""类"表示某一类对象的名词或概念,如"马""私"则类似专名,表示特定个体。"移"有命名之意,如"狗,犬",亦即将"狗"命名为"犬";"举"表示对象的形态,如"狗,吠","加"则表示人的作用,如"叱狗"。③"名"的涵义相对确定,"谓"的意义则与不同的运用背景相联系,"狗,犬",是以"犬"指称狗这一对象,通过这一指称,一方面,作为对象的狗得到了指谓,另一方面,"犬"这一名称也获得了具体涵义;"狗,吠"表示狗的状态,通过这一描述,不仅作为对象的狗之特点进一步得到彰显,而且"狗"之名的涵义进一步丰富;"叱狗"则从人与狗

---

① 伍非百:《中国古名家言》下,第511页。

② 《墨子·经上》。

③ 参见《墨子·经说上》。"狗,吠",原作"狗,犬",与前句重,据谭戒甫说校改。

的关系中,显现狗这一对象的特点(如需要人对其加以管束)以及"狗"这一名的价值涵义("叱"内含某种价值意蕴)。通过"谓"而呈现的以上意义,都离不开一定的情境,即使是"狗,犬"这样一种表述,也涉及特定主体对狗的理解。

可以看到,"名"与"谓"之分,关乎语言运用中形式层面的一般之名与具体情境中意义生成的关系。近人对名谓之分曾有如下阐释:"名与谓之分,一为言之所陈,一为意之所指。言陈,人人所同。意指,随时随地而异。又如'南'之名,指我所谓北之对方也,此名也。假如有人在中州,以燕为北,越为南。异时再过越之南,则以越南为南,越为北。"①"谓"作为意之所指,总是具有语境性,"南"作为一般的名,表示与北相对的方向,这一涵义相对确定,但当人基于特定地点而以"南"加以指谓时,"南"的具体指谓便有差异。同样,"狗"这一名表示的是某种动物,这一涵义也具有相对确定性,但在"狗吠""叱狗"等"谓"的过程中,与具体语境的不同相应,"狗"这一名也分别与"吠"的主体、"叱"的对象相联系,获得了不同的意义。从明其宜的视域看,这里的重要之点在于通过"名"与"谓"的协调,以形成、把握名言的具体意义。"名之用在于静,谓之用在于动。"②"名"本身以静态形式呈现,当名仅仅停留于自身而未与不同语境相联系时,其意义往往具有抽象的特点,所谓"言陈,人人所同",即表明了这一点。"谓"则涉及多样的指谓,仅仅限定在"谓"的形态下,意义往往呈现相对性,所谓"意指,随时随地而异",便涉及此。在名言的实际运用中,一方面需要超越"名"的静态性,将其应用于特定语境中的指"谓"过程,另一方面又不能仅仅限定于特定情境,无视"名"的普遍内涵,而

---

① 伍非百:《中国古名家言》下,第 511 页。
② 伍非百:《中国古名家言》下,第 511 页。

应运用"名"加以"谓"。"名"与"谓"的适当结合,便表现为语言运用过程中"宜",而名言的具体意义,则生成于这一过程。

名运用于社会领域,便与礼相联系,先秦儒家提出的正名之说,便体现了名与礼的关联。在礼的运作过程中,明其宜的要求得到了更具体的体现。礼作为规范系统,具有节文的作用。"文"即文饰,"节"则是对人的言行之调节。人的言行唯有合乎礼,才能不仅在实质的层面获得正当性,而且在形式的层面呈现得体、合适的形态。如前所述,作为规范系统,礼包含普遍的原则,然而,与法不同,礼所包含的原则并不仅仅呈现绝对性,而是具有可变通性,中国文化所注重的经权之辩,便涉及礼所包含原则的绝对性与可变通性的关系:对"法"而言,不存在经与权的关系问题,礼的运用过程则面临并需要处理二者的关系。前文所提到的"男女授受不亲",即体现了原则的普遍性("经"),"嫂溺援之以手"则表现为原则的变通("权"):"明乎经变之事,然后知轻重之分,可与适权矣。"①唯有当普遍原则的制约与一定情境下对原则的变通得到恰当的协调,行为才具有合宜的性质。这里的合宜,既指价值性质上具有正当性,也指行动方式上呈现得体性。对中国文化而言,依礼而行的前提,是对经权之间适宜性的把握,完美的人格(圣人)的特点,也体现于这一方面:"宗原应变,曲得其宜,如是然后圣人也。"②

在明其宜、得其宜的过程中,把握"时"构成了重要的方面。《易传》便将随时、因时提到了极为突出的地位:"应乎天而时行,是以元亨。"③"时止则止,时行则行,动静不失其时,其道光明。"④所谓"时

① 董仲舒:《春秋繁露·玉英》。
② 《荀子·非十二子》。
③ 《易·大有象》。
④ 《易·艮象》。

行"，也就是根据具体的时间条件和特定情景灵活应变，在此，能否因时而变、待时而动，直接涉及主体自身的成败安危；顺时则吉，失时则凶，"随时"被视为规范行为的基本原则。所谓"随时之义大矣哉"①，便多少反映了这一点。如果无视"时"的适当性，则将对实践活动带来危害："动有害，曰不时。"②从另一方面看，正如"得其宜"构成了完美人格（圣人）的内在品格一样，注重"时"也被视为这种完美人格的重要特征，在评价孔子时，孟子便肯定："孔子，圣之时者也。"③这里的"时"并不是外在于人的时间绵延，在"时行""随时"中，"时"的意义乃是在人的行动和存在过程中显现出来。以人的行动为背景，明其"宜"与把握"时"呈现了内在的一致性。"时"与"宜"的这种统一，在早期法家那里也得到了肯定，从如下论述中便不难看到这一点："礼法以时而定制，令各顺其宜。"④

在生活、实践的过程中，明其宜构成了中国文化认知取向的重要内容。以中医的治疗活动而言，治病需要参照药方，然而，药方所涉及的是普遍的治疗方案，而并未反映每一个体的特定状况，这样，药方的运用总是有其限定："诸方者众人之方也，非一人之所尽行也。"⑤在实际的运用中，需要根据个体之所宜，对普遍涵盖众人之状的药方作个性化的处理。病各有所宜，治病（包括针灸）需要"任其所宜"："皮肉筋脉各有所处，病各有所宜，各不同形，各以任其所宜，无实无虚，损不足而益有余。"⑥质言之，实践中的"任其所宜"以"明其所宜"

---

① 《易·随象》。
② 《黄帝书·经法》。
③ 《孟子·万章下》。
④ 《商君书·更法》。
⑤ 《黄帝内经·灵枢·病传》。
⑥ 《黄帝内经·灵枢·九针》。

为前提。对象之"宜"作为其存在的适当条件，诚然外在于人，然而，通过人的认知过程，这种"宜"又能为人所把握，并进而引导人在践行中合其宜："盖物之宜虽在外，而所以处之使得其宜者，则在内也。"[①]在此意义上，明宜与合宜的过程，同时表现为内与外的互动。

广而言之，"宜"既涉及理，又关乎事。在中国文化中，"理"指必然与当然；"事"则不仅与实然相关，而且与多样的情境相联系。实践过程的合宜，一方面需要依循必然与当然，另一方面又需要合乎具体的情境。与之相应，明其宜也以对事与理的双重把握为前提。实践过程之"宜"，同时表现为合乎一定的"度"：在达到相关实践过程的最适当形态这一点上，适"宜"与适"度"具有一致性，明其宜在此意义上则意味着走向度的智慧。基于理与事的统一，以明其宜、求其度为内容的广义认知过程在更内在的层面融合了以人观之、以道观之和以类观之的视域。

（原载《中国社会科学》，2014 年第 3 期）

---

① 朱熹：《朱子语类》卷五十一，《朱子全书》第十五册，上海古籍出版社、安徽教育出版社，2002 年，第 1682 页。

认识论中的盖梯尔问题[*]

一

　　知识的形成作为一个过程，以能知与所知之间的互动为其现实的内容。然而，对知识的理解，往往存在抽象化的趋向。当代认识论中的所谓"盖梯尔（E. Gettier）问题"，便较为典型地体现了这一点。在当代西方哲学中，知识常常被理解为经过辩护或确证的真信念（justified true belief），这种知识观念的源头，每每又被追溯到柏拉图。20 世纪 60 年代，盖梯尔在《分析》（Analysis）杂志发表了《得到辩护的真信念是知识吗》（"Is Jusified True Belief Knowledge?"）一文，对以

　　＊　原载《哲学动态》2014 年第 5 期。

上知识观念提出质疑。在该文中,盖梯尔主要通过假设某些反例来展开其论证。他所设想的主要情形为:假定史密斯和琼斯都申请某个工作,又假定史密斯认为自己有充分根据形成如下命题:"琼斯将获得那个工作,并且琼斯口袋里有 10 个硬币"(命题 1)。以上命题又蕴含如下命题:"将获得工作的那个人口袋里有 10 个硬币"(命题 2)。盖梯尔又进而假定,史密斯了解命题 1 蕴含命题 2,并且在相信命题 1 有充分根据的基础上接受了命题 2。这样,他对命题 2 的信念,既是真的,又得到了辩护,而按照前面的知识定义(知识即经过辩护的真信念),这种得到辩护的真信念即应同时被视为知识。由此,盖梯尔又进一步假定,最后是史密斯而不是琼斯获得了那份工作,而史密斯碰巧也有 10 个硬币在口袋。根据这一最后的结果,则命题 1(琼斯将获得那个工作,并且琼斯口袋里有 10 个硬币)并不真,而从命题 1 中推论出的命题 2(将获得工作的那个人口袋里有 10 个硬币)则是真的,因为最终获得工作的那个人——史密斯本人——口袋里确有 10 个硬币。然而,尽管史密斯关于命题 2 的信念得到了辩护,但他实际上并不真正具有关于命题 2 的知识,因为在形成命题 2 之时,他既不知道最后获得工作的是他本人,也并不清楚自己口袋里有多少硬币。由此,盖梯尔对"经过辩护的真信念即为知识"这一知识观念提出质疑。①

这里暂且不讨论被认为是源自柏拉图的知识界说是否合理,也先不议盖梯尔一连串假定的随意性(包括将"获得某种工作"与"口袋有多少硬币"这些外在事项随意地牵连在一起),而首先关注盖梯尔在知识论域中的以上推理过程。按其性质,被视为知识表现形式的

---

① 参见 E. Gettier, "Is Jusified True Belief Knowledge?" *Analysis*, Vol. 23 No.6 (June 1963): pp.121-123。

信念,同时可以视为一种广义的意向。从意向的维度看,信念总是内含具体的指向性:"将获得工作的那个人口袋里有 10 个硬币"这一知识信念,具体地指向特定背景中的事实或关系,在以上例子中,它以"琼斯将获得那个工作,并且琼斯口袋里有 10 个硬币"为具体的指向。同样,知识信念中的相关概念、名称或广义的符号,也总是指向具体的对象,在"将获得工作的那个人口袋里有 10 个硬币"这一信念中,"将获得工作的那个人"非泛指任何人,而就是指琼斯:所谓"将获得工作的那个人口袋里有 10 个硬币",其实质的内涵就是"琼斯将获得那个工作,并且琼斯口袋里有 10 个硬币"。既然琼斯实际上并没有获得那份工作,那么,命题1("琼斯将获得那个工作,并且琼斯口袋里有 10 个硬币")就并非真正基于充分根据之上。换言之,尽管史密斯"认为"自己有充分根据形成琼斯将获得工作的"真"信念,但这种信念一开始就缺乏可靠的基础,不能在现实的意义赋予"真"的品格。与之相应,从没有真实根据的命题 1 推出的命题 2,也无法真正被视为得到辩护的信念。

不难看到,盖梯尔对知识的讨论方式,呈现明显的抽象性趋向:这不仅仅在于它基本上以随意性的假设(包括根据主观推论的需要附加各种外在、偶然的条件)为立论前提,而且更在于:其推论既忽视了意向(信念)的具体性,也无视一定语境之下概念、语言符号的具体所指,更忽略了真命题需要建立在真实可靠的根据之上,而非基于主观的认定(如前面例子中史密斯"以为"自己有充分根据推断琼斯将获得工作)。从能知与所知的关系看,这种讨论方式基本上限定于能知之域,而未能关注能知与所知的现实关联。进而言之,在盖梯尔的以上例子中,"琼斯将获得那个工作,并且琼斯口袋里有 10 个硬币"与"将获得工作的那个人口袋里有 10 个硬币"被视为可以相互替换的命题,这种可替代性又基于"琼斯"与"将获得工作的那个人"的可替代性。然而,从逻辑上说,"琼斯"与"将获得工作的那个人"之可彼此替代,其前提即是两者所指为一:即两者指涉的是同一所知。一旦将能知与具体的所知隔绝开来,则往往将导向抽象的意义转换。盖梯尔将"将获得工作的那个人"之具体所指(琼斯)转换为琼斯之外的他人(史密斯),便表现为一种抽象的意义转换。从现实的形态看,无论就意向言,抑或从概念看,其具体的意义都不限于单纯的能知,而是同时关涉所知。忽略了能知与所知的真实关系,仅仅限定于抽象的能知之域,便将使信念(意向)和概念失去具体的所指,从而既无法把握所知,也难以达到对知识的确切理解。

二

如前文所提及的,将知识理解为经过辩护或确证的真信念(justified true belief)通常被归源于柏拉图,盖梯尔在上述论文中,也蕴含着对这一点的肯定①。这种看法无疑有其依据,因为柏拉图在《泰阿泰德》篇中,曾借泰阿泰德之口,提及了当时关于知识的一种观点,即:"伴随解释(逻各斯)的真实信念(true belief),就是知识,未伴随解释的信念则不属于知识的范围。"②然而,在同一篇对话中,柏拉图又通过苏格拉底之口指出,"不论是知觉,还是真实的信念或真实的信仰加上解释,都不能被当作知识。"③不难看到,对泰阿泰德提及的以上知识观念,柏拉图并没有完全予以认同。柏拉图的正面看法体现于以下界说:"对'什么是知识'这一问题,我们的定义是:正确

① 参见 E. Gettier,"Is Jusified True Belief Knowledge?"一文中的脚注 1。

② Plato, *Theaetetus* 201d, *The Collected Dialogues of Plato*, Princeton University Press, 1961, p.908.

③ Plato, *Theaetetus* 210b, *The Collected Dialogues of Plato*, p.918.

的信念加上对差异之知(correct belief together with a knowledge of a difference)。"①尽管柏拉图也肯定后者(对差异之知)与解释相涉,但这一关于知识的定义与"经过辩护的真信念(justified true belief)"的观念显然并不完全重合。就此而言,通常被视为柏拉图关于知识的界说,显然不能全然归之于柏拉图。

从更本源的层面看,将知识理解为"经过辩护的真信念",在逻辑上意味着把知识归结为某种形态的"信念"。按其本来形态,"信念"更多地表现为主体的一种态度或心理倾向,以信念为知识的表现形态,似乎容易将认识论意义上的知识问题引向心理之域。同时,以"真"为知识的要素,在逻辑上则蕴含着将知识等同于真理的可能,由此,便难以在认识论上将一般意义上的知识与真理加以区分。黑格尔在谈到真理与信念时,曾指出,"客观真理跟我的信念仍然是不同的"。② 这一看法无疑已有见于真理与信念之间的分别。

在广义的视域中,知识无法与人的知行过程相分离,具体而言,它既关乎对象,也涉及人自身的观念活动和实践活动。从知识与对象的关系看,它首先表现为对所知(the known)的把握,这种把握通常取得断定或判断的形式。在感知的层面,单纯的感觉(如"红"这一类视觉)尚不构成知识,唯有形成某种判断(如"桃花是红的"),才表明形成了知识。理论层面的知识,同样呈现以上特点,单纯的概念(如"马"),并不是严格意义上的知识,唯有取得判断的形态(如"马是动物"),才能呈现出真正的知识意义。康德认为普遍必然的知识以先天综合判断为其形式,无疑也注意到了知识与判断的以上关联。在认识论的论域中,以判断为形态的知识,同时表现为命题性知识,这

---

① Plato, *Theaetetus* 210b, *The Collected Dialogues of Plato*, p.918.
② 黑格尔:《法哲学原理》,范扬、张企泰译,商务印书馆,1982年,第160页。

种命题性知识的特点之一,在于包含"真"或"假"的性质。

引申而言,知识同时与人的观念活动和实践活动相关联。命题性知识以知道什么(knowing that)为内涵,与人的观念活动和实践活动相关的知识,则以知道如何(knowing how)为内容。所谓"知道如何",既涉及"如何知",也关乎"如何行",二者在知行过程中常常相互关联,与之相关的知识,往往非呈现为显性的命题,而是以隐默的形式体现于知行的具体过程之中,它的判断标准,也相应地主要不是内容的"真"或"假",而是能否有效、成功地达到知或行的目的。当然,关于"如何知""如何行"(knowing how)之知并非与如其所是地把握相关对象和过程完全无涉,从终极的层面看,对相关对象的作用过程,总是表现为以现实之道还治现实之身,在此意义上,知道如何(knowing how)与知道什么(knowing that)很难截然相分。不过,就其具体的内容而言,关于"知道如何"(knowing how)之知主要不是以对象的描述、把握为目标,而是源于知行过程并以这一过程的有效展开为直接的指向。与之相关,它更直接地与实际的"做"和"在"相联系,而不是以言说和陈述为形式。在这方面,"知道如何"(knowing how)之知无疑有别于知道什么(knowing that)的命题性知识。

由以上背景考察,则不难注意到,将知识视为"经过辩护的真信念",本身很难视为对知识的恰当理解。一方面,如前所述,以信念为知识的形态,在逻辑上容易导向主观的心理之域并在实质上略去了能知与所知的关系:尽管"信念"之前被加上了"经过辩护""真"的前缀,但在以上的知识论视域中,这一类规定往往更多地限于逻辑层面的关系和形式,而未能在"信念"与"所知"之间建立起现实的联系;另一方面,这种知识观念每每趋向于将知道如何(knowing how)意义上的知识置于视野之外:作为知识的"信念",总是同时被赋予命题的形式,而命题性知识则相应地被视为知识的主要存在形态。

上述形态的知识观念,既是盖梯尔责难的对象,又限定了盖梯尔本人对知识的理解:盖梯尔之未能超出能知而指向所知,与他的知识视域始终未超出西方哲学史中的以上知识观念不无关系。事实上,盖梯尔之设想诸种例子质疑"经过辩护的真信念"这一知识观念,并非旨在完全否定对知识的这种理解,而是试图通过提出相关问题,使他所概述和批评的这种知识观念在回应上述问题的过程中走向完善。历史地看,在盖梯尔提出问题之后,当代西方哲学中的认识论确实也作了种种努力,以完善以上的知识观念。然而,这种知识论所内含的理论偏向与盖梯尔"问题"中自身所存在的问题,又决定了这种努力往往并不成功。

经验、理性与知识之域

　　由培根开其端的英国经验论,在洛克那里取得了系统化的形态①。这种系统化具有二重性:一方面,经验在认识过程中的作用得到了更细致的考察,另一方面,经验论的原则又渗入于对理性、实体等的规定,后者导致了洛克对知识之域的限定。它表明,从经验论的前提出发,往往很难避免不可知论的归宿。

一、经验论的出发点

　　对认识起源问题的考察,构成了洛克认识论的出

----

① 英国经验论之源,当然可以追溯得更远一些,但近代意义上的经验论,则由培根开其端。

发点。洛克认为,要正确地解决这一问题首先必须做一番"扫清道路"的工作,①这一工作即表现为对天赋观念论的批判。在洛克的时代,论证天赋观念论的论据主要有两条:其一,某些数学公理及逻辑、伦理规则是普遍同意的,因而是天赋的。洛克指出,事实上"并不存在普遍同意的原则",如对"凡存在者存在","一件事物不能同时存在而又不存在"这两条逻辑规则,儿童及白痴便根本不理解。在道德规范方面,各民族更是迥然有异。② 其二,天赋观念论者认为,所有的人在开始运用理性时,就可以懂得并同意某些逻辑数学命题,因而它们必然是与生俱来的。对此,洛克反驳道:"如果人们在运用理性以前,原先已印了那些天赋的真理,可是在不运用理性的时候,他们常常不知道那些真理,那实际上是说,人们同时知道而又不知道它们。"③换言之,天赋观念论的以上看法是自相抵牾的,因而在理论上难以成立。对天赋观念的否定,实际上也表明:根据先天原则去探求知识的来源是没有出路的。

与先验论相对立,洛克强调知识的真正诞生地并不是先天观念,而是后天经验:"我们的一切知识都是建立在经验上的,而且最后是导源于经验的。"④这种作为认识来源的经验,又称为简单观念。它主要通过两种途径形成。首先是感觉:"我们的感官,在熟悉了特殊可感的对象以后,能按照那些对象作用于感官的各种方式,把事物的各种清晰知觉传达于人心。这样,我们就得到了有关黄、白、热、冷、软、

---

① John Locke, *The Works of John Locke*, London, 1917, Vol. one, p.204. (以下凡引该书,只注卷数与页数),参见洛克:《人类理解论》,关文运译,商务印书馆,1959 年,第 66 页(以下简称关译本)。

② Vol. one, p.136,关译本第 7 页。

③ Vol. one, p.139,关译本第 10 页。

④ Vol .one, p.205,关译本第 68 页。

硬、苦、甜等所谓可感性质的观念。"①其次是反省,即通过反省主体自身的各种心理活动而获得相应的观念。洛克认为,反省以感觉为基础,只有当"人心以外的对象在感官上先印了一些印象之后",人心才能通过"反省这些印象"而形成有关的简单观念。② 因此,归根到底,简单观念是由外部对象的作用而引起的:"任何东西的性质只要能作用于感官,在心中引起任何知觉来,就能在理解中产生简单观念。"③这种简单观念为人类知识提供了最原始的材料:"人心的其他一切知识都是由这些观念组成的。"④这样,洛克便在否定了天赋观念之后,进一步从正面揭示了知识的后天来源。

以直接经验为主要内容的简单观念能否构成人的认识的可靠基础? 换言之,感觉能否给予客观实在? 这是洛克面临的又一问题。在洛克以前,笛卡尔从天赋观念论出发,对感觉经验的可靠性持怀疑态度。在其论著中,他一再强调"外部感官的判断有错误"⑤,从而否定感觉能够为知识提供真实的映象。与这种贬抑感觉的观点相反,洛克从主体在接受简单观念时具有受动性这一角度,论证了感觉经验的客观性:"这些简单观念既然呈现于人心,则理解便不能拒绝接受,而且它们既然印在那里,它亦不能把它们加以改变或涂抹,以创造新的。"⑥正由于简单观念是一种客观的呈现,因而它在内容上与客体完全一致:"我们所有的简单观念都是实在的,都与实在的事物相

---

① Vol. one , p.206,关译本第 69 页。
② Vol. one , p.223,关译本第 82—83 页。
③ Vol. one , p.240,关译本第 98 页。
④ Vol. one , P.239,关译本第 97 页。
⑤ 参见《十六——十八世纪西欧各国哲学》,商务印书馆,1975 年,第 179 页。
⑥ Vol. one , P.224,关译本第 83 页。

一致。"①依此,则感觉经验不仅在来源上最终依赖于对象,而且在内容上如实地摹写着对象;它并不是把意识与对象割裂开来的屏障,而是将二者联系起来的桥梁。在洛克看来,正是简单观念的摹写性,保证了人类知识的实在性:"在我们的简单观和事物的状态之间的这种一致,就足以成为实在知识的基础。"②一般而论,以感觉为认识之源,意味着与认识论上的唯理论区别开来;肯定感觉的可靠性,则进而与怀疑论区分开来。洛克在指出认识起源于感觉经验(简单观念)的同时,又强调感觉能够给予客观实在,或多或少把认识论的上述两个方面统一起来,从而在认识起源问题上,对反映论的原则作了系统的论证。

然而,由否定天赋观念论、肯定认识发端于后天感觉,洛克又不适当地夸大了后一原则,从而向经验论方向迈出了一步。这首先表现在洛克的"白板说"上。洛克认为:"我们可以假定人心有如白纸,没有任何标志,没有任何观念,一切观念的形成,都仅仅凭借经验。"③就认识的个体发生而言,洛克这一看法并非毫无道理,因为个体虽然具有认识的潜能,但在现实的认识活动展开之前,他并不具有先天的知识。就这一点而言,"白板说"无疑具有批判先验论的意义。但是,人的认识,特别是成人的高级水平(相对于婴儿的感知)的认识还具有社会性的一面。这不仅在于人的认识离不开社会实践,而且在于每一时代的主体在从事认识活动时,总是以掌握前人的认识成果为先决条件,并在不同程度上受其制约。在感性认识中,这种社会制约性主要表现为理性认识对感性经验的渗透和影响。在这方面,最显

① Vol.one,P.508,关译本第 349 页。
② Vol. two,p.171,关译本第 556 页。
③ Vol. one,p.205,关译本第 68 页。

而易见的事实便是：感觉经验本身只有借助历史地(社会地)形成的思维形式才能固定下来。赤裸裸的、纯粹的感觉仅仅是呈现于主体的一种感性杂多，它并不构成认识论意义上的知识材料。此外，社会的认识成果一旦融合到主体的知识结构中，便直接制约着主体感知的深度和广度：当人们在一定的理论知识的指导下去观察有关的现象时，往往可以获得更准确、更丰富的感性经验。洛克笼统地认为人心在感知之前完全如同白纸，或多或少以认识的个体发生排斥了认识的社会性，它同时也在实质上否认了理性知识在形成感性经验中的作用。

从"白板说"出发，洛克进而提出了其物性理论。他认为，物体的性质可以分为两类，即第一性质与第二性质。前者包括物体的体积、形相、数目、位置、运动和静止等，后者则是指物体作用于人的感官而在我们心中产生颜色、声音、气味等感觉的特殊能力。后者又称为物体中无法感知的部分："诸如颜色、声音、滋味等等，都是借物体中无法感知的部分(原文为 insensible parts，关文运译为'微细部分'，似未能确切表达原意)的体积、形相、组织和运动表现于心中的。"①不难看出，洛克在此以能否直接被感知作为划分物性的标准：第一性质可以直接被感知，而第二性质则无法直接觉察，换言之，第一性质与第二性质的区别，仅仅在于它们与主体的感知能力的关系各不相同。事实上，物体性质的差异是由其内在的特殊规定决定的，只有把握了这种特殊规定，才能对物性作出客观的区分，而要达到这一点，仅仅凭藉感觉经验显然是不够的：它同样需要运用理性思维。这样，在划分、把握物性时，不仅存在着感知与对象的关系，而且涉及理性思维与客体的关系。洛克片面地从感知出发去规定物性，实质上也就撇

---

① Vol. one，pp.243－244，关译本第 100—101 页。

开了后者,从而把主客体关系完全限定在经验的范围之内。如果说,白板说主要通过否定理性对感性的制约而突出了经验论的原则,那么物性论则进而将这一原则扩及主客体关系,从而一开始便对人的认识作了某种限制。

总括前述,一方面,在认识的起源问题上,洛克肯定感觉经验能够提供客观实在,从而论证了反映论原则;另一方面,在对主体的感知活动的条件及主客体关系的看法上,洛克又表现出明显的经验论倾向。后者对其"复杂观念说"产生了直接的影响。

二、理性的经验论规定

洛克认为,主体在获得以感觉经验为内容的简单观念之后,可以进而以此为材料,构成各种复杂观念:"理解一旦贮有这些简单观念,它便有力量来复述、比较、结合它们",以"造出新的复杂观念"。① 这种复杂观念又有种类之分:从横向看,它包括样态(modes),实体(Substances),关系(relations)三种。样态观念以实体的属性为内容,实体观念反映各种独立的事物,关系观念则以事物之间的联系为对象。从纵向看,复杂观念又可作出特殊与一般的区分,前者以特定的具体事物为对象,后者则是对事物的相似性的概括:"理解可以在事实中间发现出相似性来,制成一般的抽象观念。"②洛克还进而将简单观念的形成过程与简单观念到复杂观念的转化过程作了比较,认为后者具有能动性的特点:"人心在接受简单观念方面,虽然是完全被动的,但另一方面它也能发挥自己的作用,利用简单观念为材料和基

---

① Vol. one,pp.224-225,关译本第 84 页。
② Vol. one,p.16,关译本第 397 页。

础,以构成其他观念。"①在这里,洛克多少注意到了理性思维在认识从简单到复杂、从特殊到一般的上升过程中的作用。

然而,从认识论上看,重要的问题不仅仅在于是否在某种程度上承认理性思维的作用,而且更在于对理性思维的本质究竟作何种理解。正是在后一方面,洛克进一步贯彻了经验论的原则。在他看来,理性的作用无非表现为两个方面。首先,对简单观念加以增减组合:"最深奥的各种观念……形成的途径,仍不外是复述和联合它的感官对象(或从它对那些对象所能起的作用)得来的那些观念。"②主体所构成的复杂观念之所以彼此相异,"只是因为他们在复杂观念中所加所减的简单观念互有出入"。③ 洛克以"无限"这一观念的形成为例,对此作了具体论证:"人只要有一个确定长度的观念——如一尺——就能发现:自己能把这个观念重叠起来,而他在把那个观念加在前一个观念时,又会形成两尺的观念,而在加上第三个观念时,又会形成三尺的观念,这种叠加可以无止境地进行下去……无限的观念就是由此而起。"④所谓加减重叠,不外是一种量的变化,换言之,理性思维至多只能通过机械的组合使简单观念发生数量上的变化,从简单观念到复杂观念的转化并不表现为飞跃。这种理解不仅抹煞了从感性经验到理性认识是一个质的深化的过程,而且相应地否认了理性思维的真正价值便在于实现这种辩证转化。

其次,洛克认为,理性思维的另一作用是进行抽象。一般概念皆"由较特殊事物的复杂观念抽象而获得"。⑤ 洛克所说的抽象,主要是

---

① Vol. one, p.273,关译本第 130 页。
② Vol. one, p.282,关译本第 132 页。
③ Vol. one, p.509,关译本第 350 页。
④ Vol.one, pp.331 – 332,关译本第 179 页。
⑤ Vol. two, p.12,关译本第 393 页。

舍异求同,例如,"人类"这一概念,便是通过"舍去彼得、詹姆士、玛丽、珍妮等复杂观念中的特殊成分,仅仅保留其共同的成分而获得",在这一抽象的过程中,"并没有任何新的创造"。① 根据这种理解,理性的抽象无非是不断在数量上减省感性性质,而通过这种减省而保留下来的共同成分,与被略去的感性特征并没有什么本质上的差别,这样,作为抽象产物的一般观念,也就成了被赋予普遍形式的感性表象。洛克在这里显然忽视了:作为理性活动的抽象,其作用并不仅仅是简单地从差别中求同一,而主要在于揭示通过感性特殊表现出来的普遍规定。在一定意义上可以说,正是对一般规定的把握,将理性抽象与感性知觉区别开来。洛克片面地强调抽象活动除了对感性特征加以舍异存同之外未曾有"任何新创造",显然未能把握理性思维与感性经验的内在分别。

基于上述观点,洛克进而提出了"还原论",认为一切复杂观念都可以还原为简单观念:"我们的一切复杂观念,虽然其直接的组成分子或许也是复杂的观念,可是归根究底,它们都可以还原于简单的观念,因为它们毕竟是由简单观念所组成的。"②这样,洛克便在将理性活动降低为感性活动之后,又进一步把理论思维的成果(复杂观念)等同于感性经验(简单观念)。如果说,洛克的"白板说"主要通过否认理性对感性的制约与渗透而掩盖了后者与前者的联系,那么其"抽象说"及"还原论"则通过对理性活动及其成果的机械解释而抹煞了理性与感性的内在区别,二者从不同的方面和角度论证与发挥了同一经验论的原则。

但是,客观上,理性思维具有突破经验界限的一面,洛克作为一

---

① Vol. two,p.12,关译本第 393 页。

② Vol. one,p.419,关译本第 262 页。

个认真探讨认识论问题的哲学家,当然不能完全无视这一事实。然而,经验论的立场决定了他难以正确地理解理性超越特殊经验的特点。在他看来,认识一旦突破了直接经验的范围,便意味着向主观性转化。正是从这种观点出发,洛克在混淆理性认识与感性经验的同时,又在某些方面对思维活动及其成果作了主观的规定,这首先表现在,当洛克肯定思维活动的能动性时,往往忽视了其摹写性:"在形成这些集合体时,人心往往要施用一种主动的能力,因为人心一得到简单观念以后,它就会把它们组合在一块,形成各种彼此不同的复杂观念,并不考察它们在自然中是否如此结合在一块。"①这不啻是说:理性思维的能动性,便在于它可以撇开简单观念之间的客观联系而构成复杂观念,换言之,理性如果超出经验的界限而施展其能动作用时,便难免要丧失其客观性。由此,洛克又进而把作为能动的理性思维之产物的一般观念与主观虚构等量齐观:"当我们仔细反省一般观念时,我们就会看到,它们只是人心的虚构和创作"②,这种观念"没有任何原型,也并不参照于任何实在的事物"③。在此,不仅理性思维活动的能动性与主观性被等同起来,而且理性思维成果的反映性质也被模糊了。

总括以上两个方面,便不难发现,洛克实际上对理性思维及其成果作了双重规定:一方面,一定程度地肯定了理性思维在由简单观念上升到复杂观念中的积极作用,但同时又未能充分注意这种作用与经验活动的内在区别,从而在实质上将前者限制在经验的范围内;另一方面,又多少有见于理性具有超越于经验的"主动能力",但同时却把这种能力与客观性对立起来。从哲学史上看,经验论者对理性思

① Vol. one, p.416,关译本第 258 页。
② Vol. two, p.206,关译本第 590 页。
③ Vol. two, p.30,关译本第 412 页。

维的看法大致可以概括为两类：其一，将理性认识等同于感性经验；其二，赋予理性活动以超验的、主观的性质。洛克的上述看法，可以说十分典型地表述了这种经验论的理性观。显而易见，对理性思维所作的这种双重规定，贯穿着如下的经验论原则，即：只有经验范围内的认识才具有可靠性，在经验的界限之外，无客观性可言。与所有的经验论者一样，洛克的问题在于未能理解：科学抽象往往更深刻地接近、走向对象。当认识通过科学抽象等理性思维活动而由经验上升到理论时，它不是离开了对象，而是在更高的层次上把握了客体，从而，把理性思维对经验界限的突破与超越等同于主观虚构是毫无根据的。正是对人类认识的这一基本事实的忽视，使洛克无法真正揭示理性思维的本质和作用。

如果说，在简单观念说中，洛克主要从感觉经验的角度考察了主体的认识能力，并以"白板说"与"物性说"的形式初步提出了经验论的原则，那么，在"复杂观念说"中，洛克则着重探讨了主体的理性思维能力，并通过对理性思维的双重规定而把经验论原则展开了。由此出发，洛克进而把研究方向指向人类知识的范围。

三、经验论的归宿

任何简单观念或复杂观念就其本身而言，都具有个别性和单一性的特点。洛克认为，这种单个的观念还不是严格意义上的知识，因为它尚未对事物作出明确的断定，只有把不同观念联系起来，揭示出观念之间的关系，才表明获得了知识："所谓知识不是别的，只是人心对任何观念间的联结和一致，或矛盾和相斥而产生一种知觉。"① 客观

---

①　Vol. one，p.129，关译本第 515 页。

上,知识的基本形式是由判断构成的,所谓有所知,便是对事物作出了某种断定,而这种断定在思维形式上便表现为观念之间的联系。就这一点而言,洛克肯定应当通过观念之间的联系来把握对象,显然包含着合理的因素。然而,由此洛克却进而强调以观念之间的关系作为认识的极限:"我们的一切知识都形成于人心对其观念所作的观察,而且就我们的能力和我们的认识途径来说,我们所能得到的光明,也就以此为极限,所能得到的确定性,也就以此为最大。"①根据这种看法,观念之间的联系就不仅仅是知识的初始形式,而且成了具有最终性质的知识内容。这一理解把认识归结为对观念的横向的、静态的考察,而忽视了它是一个从外在现象到内在规定,从"事"到"理"的无限发展过程。正是基于这种观点,洛克提出了关于知识范围的理论。

在洛克看来,既然知识仅仅表现为观念之间的横向联系,那么要确定知识的界限,就必须了解观念的范围,亦即考察主体对何类对象能够获得可靠的观念。对洛克而言,千差万别的对象又是以实体为基础的,因而要洞悉人类知识能达到何种广度和深度,就应当探明主体能否对实体及其本质形成真实的观念。洛克首先对实体的内涵作了规定,认为事物的广袤、形相、硬度等属性既不能单独存在,亦不能相互依存,因此必须假定有一种共同的依托来支撑它,"这种支托我们便以实体这一名称来表示"②。按照这种解释,实体无非是一种存在于属性背后的超验之物。这种把实体与属性分离开来的观点,实质上是洛克的物性说的逻辑结论:根据能否直接被感知去划分物性的结果,势必导致可感属性与实体的割裂。对洛克来说,可感知的属

---

① Vol. one,p.134,关译本第 520 页。
② Vol. one,p.425,关译本第 267—268 页。

性之外的领域又是感官无法达到的:"我们的思想并不能超出自己的感官和途径而外。"①因而实体一旦被纳入超越可感性质的领域,也就意味着被排除在可知范围之外。洛克由此得出如下结论:"我们对于实体本身并无任何观念,只对它们的作用有一个混乱、模糊的观念。"②在这里,洛克似乎忽视了:实体无非是以自身为原因的存在形态,属性固然是实体的表现或作用,而后者(实体)本身并不存在于前者(属性)之外,只要我们揭示了属性与现象的内在原因,我们也就同时把握了实体:"真正地认识原因,就是使我们的认识从现象的外在性深入到了实体。"③正是不了解实体与属性之间的这种辩证关系,使洛克最终把实体归入不可知之列。

与否认实体的可知性相联系,洛克对主体能否认识实在的本质也表示怀疑。所谓实在本质,洛克定义为"事物的一切性质所依的那种本质",如黄金的颜色、重量、可熔性、确定性等性质,便依存于黄金的实在本质。这种本质又称为物质的内在组织或实在组织:"所谓实在的本质,就是任何物体的实在组织,包括在名义本质中而与之共存的一切特性都以这种组织为基础。"④这样,一方面,实在本质被归结为一种机械的结构,而作为一种机械的、实物性的结构,实在本质当然首先只能是感官的对象,但另一方面,这种结构作为各种属性的基础,又有超验的性质,而超验的东西又是感官所不能达到的。正是根据这一双重规定,洛克对实在本质能否认识的问题作了否定的回答:"至于事物的内在组织和真正本质,则我们更是不

---

① Vol. one, p.433,关译本第 275 页。

② Vol. one, p.293,关译本第 142 页。

③ 列宁:《哲学笔记》,人民出版社,1972 年,第 167—168 页。

④ Vol. two, p.44,关译本第 426 页。

知道的,因为我们根本没有达到这种知识的官能。"①在他看来,主体至多只能了解事物的名义本质,而名义本质无非是"人造的名称所表示的观念的集合体"②,它虽然以实在本质为基础,但并不是后者的摹本。

　　基于如上看法,洛克对认识的范围作了进一步的限制。按照他的观点,缺乏实体及实在本质的观念不仅是无知的表现,而且本身是无知的原因:"一切观念都以积极的、明白的、清晰的实体观念为基础,而这个观念却向我们隐蔽起来了。这种观念的缺乏,不但是无知的一部分,而且也正是无知的原因。"③首先,在物理对象方面,人类无法获得科学的知识:"在物理的事物方面,人类的勤劳不论怎么可以促进有用的、实验的哲学,而科学知识终究是无法达到的。"④因为要在物理客体方面形成科学知识,首先必须了解作为事物内在本质的"不可感知的分子",面对实在本质的无知,又使人们不可能获得这方面的观念,后者决定了主体"在各种物体方面并不能发现普遍的、有益的和无问题的真理来"⑤。其次,在意识现象方面,"我们对精神的各种等级和种类,也不能形成一些清晰的观念"。因为要揭示各种精神现象的特点,便必须对它们的起源及作用获得明确的观念,但由于实体处于人的视野之外,因而这一点是难以达到的:"我们不但不知道一个物体为什么在人心中产生任何思想来,而且我们也不知道,一种思想如何能在身体中产生任何运动来。"⑥由

①　Vol. one, p.442,关译本第 286 页。
②　Vol. two, p.52,关译本第 433 页。
③　Vol. two, p.160,关译本第 545—546 页。
④　Vol. two, p.162,关译本第 548 页。
⑤　Vol. two, pp.162‐163,关译本第 548 页。
⑥　Vol. two, p.166,关译本第 550 页。

此,洛克断言不存在"关于精神的科学"①。最后,洛克认为在数学和道德的领域中,我们虽然能获得普遍确实的知识,但这种知识仅仅以自身为原型,"它们并不被认为是任何事物的摹本,也不以任何事物的存在为原本,而与之参照"②。正由于这种知识并不是对客观对象的反映,因而它并不能改变我们对事物本质的无知状态。洛克据此引出如下结论:"我们对于身外身内的各个物体并不能得到哲学的知识……各种结果虽然每天都引起感官的注意,可是我们对它们只有感性的知识,至于它们的原因、方式和产生的确定性,则我们只有安于无知罢了,在这些方面,我们并不能超出于特殊经验所提示的事物之外。"③概言之,人的认识仅仅限于直接呈现于感官的外部现象,至于事物的内在根据、一般属性及普遍法则都是无法达到的。这样,洛克便由否认实体的可知性而一步步地陷入了不可知论。

从肯定感觉能够给予客观实在到最终由否认实体及普遍规定的可知性而走向不可知论,这就是洛克认识论思想发展的基本行程,而贯穿其中的主线,则是经验论的原则。如果说,对简单观念与复杂观念的考察,主要从主体的认识能力方面突出了只有直接的感知才是确实可靠的这一经验论原则,那么,实体及实在本质说则着重对客体作了经验论的规定:把实体及实在本质归结为一种超验的支撑者及机械组织。这样,一方面,只有摹写现象的感觉经验才具有客观内容,这种经验同时构成了人类认识的界限;另一方面,实体及实在本质又是直接的感知所无法达到的,由此只能得出在客观对象及意识

---

①　Vol. two, p.163,关译本第 549 页。

②　Vol. two, p.171,关译本第 556 页。

③　Vol. two, p.167,关译本第 551—552 页。

现象方面都不可能获得普遍确定的知识这一结论。不难看出,在洛克的经验论与其不可知论之间存在着内在的逻辑联系,在一定意义上可以说,后者正是前者的必然归宿。

（原载《华东师范大学学报》1987 年第 3 期）

行动、思维与逻辑

相对于洛克的经验主义，现代发生认识论对意识与思维的考察展示了不同的视野。发生认识论的主要代表人物是皮亚杰，较之传统的经验论之注重感觉经验、理性主义之关注思维形式与能力，皮亚杰更多地探讨了逻辑思维与人的行动之间的关系，其学说表现了独特的理论路向。

一、逻辑思维的起源

思维的逻辑是如何形成的？这是发生认识论研究的主要问题之一。① 根据皮亚杰的观点，逻辑运演的

---

① 本文所论，主要是皮亚杰的发生认识论。

结构既非直接存在于客体之中,也非主体先天所固有,而是起源于主体的活动。

皮亚杰指出:"一开始起中介作用的并不是知觉……而是可塑性要大得多的活动本身。"①主体活动本身经历了一个演变过程。最初儿童只能做个别的动作,如吮吸、注视、把握等,这些动作各自形成一个小小的孤立的整体,彼此缺乏联系。此时,儿童既不知道自己就是活动的发源者,也不懂得对象具有时空上的恒定性,因而严格意义的主体与客体尚未分化。与这种状况相伴随的,是儿童的自身中心化倾向:"只要每一活动仍然还是一个小小的孤立整体,那么它们之间唯一共同的和不变的参照就只能是身体本身,于是就产生了一种朝向身体本身的自动的中心化。"②在只有模糊的自我中心感,而不了解主体与客体之区分的情况下,认识显然不能发生。随着活动的发展,动作之间逐渐取得了协调,如把某些动作联合起来或分解开来,对它们进行归类,排列顺序等等。这种协调的形成,对认识的发生具有双重意义:其一,它导致了主客体的分化。活动的协调不仅使儿童"通过自由地调节自己的活动来肯定其自身的存在",而且使儿童通过把对象安排在"具有确定的先后次序的位置上",注意到对象的时空永久性。③ 这种主体和客体意识的形成,为认识的发生提供了前提。其二,活动之间的协调在不断重复之后,便构成了行动的逻辑。皮亚杰对此作了如下解释:"凡能在行动中加以重复和概括的东西,我们称之为格式(scheme)……格式之间是可以相互协调的,这就意味着有一个总的行动协调,这种协调便形成一种行动逻辑。"④例如,一个活

① 皮亚杰:《发生认识论原理》,王宪钿等译,商务印书馆,1981 年,第 22 页。
② 皮亚杰:《发生认识论原理》,第 24 页。
③ 皮亚杰:《发生认识论原理》,第 23—24 页。
④ 皮亚杰:《发生认识论》,载《教育研究》,1979 年第 2 期,第 86—87 页。

动的总格式可以由一些格式子系统组成,而子格式与总格式之间则构成了一种包含关系。同样,动作之间还具有某种次序,如在达到目标的过程中,不同的步骤之间便存在着一种次序关系。此外,当主体模仿某一对象时,模仿与对象之间便形成了一种对应关系,如此等等。在皮亚杰看来,思维的逻辑正是起源于这种行动的逻辑。在活动中,"有一定的包含逻辑,一定的序列逻辑和一定的对应逻辑,……这些逻辑就是逻辑数理结构的基础"①。从行动的协调到逻辑数理结构的形成,经过了一个漫长而困难的过程。这一过程包括感知运动、前运演、具体运演、形式运演等阶段。最后,当实物性的活动结构借助符号而沉淀为思维形式时,行动的逻辑便内化为思维的逻辑。

皮亚杰的上述看法从个体(儿童)心理发展的角度,肯定了思维逻辑对行动逻辑的依赖性。人类思维客观上具有两重性:它既有静态的形式,又是一种动态的活动。前者表现为一定的逻辑结构,后者则是一种运用逻辑结构的运演操作。与此相似,人的行动虽然首先表现为实物性的操作,但这种活动并非无章可循,它同样具有内在的、稳定的联系。这种内在联系在沉淀之后便构成了一定的行动结构,在这里,思维与活动都表现为动态的操作与静态的结构的统一。如果进一步加以分析,那就可以发现,思维的逻辑结构与行动的结构不仅在形式上相似,而且在实质上也具有一致性。皮亚杰正是从这一事实出发,通过对儿童心理发展过程的观察、实验和研究,揭示了两者之间的渊源关系,从而对思维逻辑的发生问题,作出了富有创见的解答。

皮亚杰认为,个体的认识结构是在"社会上的相互作用和社会传

---

① 皮亚杰:《发生认识论原理》,第87页。

递"的影响下形成的。① 因此,他把"社会经验"列为决定儿童心理发展的四大因素之一。② 但他同时又强调,社会因素归根到底要通过个体自身的活动及其内化结构才能起作用。这首先表现在,社会经验必须借助一定的语言符号才能传递,而符号功能本身又以主体的活动为基础。他说:"这种功能(符号功能——引者)的根源则是在发展中的模仿行为——这是最接近于表象作用的感知运动形式的行为,但却以动作的形式表现出来。"③正是通过个体的模仿行为内化为某种符号形式,主体才可能接受社会的作用。"没有这些部分地来自内部的先决条件……社会性的交往与相互作用,就都是不可能的了。"④这里,皮亚杰不仅指出了作为外部条件的社会因素的作用要以主体的活动为内在根据,而且进一步论证了思维逻辑对行动逻辑的依赖关系。

在哲学史上,关于思维逻辑的起源问题,很早就受到哲学家的注意。大致说来,传统哲学在解决这一问题时,主要循沿着两个方向:具有经验论倾向的哲学家力图从逻辑结构与客体的关系中寻找前者产生的根源。在他们看来,概念等逻辑思维的形式,不外是对客体加以直观的产物。如洛克认为,"同一""关系"等具有逻辑性质的一般概念,均由简单观念机械组合而成,而简单观念则主要是对外物的直接感知。⑤ 这本质上是一种机械的、直观的反映论。持先验论观点的哲学家则把注意力转向逻辑与主体的关系,认为主体是逻辑形式的诞生地,思维结构是主体固有的先天形式。康德便是此说的集大成

① 皮亚杰、英海尔德:《儿童心理学》,吴福元译,商务印书馆,1980 年,第 117 页。
② 皮亚杰、英海尔德:《儿童心理学》,第 117 页。
③ 皮亚杰:《发生认识论原理》,第 30 页。
④ 皮亚杰:《发生认识论原理》,第 30 页。
⑤ 参见洛克:《人类理解论》,第 133 页。

者。在他那里，作为知性思维形式的范畴，无非是先验框架的同义语。上述两种观点虽然有后验与先验的区别，但在忽视主体与客体的相互作用这一点上，却并无二致。正是在这方面，皮亚杰迈出了决定性的一步。他把主体的活动作为最初的中介，强调这种活动既不同于经验的直观，也区别于先验的反省，而是具有内在结构的客观过程，思维的逻辑便起源于这种客观的活动结构，这种看法，显然较经验论与唯理论高出了一筹。

但是，如果我们把发生认识论的理论价值仅仅归结为对传统的经验论与先验论的否定，那就未免过于狭隘了。要真正了解皮亚杰学说的意义，就必须把视野加以扩展。关于经验论与先验论在解决逻辑形式的起源问题上的局限性，黑格尔已经注意到了。他试图在上述两种观点之外另辟蹊径，提出了"行动的推论"这一概念，认为行动、实践便是逻辑的推论、逻辑的格。① 这种肯定行动本身包含逻辑的观点，无疑是相当深刻的。但黑格尔的这一看法带有明显的思辨性，在很大程度上只是一种猜测。同时，他所说的行动，主要是指伦理行为，这就决定了他不可能真正揭示思维的逻辑与行动的逻辑之间的内在联系。列宁吸取了黑格尔思想中的合理因素，并进而把认识史与社会实践联系起来，提出了逻辑起源于社会实践的观点："人的实践经过千百万次的重复，它在人们的意识中以逻辑的格固定下来。这些格正是（而且只是）由于千百万次的重复才有着先入之见的巩固性和公理的性质。"②逻辑既不是直观的产物，也不是主体的先天形式，而是社会实践重复沉淀的结晶。正是实践的普遍性，赋予逻辑以公理的性质。不难看出，列宁在这里主要是从整个人类的认识发

---

① 黑格尔：《逻辑学》下卷，杨一之译，商务印书馆，1976年，第526页。
② 《列宁全集》第38卷，人民出版社，1959年，第233页。

展的角度,考察了逻辑的历史发生。但认识客观上不仅有类(整个人类)的历史,而且也有个体发生的问题。要全面地论证逻辑与实践的关系,就不能不考察认识的个体发展。列宁明确指出:应当研究"儿童智力发展的历史"①。但儿童的智力史在很大程度上属于具体科学的对象,这种研究主要是由这一领域的科学工作者(心理学家)来完成的。正是在这方面,皮亚杰作出了卓越的贡献。首先,基于对儿童心理演变过程的研究,皮亚杰对思维逻辑是行动逻辑的内化这一观点作了科学的论证。个体的认识发生史在一定意义上以简缩的形式重复了整个人类认识的发展史,因而对前者(个体的认识)的研究,可以为后者(类的认识发展)提供旁证。如果说,列宁主要是通过把社会实践导入认识论而在原则上科学地解决了逻辑形式的起源问题,那么,皮亚杰则是从个体认识发生的角度,进一步印证了列宁的结论。其次,皮亚杰在一定程度上揭示了在认识发生过程中,社会的影响是以个体的认知结构为中介而实现的。社会实践及其结晶(逻辑思维的形式)与个体的活动及其沉淀物(逻辑运演结构)具有双向的制约关系:一方面个体总是生活在一定的社会环境中,因而其活动及内化结构不能不受到社会实践及其成果的影响;另一方面,社会实践的结构及思维的社会成果并不是一开始便作为既成的框架而外加于个体之上的,相反,个体只有在自身的认知结构的基础上才能接受并消化社会所提供的成果。在这里,辩证法关于外部条件只有通过内在根据才能起作用的原理,同样是适用的。皮亚杰对个体思维逻辑起源的研究,无疑也涉及了以上方面。

---

① 《列宁全集》第 38 卷,第 399 页。

二、逻 辑 结 构

从认识论上考察思维的逻辑,至少面临两个问题:一是逻辑结构的起源问题;一是逻辑结构的本质问题,后者涉及逻辑与客观世界的关系问题。这两个问题既有联系,又有区别。皮亚杰通过揭示行动的逻辑与思维的逻辑的联系而正确地解决了前一个问题,但在对逻辑的本质的看法上,却陷入了某种含混之境。

如前所述,皮亚杰曾对经验论的机械性、直观性提出批评。然而,由此他却走向了另一个极端,即忽视逻辑形式与客观对象的联系。在皮亚杰看来,逻辑既然起源于行动,那就必然与客体无关。"逻辑数理结构起因于主体动作间的协调配合,而非由于外界物体的本身所引起"①,"它们(逻辑结构——引者)是依存于活动或运演的特性而不是依存于客体的特性"②。从这种观点出发,皮亚杰进而强调逻辑数理结构"超越于客体之上",③这一看法显然未能完整地把握逻辑形式的现实根据。

逻辑结构客观上涉及两方面的关系:它既与主体的活动直接相关,同时又与客体相联系。与此相应,逻辑本质上也具有双重性:它一方面表现为行动逻辑的内化,另一方面又是"客观事物在人的主观意识中的反映"④。从根本上说,这种双重性是由实践活动的特点决定的。皮亚杰正确地指出,主体的活动可以通过协调而形成某种格式或结构,而这种结构又是逻辑发生的基础。但这里很自然地产生

---

① 皮亚杰、英海尔德:《儿童心理学》,第 116 页。
② 皮亚杰:《发生认识论原理》,第 84 页。
③ 皮亚杰:《发生认识论原理》,第 15 页。
④ 《列宁全集》第 38 卷,第 195 页。

了一个问题：行动结构本身的根据是什么？为了解决这个问题，就不能不考察活动结构与客体的关系。客体本质上是受必然法则支配并具有内在秩序的客观对象，①这种秩序与法则中的"最普通的关系"在一定意义上构成了客体的结构。② 如果将主体的活动结构与客体的结构作一细致的比较，便不难发现，前者实质上以某种特殊的形式映射了后者。这种映射具体表现为主体的活动结构与客体的最普通的关系之间的一致性、对应性。例如，活动在时空上的协调性（不同动作的相继发生及其在空间上的展开），客观上折射了客观对象运动的秩序性、顺序性；活动的重复性（以同一动作去获得同一结果），或多或少对应于客体的相对稳定的同一关系；至于比较复杂的活动图式与较简单的子格式的包含关系，则与整体与部分，类与个体之间的从属包含关系具有明显的一致性。可以说，人的活动的格式和结构，本质上是由对象的客观结构所规定的。对此，列宁作过深刻的阐述："人在自己的实践活动中面向着客观世界，依赖于它，以它来规定自己的活动。"③客体的结构（规律性的联系）对活动格式的规定与后者对前者的映射，恰好构成了同一过程的两个方面。正由于活动的结构客观上映射了客体的结构，因而思维的逻辑在内化行动的逻辑的同时，实质上也反映了客体的最一般的联系。也正是在这个意义上，列宁一方面肯定逻辑是"人的实践经过千万次的重复"而沉淀下来的，另一方面又强调"逻辑形式和逻辑规律不是空洞的外壳，而是客

---

① 金岳霖已注意到了这一点，并将客观的秩序与归纳逻辑联系起来，以此回应了休谟的问题，尽管归纳与逻辑运演有所不同，但归纳与客观秩序的相关性，亦从一个侧面体现了客观秩序与广义的逻辑思维的联系。（参见金岳霖：《知识论》，商务印书馆，1983 年，第 419 页。）

② 参见《列宁全集》第 38 卷，第 189 页。

③ 《列宁全集》第 38 卷，第 200 页。

观世界的反映"。①

由以上的分析可以看到,在思维的逻辑与行动的逻辑背后,还存在逻辑与客体的关系,而这种关系又是以行动的结构为中介而建构起来的。因此,要全面地把握逻辑形式的本质,就不仅要研究思维与行动的关系,而且必须进而将行动的格式与客体结构联系起来加以考察。然而,恰恰是后者,基本上处于皮亚杰的视野之外。在寻找主体活动结构的根源时,皮亚杰似乎完全偏于生物学一隅。在他看来,主体活动的结构归根到底来自生物有机体的结构。"一旦我们开始讲到一般的动作协调时……我们就要进一步追溯到更多的有机协调。当我们再进一步进入比较生物学领域时,我们就到处发现具有依次内包的对应结构。"②这样,皮亚杰就不仅对主体作了生物学的理解,而且否认了客体结构对行动格式的规定以及后者对前者的映射这一双重关系。根据上述观点,皮亚杰进而把行动的内化与对客体的抽象(摹写)不适当地对立起来,强调逻辑结构是"从动作的协调,而不是从对象本身抽绎出来的",③从而在实质上勾销了逻辑结构对客体结构的映射关系。皮亚杰对思维逻辑的这种双重看法,在他的同化与调节说中留下了直接的印记。

三、建 构 与 摹 写

皮亚杰认为,行动经逻辑内化为思维的逻辑之后,便成为认识的

---

① 《列宁全集》第 38 卷,第 192 页。
② 皮亚杰:《发生认识论》,载《教育研究》,第 96 页。
③ 皮亚杰:《发生认识论》,载《教育研究》,第 91 页。

一般结构。"客体只是通过这些内部结构的中介作用才被认识的"。①
这种中介作用又称为同化(assimilation)。所谓同化,便是把客体经验
的各种因素加以分解、比较、选择,最后把这些要素整合到一个早先
就存在的结构之中。② 如果不借助认识结构的统整作用,则主体甚至
无法把握简单的事实:"要掌握事实……有一个先决条件,就是要能
运用同化客体的逻辑数学方法。"③同样,理论认识的形成也离不开主
体的逻辑结构对客体的同化:"任何物理的、生物的学说,都把客观现
象同化到有限数量模式之内。"④基于上述观点,皮亚杰对经验论
S→P(刺激→反应)的认识公式提出批评,认为这种公式的错误便在
于把认识片面地归结为客体刺激主体的结果,而没有给主体及其认
知结构以任何地位。他主张把 S→R 的图式修改为 S→AT→R,其中
AT 表示主体对外部刺激的同化作用。⑤ 这就肯定了客体的刺激只有
经过同化才能使主体作出适当的反应。

不难看出,皮亚杰上述观点的核心,便是强调已有的知识成果,
特别是逻辑结构在认识中的作用。就其现实形态而言,认识不能从
无开始。它既要以客体为对象,又必须以积累起来的知识,尤其是逻
辑形式作为探索新成果的手段和工具。例如,任何科学都离不开经
验材料,但这种材料如果不以一定逻辑结构加以整治,则只能是不可
理喻的杂多,难以构成知识。在此意义上,可以说,"每一门科学都是
运用逻辑"⑥。从认识的发展过程看,以已有的知识结构去整治经验

① 皮亚杰:《发生认识论原理》,第 16 页。
② 皮亚杰:《发生认识论原理》,第 54 页。
③ 皮亚杰:《发生认识论原理》,第 54 页。
④ 《皮亚杰学说及其发展》,陈孝禅等译,湖南教育出版社,1983 年,第 26 页。
⑤ 《皮亚杰学说及其发展》,第 24 页。
⑥ 黑格尔:《逻辑学》下卷,第 455 页。

材料,实质上也就是把已有成果与新的知识联系起来,后者保证了认识过程的连续性。皮亚杰的同化说多少揭示了人类认识的这些重要特点,其理论价值是不容低估的。

皮亚杰进而指出,认识并不是单向的同化过程。主体在统整对象的同时,还必须对自身的认识图式(结构)加以调节(accommodation,又译为"顺应")。所谓调节,便是根据外部对象的变化来调整主体的认识结构。他说:"我们称之为调节作用的,是由它所同化的因素所引起的同化图式或结构的变化而来的。"①调节作用具体表现为二个方面:其一,改变已有的结构以"适应现实"②,亦即使主体的认识与对象保持一致;其二,通过"新的适当结构的构成",以促进认识的发展。③ 这两个方面又是相互联系的,因为认识的发展即意味着更好地适应现实。

皮亚杰认为,同化与调节构成了统一的认识活动的两个相互关联的环节,只有在两者之间建立某种平衡关系,认识才具有"适应"性。"当同化作用超过调节作用的时候(即客体的特点与主体的暂时兴趣相一致),主体对客体就不被重视,思维就趋于自我中心的,甚至出现我向的倾向"。④ 反之,当调节超过同化时,则将把认识降低为机械的、被动的模仿。⑤ 这样,皮亚杰就在一定程度上把主体对客体的能动作用与客体对主体的制约性统一起来。如果说,以同化为认识的必要条件多少吸取了康德注意知性范畴在认识中的作用这一积极因素,那么,强调调节对同化的制约性则对康德的先验主义作了限

---

① 《皮亚杰学说及其发展》,第 24 页。
② 皮亚杰、英海尔德:《儿童心理学》,第 7 页。
③ 皮亚杰:《发生认识论原理》,第 54 页。
④ 《皮亚杰学说及其发展》,第 25 页。
⑤ 《皮亚杰学说及其发展》,第 26 页。

制。在这个意义上,可以说皮亚杰以自己独特的方式对康德的范畴论作了某种改造,从而不仅超越了直观经验论的眼界,而且亦非先验论所能范围。

然而,如前所述,在对逻辑本质的看法上,皮亚杰曾表现出某种模糊性和含混性,而同化与调节又与逻辑结构直接相关,这就决定了他在后一问题上无法与康德哲学划清界限。与忽视逻辑的反映性质相联系,皮亚杰否认认识是对客观对象的摹写,认为"认识一个对象并不是去描摹它,而意味着对它发生作用"。① 所谓作用于对象也就是建构转化体系:"知识是继续不断构造的结果,因为在理解中总是包括有一定程度的发明的;从一个阶段过渡到另一个阶段的发展过程中总有一些新的结构形成。而这些新的结构在以前既不存在于外在世界,也不存在于主体心灵之中。"②在此,皮亚杰似乎把认识归结为前后相继的结构之间的转化。这种结构虽然非先天固有,但也不是客观世界的摹本。不难看到,上述观点在实质上以主体的持续建构,取代了对客体的摹写。

基于如上观点,皮亚杰进而对人能否把握客观对象本身表示怀疑:"可以肯定,在被发现之前,客体就存在着。客观的结构本身也存在着。但是客体和客观的结构不是在操作性探索(……)结束时才发现的","客体只是通过建构才被发现的;换句话说,我们能逐渐地接近客体,但是没有把握说终究会达到客体"。"客体代表着一个其本身永远不会达到的极限。"③这里固然注意到了认识的过程性(对客体的认识不会终结于某一形态),但将客体视为无法达到的"极限",则

---

① 皮亚杰:《发生认识论》,载《教育研究》,第91页。
② 皮亚杰:《发生认识论》,载《教育研究》,第63页。
③ 皮亚杰:《发生认识论原理》,第95、103页。

行动、思维与逻辑　　201

意味着把它归结为康德意义上的"物自体"。

皮亚杰之导向不可知论,有其内在的理论缘由。发生认识涉及的问题之一是认识过程中的建构与摹写。所谓建构无非是以已有的认知结构去规范对象,摹写则是对客体的反映。二者客观上是相辅相成的。建构必须以正确地摹写为前提,逻辑结构之所以成为主体把握对象的有效手段,根本的原因便是由于它在内化行动逻辑的同时,又映射了客观对象的"最普通的关系"。因此,以逻辑结构去规范、建构对象,无非是以客观现实之道,还治客观现实之身。反过来,要如实地、深刻地摹写对象,也离不开规范(建构)的作用。如果不借助一定的逻辑形式,我们甚至无法把两个简单的事实联系起来。建构与摹写是同一认识过程的两个方面。建构对象同时也就是摹写对象,而摹写中又包含着规范的作用。皮亚杰显然没有注意到这一层关系。在他看来,建构与摹写似乎是不相容的:一旦主体以认识结构去规范对象,则势必改变对象的原貌,而认识又表现为建构的过程,由此只能得出外部客体无法达到的结论。

(原载《江淮论坛》1985 年第 6 期)

实在、行为与价值

       价值问题是实用主义关注的重心之一。以求善（实现广义的价值）为主题，实用主义在天人关系上强调自然的人化，在知行关系上融知入行，并最终以善的评价涵盖了真的认知。对天与人、知与行、善与真等关系的如上考察表现了实用主义的独特思路，其中亦蕴涵着普遍的理论问题。

一、实 在 的 规 定

       就其主要哲学倾向而言，实用主义大致可以归入实证主义思潮。实证主义导源于西方近代（特别是休谟以来）的经验论传统，其特点之一在于将可知或有意义的领域限制于经验——现象界，并由此将传统的经验主义引向了现象主义（phenomenalism），后者突出地表现为拒斥形而上学。作为实证论的一个分支，实用主义对超乎经验——现象界的传统哲学论题（亦即所谓"形而上学问题"）同样疏而远之。在实用主义的创始人皮尔士那里，这一倾向即已初露端倪："本体论形而上学的命题，如果不是无意义的废话——一个词定义其他词，这个词又被另一些词定义，却始终不能达到真实的概念——就是完全荒唐的东西……就此而论，实效主义（pragmaticism，皮尔士在后期又将其实用主义理论称为实效主义——引者）是一种准实证论。"① 皮尔士的以上看法大致定下了实用主义哲学的基调。在尔后的演进中，它不断地为继起的实用主义哲学所引申和发挥。如詹姆士一再声称："在鄙弃一切字面的解决，无用的问题和形而上学的抽象方面，它（实用主义——引者）与实证主义是一致的。"②

与实证主义的其他流派一样，实用主义所鄙弃的形而上学，首先是传统的思辨哲学。他们反对离开可观察的经验事实而虚构形而上的本体，要求把哲学命题与经验事实联系起来，并非一无可取。一般而论，超验的哲学思辨确实往往容易导向形而上学，柏拉图的理念世界，黑格尔的绝对观念，大抵起源于游离经验事实的理性构造。实用主义对形而上学之抽象的否定，在一定意义上不失为这种思辨哲学的解毒剂。

然而，应当指出的是，实用主义对形而上学的拒斥，乃是以现象主义为其逻辑前提，它一开始即蕴涵着内在的理论缺陷。从杜威的议论中，我们即不难窥见这一点："实用主义关于实在的概念的主要

---

① Charles Sanders Peirce, *The Collected Papers of Charles Sanders Peirce*, Vol. 5, Cambridge, 1934, p.423.

② 詹姆士：《实用主义》，陈羽伦、孙瑞禾译，商务印书馆，1979 年，第 30 页。

特色,正在于它认为关于实在的一般理论是不可能的,或者说不需要的。"①所谓"关于实在的一般理论",不仅是指超验的形而上学,而且包括对哲学基本问题的一般看法。在这里,实用主义显然忽视了,哲学思维(包括对实在的考察,对哲学基本问题的解决)固然要以科学观察及经验事实为基础,但它同时又表现为一个理论思维的过程。如果说,基于经验而又不断地向经验事实回归是避免哲学思辨化的必要条件,那么,理论思维则使哲学能够突破经验的局限而不断地由现象层面上升到本质层面,并提供对整个世界(实体)日益深入的认识。实用主义将哲学圈定于经验——现象界而否定建立一般实在论的可能性,多少意味着由贬斥形而上学进而取消哲学的世界观功能。

既然关于实在的一般理论属于形而上学,因而无法建立,那么,对实在究竟应作何种规定? 对此,皮尔士作了如下回答:"考虑一下我们认为我们概念的对象所能有的效果(可以设想,这些效果具有实际意义),那么,我们关于这些效果的概念就是我们关于对象的观念","我们关于任何事物的观念就是我们对它的感性效果的观念"。② 此处之"效果",主要与人的活动或行为相联系,它形成于主体的作用,本质上带有主体活动的印记,与这种效果相对的,则是本然(自在)的实在。皮尔士把关于事物(对象)的观念与对它的效果的观念等而同之,也就意味着将有意义的对象规定为人化的实在(打上了主体印记的实在)。在他看来,一旦将实在理解为人化的对象,则无意义的形而上学本体也就同时被摒弃了。皮尔士的以上观点在詹

① J. Dewey, *Creative Intelligence: Essays in the Pragmatic Attitude*, Henry Holt and Company, New York, 1917, p.55.

② Charles Sanders Peirce, *Charles Peirce's Selected Writings*, Dover Publications INC, New York, 1996, p.124.

姆士与杜威的体系中得到了更明确的表述。在比较理性主义与实用主义对实在的不同看法时,詹姆士写道:"理性主义(指传统的思辨哲学——引者)的实在一直就是现成的、完全的;实用主义的实在,则是不断在创造的,其一部分面貌尚待未来才产生。""因此什么事物都打上了人的烙印。"①

实用主义对实在所作的如上界定,有其值得注意之处。就主体与实在的关系而言,实在大致可以区分为两类:其一,尚未进入主体认知与实践领域的自在(本然)之物;其二,打上了主体印记的为我之物(广义的为我之物),而联接二者的,则是主体的实践与认知活动。一般说来,当自在之物尚未成为实践或认识的对象时,它对主体并不具有直接的意义(既不具有肯定的意义,也不具有否定的意义),只有当它们以一定的方式与主体的活动联系起来时,才构成一种有意义的存在。当实用主义把有意义的对象视为主体活动的结果(效果),并断言实在并非现成的、自在的,而是打上了人的创造活动的烙印时,他们似乎也在某种程度上触及了上述事实。实用主义人化实在的理论意义,首先在于反对仅仅以思辨的方式来讨论本然的实在(自在之物),而强调自在之物应当转化为为我之物。较之康德那种永远停留于彼岸的物自体,实用主义的人化实在无疑更多地体现了主体的创造力量。

然而,在否定实在之超验性与彼岸性的同时,实用主义又走向了另一极端,后者表现在将实在完全等同于为我之物(人化的实在),所谓"什么事物都打上了人的烙印",强调的正是这一点。从逻辑上看,人化的自然事实上仅仅只是物质实体的有限的一部分,尽管这一部分正随着人类征服自然能力的提高而扩展,但它永远不会穷尽整个

---

① 詹姆士:《实用主义》,第131、36页。

物质世界。一旦将实在全部归结为为我之物,即意味着勾销人化自然之外的一切存在物,而后者的进一步引申,则是把为我之物视为主体的任意构造,当杜威断言"自然变成可以任意塑造的供人使用的东西"①时,即清楚地表明了以上趋向。这样,从本然(自在)的实在向人化的实在(为我之物)的过渡,就不再仅仅表现为物质形态(存在方式)的变易,而且被理解为实在的独立本性的丧失。正是在后一意义上,实用主义强调:"如果说人的思维以外还有任何'独立'的实在,这种实在是很难找到的……这种所谓实在,绝对是哑的,虚幻的。"②

概而言之,在拒斥形而上学的前提下,将实在等同于人化的自然,并进而通过突出主体在化本然(自在)之物为为我之物过程中的作用而否定对象的自在性(独立性),这就是实用主义界定实在的逻辑行程。就其本质而言,对实在的这种理解当然并未越出唯心论的矩矱,不过,它又确实有别于直接以观念为现象之本源的传统形而上学本体论。

二、销 知 入 行

实用主义对超验本体的排拒以及对实在的重新阐释,直接制约了其对认识对象的规定,前者在逻辑上构成了后者的理论前提。按实用主义之见,"知识的对象并不是思维由之出发者,而是存在于思维之终点:它乃是构成思维的探索与验证过程本身的产物。"③从认识论上看,认识的对象确实很难认为是自在的本然之物。本然界只

---

① 杜威:《哲学的改造》,许崇清译,商务印书馆,1958年,第62页。

② 詹姆士:《实用主义》,第127页。

③ J. Dewey, *Essays in Experimental Logic*, Dover Publications, New York, 1916, p.334.

有转化为事实界,才构成现实的认知客体,而化本然界为事实界又是通过广义的认识过程而实现的。实用主义以为知识对象并非现成地存在于探索过程之前,显然有见于此。

不过,肯定本然界之转化为事实界与主体的认识活动相联系:并不意味着作为认识对象的事实界完全表现为主体的构造。一般而论,所谓化本然界为事实界,无非是指以得自所与(the given)的条理(其逻辑形式表现为概念、范畴等)还治所与,从而使之进入认识领域,成为可以理解的对象。在这里,认识活动的作用主要表现为改变对象与主体的联系方式,而并不是消融或弱化对象的内在本质或规律,就此而言,化本然界为事实界的过程在逻辑上具有双重意义:它既是从观念形态到外部对象的过渡(以概念、范畴等规范所与),又表现为从客观对象到观念形态的运动,后者不仅是指整治所与的条理(概念及范畴等)本身来自所与,而且在于它内在地蕴含着进一步把握对象的自在本性的要求。正是后一点,基本上为实用主义所忽视。

在实用主义那里,知(思维、经验等)作为形成认识对象的前提,主要与主体的实践活动相联系;"知(knowing)就其本义而言也就是做(doing)",[1]与拒斥形而上学的超验实体相应,实用主义将知与行融合为一,首先旨在反对形而上学的思辨。根据实用主义的看法,传统哲学的主要缺陷之一,在于仅仅停留于对实在的抽象描述与解释,这种解释与主体变革环境的践履活动始终彼此悬隔。其实,认识的真正目的恰恰在于行:"思维的整个机能在于引起行为习惯,与思维相关但与它的目的无关的一切,则是思维的累赘,而不是它的一部分","不同的信念是根据它们产生的不同行动而被区分的",[2]如此

---

① J. Dewey, *Essays in Experimental Logic*, p.331.

② Charles Sanders Peirce, *Charles Peirce' Selected Writings*, pp.120‒121.

强调知必须诉诸行,并相应地突出了行的意义,在西方哲学史上应当说是不多见的,正是这一特点,使实用主义被不少哲学史家视为"行动哲学"。

从理论上看,以行作为知的归宿,确实从一个侧面注意到了知与行的统一性。不过,实用主义无条件地将与行无关的一切看作是知的累赘,则又导向了另一个极端。后者在杜威的如下议论中表现得尤为明显:"经验首先不是知识,而是一切遭受的方式。"①经验作为一种认识形式,确实起源并展开于主体践履过程之中。它以实践为中介,但同时又与客体发生认知关系,并以对象的客观规定为其内容,后者在认识论上表现为知识。实用主义将经验归结为动作与遭受,意味着以知与行的关系取代了知与对象的认知关系:行不再是认识通向客体的媒介,相反,它消融了认知活动本身。这种观点可以看作是知识对象形成于主体活动之说的引申,当对象被抽象地规定为主体活动之产物时,它同时也就被抽去了客观的规定而溶于主体活动之中,因此,从这一前提中可以逻辑地推出,认识活动(经验、思维等等)并不具有把握对象客观本性的认知意义。

在西方哲学史上,实用主义往往被归入经验论之列。就某种意义而言,这种看法不无道理。然而,人们往往又忽视了在相近的形式之下,实用主义与传统的经验论又有着重要的差异。为了具体地说明这一点,我们不妨看一下实用主义对感觉的作用所作的规定:"感觉失去其为知识门户的地位,而得其为行动刺激的正当地位。眼或耳所受的感觉对于动物并不是世间无足轻重的事情的一种无谓的知会,而是因应需要以行动的一种招请或引诱。它是行动的引线,是生活求适应环境的一种指导因素。它在性质上是触发的,不是辨识的。

---

① J. Dewey, *Creative Intelligence: Essays in the Pragmatic Attitude*, p.7.

经验论者和理性论者关于感觉的知识价值的争论全部归于无用。关于感觉的讨论是属于直接的刺激和反应的标题底下，不是属于知识的标题底下的。"[1]如果说，由于经验本身包含多重涵义（它既可以指与理性认识相对的认识形式，又可以在广义上包括观察、实验等认识活动，后者往往与践履过程难分难解地联系在一起），因而当它被等同于行为时，对其认知意义的消解尚多少隐而未彰，那么，否定感觉为知识的门户而将其归结为行为的刺激、引线，则以更明确的形式勾销了主体对客体的认知作用，二者完全表现为一种刺激——反应的关系，而所谓反应则仅仅以行为方式的展开，它完全不具有辨识、摹写的性质。就其肯定并注重感觉经验的作用而言，这种看法接近于广义的经验论，但就其否定感觉的认知、辨识功能而言，则又显然有别于传统的经验论。特别值得注意的是，由强调感觉非知识之门户，实用主义又进而将经验论与唯理论之争划入无意义之域，它多少表现出试图在取消感觉的认知意义的前提下"超越"经验论与唯理论的倾向，后者确实已非一般的经验论所能的范围。

三、融 真 于 善

实用主义将经验理解为融合于行的反应过程，从而一开始就表现出不同于传统哲学的思维路径。作为一个与行相联系的反应过程，认识本身究竟包括哪些环节？在解决这一问题时，实用主义进而提出了其探索理论。[2]

---

[1] 杜威：《哲学的改造》，第 46—47 页。

[2] 实用主义的探索理论往往被视为方法论。事实上，在实用主义那里，方法论与认识论难以分离，其探索理论也相应地具有如上双重意义。此处的考察，侧重于认识论的角度。

首先将认识规定为探索过程的,是皮尔士。按照皮尔士的看法,主体在行动之前,往往处于一种怀疑的状况,这种怀疑一方面表现为心理上的游移、躁动与不满,另一方面又导致了行为之犹豫不决、彷徨不定。只有克服怀疑状态,确立坚定的信念,主体的行为才能获得有效的依据:"怀疑是一种不安和不满的状态。我们力图使自己摆脱这种状态而进入信念的状态。""确信使我们处于一种能以确定方式行动的条件之中。"①而从怀疑走向确信(达到信念)就表现为一个探索过程。与皮尔士一样,詹姆士亦强调通过确定信念以规范行为:"实用主义的方法,不是什么特别的结果,只不过是一种确定方向的态度。"②不过,在詹姆士那里,这一原则并未得到更多的发挥。对此作进一步引申的是杜威。杜威将探索过程具体分为五步:(一)疑问的产生;(二)确定疑问之所在;(三)提出解决疑问的假设;(四)推绎出假说所包涵的结果;(五)通过验证以接受或抛弃这种假设。③在此处,从疑问到确信的探索过程论开始取得了较为系统的形态。

实用主义的以上看法在理论上有其值得注意之处。一般说来,科学认识既非仅仅以知为前提,亦非完全起源于无知,仅仅处于知的状态,认识往往缺乏内在的动力,而在绝对无知的条件下,主体同样不可能提出认识的要求。只有当不仅出现了无知的情景,而且主体也意识到了这种无知(自知无知)之时,认识活动才会发生,而知与无知的这种统一,即表现为问题。从一定意义上说,认识确实起源于问题,也正是在这一意义上,不少科学家将问题视为科学的生命,如希尔伯特曾指出:"只要一门科学分支能提出大量的问题,它就充满着

---

① Charles Sanders Peirce, *Charles Peirce's Selected Writings*, p.99.

② 詹姆士:《实用主义》,第 31 页。

③ J. Dewey, *How we think*, D. C. Heath and Co., New York, 1910, pp.72 - 78.

生命力;而问题缺乏则预示着独立发展的衰亡或中止。"①实用主义以怀疑、疑问作为探索过程的起点,客观上也触及了这一点。作为一种不无合理之处的见解,它对西方现代哲学特别是科学哲学产生了毋庸讳言的影响,在波普的"P_1(问题$_1$)——TT(试探性理论)——EE(通过证伪以消除错误)——P_2(问题$_2$)"的科学发展模式中,我们多少可以看到探索理论的影子。不妨说,正是将问题作为探索过程的必要环节而加以突出,使实用主义的探索理论在西方现代哲学史中具有不可忽视的地位。

问题作为研究的出发点,本身有其客观的根据。当原有理论与新事实相冲突而引起问题时,这种问题的产生总是与主体对新事实缺乏认识相联系,从广义上说,所谓知与无知的统一,首先是指主体意识到了对客体的无知。然而,正是这一至关重要的方面,基本上为实用主义所忽视。与勾销主体与客体的认知关系相联系,实用主义完全撇开了问题所包涵的对客体的无知这一规定,而仅仅片面地突出了其意识到无知这一面,这就割断了问题与客体的联系而将它归结为主体的一种心理状态,当皮尔士将怀疑定义为"一种不安与不满的状况"时,即已明显地表现出这一倾向。后者在杜威那里又有了进一步的发展。按杜威之见,所谓疑问,无非是表示主体在行动中因遭受到阻碍而处于一种不确定的情境,或者说,主体在受到刺激后一时找不到适当反应方式时所处的一种疑惑状态。根据这种理解,探索过程在总体上即仅仅表现为从疑难(心理上的不确定)的产生到疑难的解决(获得确定的信念),而作为探索终点之信念,则不外是心理上

_____

① 引自康斯坦·西瑞德(C. Reid):《希尔伯特》,袁向东,李文林译,上海科学技术出版社,1982 年,第 93 页。

的一种习惯:"信念的本质是习惯的建立",①它完全不涉及对客体内在规定的把握。事实上,科学的认识既带有解题的性质(从问题的产生到问题的解决)。同时又表现为一个对客体由无知到知的过程;问题固然构成了探索的起点,但它的解决在逻辑上又以认知客体为前提,就后者而言,解题过程本身亦具有认知的性质。实用主义将包含双重性质的探索过程片面归结为解题过程,并把解题规定为确定信念(习惯),意味着以探索对行为的规范勾销其认知的意义。这种看法,可以视为知融于行之说的进一步引申。

作为通过解决疑问而为行为提供信念的过程,探索主要与主体的需要、利益相联系,而无关其真假。皮尔士说:"我们一经达到坚定的信念,就完全满足了,而不管这种信念是真还是假。"②此处所说的满足,即是指合乎广义的需要,詹姆士对此作了更明了的概括:"总之,'认识'只是与实在发生有利关系的一种方式。"③而杜威则在同一意义上强调:"人所必须解决的问题是对他周围所发生的变迁作出反应,以便使这些变迁朝着为他将来的活动所需要的方向走。"④在这里,主客体的关系呈现为一种以行动为中介的价值关系,认识、探索则相应地被归结为一种评价活动,其功能仅仅在于从需要、利益关系的角度,判定信念、假设的意义,后者在形式上表现为价值判断:"它们是好的或坏的,合乎需要的或不合乎需要的。"⑤

广义的认识客观上包括认知与评价两个环节,前者旨在把握对象的自在规定,后者则以确定对象的属性与人的需要之关系为内容。

---

①   Charles Sanders Peirce, *Charles Peirce's Selected Writings*, p.121.

②   Charles Sanders Peirce, *Charles Peirce's Selected Writings*, p.121.

③   詹姆士:《实用主义》,第 202 页。

④   J. Dewey, *Creative Intelligence: Essays in the Pragmatic Attitude*, p.9.

⑤   J. Dewey, *Essays in Experimental Logic*, p.311.

从整个认识过程来看,评价在某种意义上具有中介的性质,认知所提供的"真"只有与评价所提供的"善"(广义的善)相结合,才能取得目的或理想的形态,并由此进一步向实践转化;而对客体之属性与主体需要之关系的确定,同时又将为认知的深化规定方向并提供内在的动力。正是在后一意义上,恩格斯指出:人类"首先产生了对个别实际效益的条件的意识,而后来……则由此产生了对制约着这些效益的自然规律的理解"①。就此而言,实用主义将评价提到突出的地位,在认识论上并非毫无所见。然而,评价作为广义的认识过程的一个环节,本身又受到认知活动的制约,这不仅在于价值判断必须以对客体的内在规定及主体自身需要的认知为前提,而且作为评价权衡之准则的价值理想也是随着摹写活动所提供的真理形态的发展而发展。正是认识过程这一极为重要的方面,在实用主义那里却被作为无意义的论题而轻轻勾销了,当他们将认识定义为"发生有利关系的一种方式"时,实质上即以价值评价消解了事实的认知。

从逻辑上说,认知总是与真假相联系,评价则主要涉及功用(效用),融认知于评价,意味着销真于善,而后者的进一步推绎,则是有用即为真理:真即在于合乎需要(善)。正是在这一意义上,詹姆士说:"它(观念)是有用的。因为'它是真的';或者说:'它是真的,因为它是有用的',这两句话的意义是一样的","新观念如果能最圆满地尽它的功能来满足我们双重的需要,就是最真的了。"②对真理的这种假说完全忽视了,真理作为一种认知形式,既具有外在的价值,又具有内在的价值,前者表现为手段的善或工具的善(效用价值),后者

---

① 恩格斯:《自然辩证法(摘录)》,《马克思恩格斯选集》第3卷,人民出版社,1995年,第457页。

② 詹姆士:《实用主义》,第105、35—36页。

则表现为如实地摹写客体。正是真理的内在价值,构成了其效用价值的前提,一旦将真理仅仅视为满足需要的手段(工具)而否定其内在的价值,则势必抽去真理的客观规定,当实用主义以效用为观念之真的前提时,体现的正是这样一种逻辑的归宿。

(原载《学术月刊》1990 年第 4 期)

人的存在与存在哲学

理性的沉思总是不断地指向存在。就广义而言，存在既可以指本体论意义上的"有"或"是"（being），也包括人生之"在"（existence）。相对于关注世界图景或宇宙模式的思辨形而上学，存在主义对人自身的存在予以了更多的关注，而由此展开的，则是一种以人生之"在"为内核的存在哲学。

一、存在的时间之维与可能向度

存在主义以人的存在为主要关注之点，并将这种存在提到了本体的地位，从而使存在哲学内在地打上了人学的印记。作为一种人的哲学，存在主义的令人瞩目之处，首先在于把时间视为存在的基本规定。海德格尔在其主要著作《存在与时间》中曾断言:"只有着眼于时间才可能把捉存在。"①这一观点同样渗入于萨特的存在哲学之中。②

人们往往习惯于从存在主义对个体性的强调中,推断其注重之点主要是人的当下既成的存在。其实,这种推论与存在主义的论旨相去甚远。按照存在主义的看法,在时间的三态(过去、现在、未来)中,与人的存在关系最为切近的,并不是现时,而是未来:"将来在源始而本真的时间性的绽出的统一性中拥有优先地位。""生存的首要意义就是将来。"③就时间与存在的关系而言,未来与存在之可能性相联系:可能的领域总是指向未来。这样,肯定未来在时间中的优先地位,并将其作为生存的首要意义,便相应地意味着突出可能性在人的存在中的意义。关于这一点,海德格尔曾作了简明的阐述:"此在(Dasein 又译定在、亲在,首先指作为个体的人——引者)总作为它的可能性来存在。"④

可能与现成相对。作为一种可能的存在,人不同于既定的、被规定的对象,而具有未定的性质。那么,人究竟如何超越这种未定的状态呢? 在解决这一问题时,存在主义引入了筹划(谋划、选择)的范畴。根据海德格尔之见,人一旦被抛掷到世间,便面向着未来,他必须为自己筹划,并塑造自己的未来,而这种塑造与筹划同时也就表现为对诸种可能加以选择。萨特对此作了更具体的发挥。在"存在先于本质"这一著名命题中,萨特对人的存在与人的本质之形成作了区

① 海德格尔:《存在与时间》,第 24 页。

② 萨特与海德格尔在不少问题有重要分歧,但在对人的存在的看法上,又多方面地表现出相近的立场。本文在宽泛的意义上,将二者均视为存在哲学或存在主义的主要代表。

③ 海德格尔:《存在与时间》,第 390、388 页。

④ 海德格尔:《存在与时间》,第 53 页。

分,强调人的本质并不是预定的,人也并非一开始便获得了某种现成、普遍的规定,因而不能将人还原为某种既定的本质。人向哪个方向发展,人之获得何种规定(成为何种存在),均取决于主体自身的谋划与选择:"对人的实在来说,本质是后于存在的。他是通过对其目的的选择来定义自己。"①

循沿如上思路,萨特进而提出了自在与自为之说。按萨特的阐释,自在与自为分别指无意识的存在(物)与有意识的存在(人)。自在的特点在于它是"其所是",所谓"其所是",也就是既定的、凝固的存在;自为则以"是其所不是和不是其所是"为存在方式,②所谓"不是其所是",也就是自为不是现成的存在,"是其所不是",则指自为总是指向未来。未来相对于现成而言往往表现为一种欠缺,一种非定在("所不是"),故萨特又将指向未来的自为称为"虚无"。正是借助"虚无"这一概念,萨特将人的存在(自为的存在)之非既成性(不是其所是)与未定性(是其所不是)空前地突出了。

未定性蕴涵着过程性,以"是其所不是"(指向未来)为特征的自为存在,本质上展开为一个过程。事实上,当存在主义凸出未来这一时间状态在人的存在中之意义时,便逻辑地内含着对过程性的确认。按存在主义之见,存在的过程具体地表现为通过筹划(谋划)而走向未来的我:"人的实在乃是向着与从未给定的自我重合而进行的不断的自我超越。"③正是在对诸种可能的选择中,自为的存在指向了从未给定的自我;而走向未来之我的过程,又使人不断地超越了当下(既

① 萨特:《存在与虚无》,陈宣良译,生活·读书·新知三联书店,1987 年,第601 页。
② 萨特:《存在与虚无》,第 786 页。
③ 萨特:《存在与虚无》,第 134 页。

定)的我。这种超越本身又孕育了新的超越:"一切自由的谋划都是开放的谋划,而不是封闭的谋划。尽管谋划完全个别化,它在自身中仍包含着它今后变化的可能性。"①相对于近代科学主义的明快表述而言,存在主义的以上议论无疑带有某种形而上学的传统风格。不过,透过重重的思辨推绎,我们仍可看到若干值得注意之点。人作为生物,其遗传机制是既定的:一般说来,人很难选择自己的生理特征。然而,作为社会的存在,人又蕴涵着极大的可塑性。从较广的层面看,人的本质并不是预定的,它形成并展开于具体社会关系之中;就每一特定的主体而言,其发展方向、人格类型等等,都并不是作为现成的禀赋而外加于其上;走向未来的道路并非只有一途,自我可以赋予人生以不同的意义。不难看出,可塑性既以可能性为其表现形式,又内在地包含着多样性,承认人的可塑性,同时便意味着反对将人还原为某种既定的、单一的规定,换言之,它表现为对本质主义的拒斥。当存在主义以未来为人的存在方式,并将人视为可能的存在时,确实以思辨的方式多少涉及了人的可塑性这一面,并显示了不同于本质主义的思路。

作为一种可塑的存在,人具有二重性:一方面,人生活于一定的环境(包括自然环境与社会环境)之中,总是不可避免地受到各种外部条件的规定和影响,就此而言,可塑含有被塑的一面;但另一方面,可塑又并非等价于被塑,它同时又表现为自塑。人总是自己选择自己的未来,外部的制约最终只有在得到自我认同之后,才具有现实的作用。在世间一切存在物中,唯有人才具有这样一种自我塑造(自我造就)的能力。因此,可以说,自塑表现了人的可塑性的更为重要的方面。从这一前提来看,存在主义强调人作为可能的存在具有谋划

① 萨特:《存在与虚无》,第 650 页。

（筹划）与选择的功能,自然并非毫无所见。

然而,存在主义的如上看法乃是以现象学为其理论前提的,后者不仅使其带有某种形而上学的思辨色彩,而且内在地包含着严重的理论缺陷,这种缺陷首先表现在,存在主义虽然注意到了人具有可塑性的特点,并肯定这种可塑以可能性为其根基,但同时却忽视了,可能性本身又有其自身的基础:它归根到底以展开于现实之中的具体规定为依据。从现象学的观点出发,存在主义将可能仅仅与未来这一时间状态沟通起来,而撇开了它与现实的具体存在形态的关联,从而使可能性多少游离了现实的基础;以可能为表现形式的可塑性,则相应地打上了某种抽象的印记。

就其现实的历程而言,人确实并不是带着某种普遍本质来到世间的,他总是要经历一个从前社会化到社会化的过程,只有在完成了这一过程之后,个人的普遍的社会本质,才能真正形成。同时,个人的社会化的过程并不仅仅表现为外部的普遍规范、准则、模式等等对个体的强加,它更多地表现为通过个体的自觉认同与自愿选择而使普遍的规范内化为主体的信念、良知、理想等等,从而使自己适应一定的社会关系。存在主义强调人作为可能的存在具有自我塑造的能力等等,多少有见于人的本质之非预定性这一特点。然而,个人的自我塑造(自觉地选择某种人格、理想、行为方式等等)与社会化(形成普遍的社会本质)乃是同一过程的两个方面,存在主义在突出前者的同时,却基本上忽视了后者。在它们那里,所谓人的自我筹划、谋划,不外是一种主体在现实的社会关系之外的自我选择,心理的情感需要与意向的萌动,往往压倒了对具体的社会关系的理性认知。不难看出,这种筹划(谋划)与选择虽然触及了人的存在的某些特点,但却由于隔绝于社会的历史过程而显得十分苍白空乏。

二、自由与命定的二律背反

自我对未来的筹划在逻辑上以肯定人的自由为前提。按存在主义的看法,人的存在与自由是同一的:"人并不是首先存在以便后来成为自由的,人的存在和他'是自由的'这两者之间没有区别。"[①]此处之自由,首先是指选择的自由,而所谓自我的筹划,则相应地是指自由的选择。这样,人的本质之非预定性,便获得了一种本体论意义上的解释:人的可塑性与未定性,主要在于人是一种自由的存在。事实上,在现代西方哲学中,很难再找到像存在主义那样将自由提到本体高度的流派。

根据存在主义者(萨特)的理解,自由作为人的本质规定,具有绝对的性质。在走向未来的过程中,人总是无法避免选择,即使不选择,依然也是一种自由的选择:即选择了"不选择"。这样一种自由选择的能力,在一切情况下都与主体同在,"就连刽子手的屠刀也没有免除我们的自由"[②]。换言之,没有任何条件能够限制人的自由。在存在主义对自由的如上强调中,渗透着如下观念,即人究竟赋予人生以何种意义,这并不取决于外在的强制,而是出于自主的选择;未来的我并不是被决定的,而是在自由选择中展现的。这种信念在一定意义上可以看作是对尼采哲学的某种折射。尼采曾在世纪之交向世人宣告:上帝死了。这一无情的判定使存在的价值与意义失去了终极的支撑者,于是,人们便不得不自己进行选择。

自由意味着责任。既然人的行为是出于自由的选择,而非出于

---

① 萨特:《存在与虚无》,第56页。
② 萨特:《存在与虚无》,第648页。

强制,那么,人便必须对行为的结果负责。正如人们不能避免选择一样,人也无法逃脱责任:"不论我作什么,我都不能在哪怕是短暂的一刻脱离这种责任,因为我对我的逃离责任的欲望本身也是负有责任的。"①按存在主义之见,人的自由选择既是个体性的,同时又带有某种普遍意义,我所选择的本质(理想的类型)同时也就是我希望他人也具有的本质。质言之:"人在为自己作出选择时,也为所有的人作出选择。"②由此得出的逻辑结论便是:人不仅要对自己负责,而且必须对所有的人负责。这样,存在主义便将主体的责任严峻地提到了人们面前。从形式上,责任似乎表现为一种限制,但事实上,其意义并非仅仅是消极的,毋宁说,它构成了主体性的一种内在规定:对自己与他人负责,本身便是对主体作用的确认,而主体的自我意识与良知也总是与责任感联系在一起。从这一意义上看,对责任的强化,实际上也就是对人的自主性的突出。

作为一个哲学范畴,自由具有不同含义。就认识论而言,自由无非是对必然的认识及对客体的变革,其具体过程表现为真理性的认识与人的要求相结合,形成关于未来的科学理想,并使之化为现实;就伦理学而言,自由以自觉、自愿与自然的统一为其内容,亦即对普遍规范加以自愿的选择,并在行为中自觉地遵循,最后达到不思不勉、从容中道,使道德理想得到实现。这两种意义上的自由尽管形式不同,但却有如下的共同特点:其一,以必然之理为自主选择的依据,在科学理想设定与实现过程中,这一点是不言而喻的;在道德领域中,虽然行为选择以当然之则为直接的范导,但当然之则本身又包含

---

① 萨特:《存在与虚无》,第 711 页。

② 萨特:《存在主义是一种人道主义》,周煦良、汤永宽译,上海译文出版杜,1988 年,第 9 页。

了对必然之理的肯定，因而在当然之则的规范下加以选择，归根到底也体现了对必然之理的遵循。其二，自由本质上表现为理想化为现实的过程，换言之，它不仅是指理想的选择，而且包括理想的实现，正是在化科学理想或道德理想为现实的过程中，主体才表现出真正的自由，一旦离开了这一过程，则自由始终只能是空幻的观念。从如上前提来分析存在主义的自由观，我们便不难看出其中的内在缺陷。

存在主义以自由为第一原理，并把自由与责任联系起来，确实表现了对人的主体性的注重。然而，在存在主义那里，自由作为人的本质规定，本身却未获得任何具体的规定。它一开始便与必然之理对峙，并在实质上表现为对后者的否定：对存在主义来说，自由无非是在无穷的可能性领域中任意选择。这种摆脱了一切限制的自由，很明显地打上了某种意志主义的印记。与抽去自由的现实基础相联系，存在主义同时将自由隔绝于化理想为现实的具体过程之外，后者在萨特的如下断论中表现得十分明显："'是自由的'这种表述不意味着'获得人们所要求的东西'，而是'由自己决定（按选择的广义）去要求'。换言之，对自由来讲，成功与否是无关紧要的……自由的技术和哲学的概念则只不过是这样一个概念，它意味着：选择的自主。"① 在此，选择与选择的内容实际上被分裂为两个方面。萨特以囚徒为例对此作了说明：被禁闭的囚徒随时都有企图越狱的自由，即"不管他处境如何，他都能谋划他的越狱"，尽管他事实上却并没有随时出狱的自由。② 这样，存在主义便将自由仅仅理解为一种观念层面的选择，而完全将实现理想的具体过程置于自由领域之外。于是，自由的绝对性质与意向活动的绝对性重合了："自由只不过是我们的意

---

① 萨特：《存在与虚无》，第 620 页。
② 萨特：《存在与虚无》，第 621 页。

志或激情。"①它除了给人以虚幻的满足之外,似乎并未提供任何其他东西。

一种极端往往内在地关联着另一极端。如果我们透过意志主义的外观作进一步的考察,则不难发现,在自由的绝对化背后,是对人的被决定性的一种形而上的反叛。然而,当存在主义将选择的自主性与实际的行动过程加以分离时,却又意味着确认人的被决定性:撇开理想实现的实践过程,无非是对外部限制的消极回避。它同时也内在地蕴涵着无力超越外部决定的悲观心态。事实上,在海德格尔那里,这一点已开始明显地表露出来。按海氏之见,人作为走向未来的可能的存在,诚然永远处于自我筹划与选择过程之中,但是,人最初却是被抛掷到世上的,就是说,他乃是在未经自己选择的情况下来到世间。这种被抛掷性使人一开始便具有被决定的性质,它同时也对人的筹划、选择构成了某种本源的限制。此外,就人的归宿而言,死构成了人生无法逃避的终点,尽管正是在死神降临之际,此在(人)的个别性与不可重复性才真正显示出来,此在亦由此成为本真的存在,但死亡作为一种不可抗拒的必然归宿,毕竟并非出于人的自主选择。这样,无论就人的起点而言,还是就人的终点来看,人都是一种被决定的存在,而人的筹划过程则始终受到这两方面的内在制约。

如果说,海德格尔主要从人不可能选择生与死这一意义上强调了此在的被决定性,那么,萨特则直接通过对自由的规定表述了同样的思想。根据萨特的观点,人固然具有自由选择的绝对权力,但这种自由权本身却是被命定的:"我命定是自由的。"②换言之,人是在未经自由选择的情况下获得自由权力。这里存在着一种悖谬:自由意味

---

① 萨特:《存在与虚无》,第 570 页。
② 萨特:《存在与虚无》,第 565 页。

着自主的选择,而这种权力本身却又是作为命定的必然性而强加于人。这样,人的自由一开始便带上了宿命的性质。后者同样体现在选择过程之中,人无时不处于选择之中,我所遇到的一切,都与选择相联系。例如,如果我被征参战,而又未开小差,那么,不管我是不是喜欢战争,我事实上就选择了战争,并必须对战争负责。质言之,一切遭遇如果加以接受,那就等于选择。在这里,选择事实上已不是主动的、自愿的谋划,而是一种被动的遭受,自由的绝对性(在任何情况下都不能逃避选择)变成了对所遇的肯定或否定。正是在此意义上,萨特说:"选择可能是在屈从或不安中进行。"①

选择过程的命定性同时制约着选择的结果。人作为选择的主体,是一种自为的存在,他永远处于不断的谋划过程中。但是,选择和谋划一旦作出,其结果便具有既定的、僵化的性质,从而变成一种自在的存在。这样,自为的存在每完成一次选择,便走向了自己的反面,换言之,自主的选择每一次都必然要受到其结果的限制。选择的自由性与选择结果的既定性、僵硬性之间的不相容,进一步表现了自由的宿命性质。

至此,存在主义已深深地陷入了自由的绝对性与命定性之二律背反:一方面,人的存在与自由是同一的,自由乃是人的绝对权力;另一方面,人的存在从起点到终点,都具有被决定(被抛掷)的性质,选择的每一步都受到制约。前者导致了意志主义的结论,后者则逻辑地引向了宿命论:二者被极不协调地置于同一思辨哲学中。从理论上看,意志主义与宿命论的如上对峙,既导源于对人的孤立的、非历史的理解(离开了类的社会历史过程,往往很难避免宿命的看法);同时又植根于对自由的抽象规定(当自由被隔绝于必然之理与主体实

---

① 萨特:《存在与虚无》,第605页。

践过程之外时,便蕴涵着虚幻的自由意向与人的命定性的对立),而后者又赋予存在主义以独特的面目:可以说,正是意志主义与宿命论的内在冲突,使存在哲学始终无法摆脱悲观主义的阴影。

三、存 在 与 共 在

根据存在主义的界定,以自由选择与被抛掷(被命定)为双重特性的存在,主要指个体,用海德格尔的术语来表示,也就是"此在"。与拒斥本质主义相联系,存在主义所注重的,并不是个体之中所包含的普遍规定,而是其不可替代性和不可重复性。在海德格尔那里,个体的这种唯一性主要以畏与死亡的形式表现出来。畏不同于具体的恐惧,它是此在(个体)的一种基本的情绪,通过畏这种情绪,此在超越了日常纷繁的世界,而体验到了自身的个别性:"畏将此在从其消散于'世界'的沉沦中抽回来了。日常的熟悉自行垮台了。此在个别化了。"[1]在死亡之中,此在的这种个别性则得到了更加深刻的体现,因为唯有在死亡降临之际,此在的一次性及个体的不可替代性与不可重复性才以不可抗拒的形式表现出来,正是在这一意义上,海德格尔将死亡称为此在的最本真的存在方式。[2]

萨特从另一个角度强调了人的存在的个别性,在他看来,人的存在过程也就是选择过程,而"选择总是唯一的"[3]。人的每一次选择都是独特的,并且都必须由自己作出,他既无前例可循,又无普遍规范的指导。这样,一方面,作为可能的存在,人必须选择;另一方面,人

---

① 海德格尔:《存在与时间》,第 228 页。
② 海德格尔:《存在与时间》,第 300—301 页。
③ 萨特:《存在与虚无》,第 731 页。

在选择时又完全无依无靠,由此便产生了人特有的情感——焦虑。同时,如前所述,选择意味着责任,而人在为自己作出选择时,同时也是在为他人作出选择,因此人不仅要对自己负责,而且要为所有的他人负责。这一境况不仅加深了人的焦虑感,而且使人产生了一种孤独感:面对我必须对其负责的世界,我总是显得如此孤单。①

当然,肯定人的个别性与不可重复性,并不意味着将人视为一种离群索居的存在。按存在主义之见,个人与世界并不绝缘,他总是与他人处于一种"共在"的关系之中。海德格尔认为,此在作为被抛掷的存在,一开始便与他人共在于日常之世,并与他人彼此相遇:"此在的世界是共同世界。'在之中'就是与他人共同存在。"②在这种共在中,此在总是对他人敞开,而并不表现为一种封闭的我。类似的表述同样存在于萨特那里。在萨特看来,人既是一种自为的存在,又是一种为他的存在,而为他性便表现于同他人的交往中。在自我的谋划、选择过程中,我总是要与他人打交道,并不断地感受到他人的力量。同时,他人的存在也影响到自我的评判:我往往是以他人的眼光来看待自己。

由考察自我而兼及自我与他人的关系,在理论上表现为一种合乎逻辑的进展,而以自我为出发点,则一开始便规定了存在主义解决二者关系的基本运思方向。后者在海德格尔那里已可以窥其大概。按海氏之见,此在被抛掷于世之后,诚然与他人共在于日常之世,但这种共在自始便具有沉沦的趋向,个人往往受他人制约,并被淹没在公众之中,从而丧失了其本真的状态:"这样的杂然共在把本己的此

---

① 萨特:《存在与虚无》,第711页。
② 海德格尔:《存在与时间》,第146页。

在完全消解在'他人'的存在方式中。"①在非本己的存在中,真正的自我常常处于无家可归之境,而与此相伴随的基本形式便是烦。如何摆脱沉沦状态?换言之,如何使此在由非本真的状态回到本真的状态,使自我由无家可归而找到依归?海德格尔提出的途径便是前文提及的畏与死。正是在畏的情绪与死亡的体验中,此在才从他人的存在方式中返归自身,从而超越了沉沦。不难看出,在海德格尔那里,他人既与我共在,又构成了对自我的限制。

较之海德格尔,萨特对以上论题的考察具有更细致的特点。在存在哲学中,世界的存在与世界的意义通常表现为两个不同的问题。一般说来,存在哲学较少考察世界的本源问题(这是它与传统形而上学的区别之一),其关注之点主要在世界的意义,而这种意义又被理解为自我的赋予。然而,既然世界上除了自为的存在(自我)之外,还有他人,那么,他人必然也将通过自身的筹划而赋予世界以特定的意义,而对自我来说,他人所赋予世界的意义,总是"独立于我的选择的,它与自在的实在本身一样冷漠地出现"②。这样,当他人通过谋划、选择而赋予世界以意义时,便同时意味着夺去了本来属于我的世界:"我被剥夺,我中止我的谋划,失去了为达到目的所必需的东西。"③在此,萨特实际上以思辨的方式强调了,在谋划、选择活动的过程中,自我与他人的关系具有不相容的性质。

除了谋划中的彼此对立之外,自我与他人的关系还表现为相互注视。所谓注视,并不是指狭义上的看,而是在一般意义上将对方变成客体(对象)。面对他人的注视,自我仿佛突然被推到了公众舞台

---

① 海德格尔:《存在与时间》,第 156 页。
② 萨特:《存在与虚无》,第 654 页。
③ 萨特:《存在与虚无》,第 655 页。

之前,一下子由主体变成了客体(由自为的我变成了为他的我)。从而产生了一种异己的、不自由的感觉,后者的基本表现形式便是羞耻:"我对我自己感到羞耻,因为我向他人显现。"①可以看出,在异己感与羞耻感的背后,是内在的我与外在的我之分离。所谓内在的我,也就是作为主体的我,外在的我则是"我的外表存在"②,亦即作为他人对象的我。正是他人的注视,导致了自我的内在冲突(外在的我对作为主体的我来说,变成了一种异己的存在),而羞耻感则无非是这种冲突的心理表现,也正是在上述意义上,萨特强调,"冲突是为他的存在的原始意义"③。

存在主义对自我与他人关系的考察,有其引人瞩目之点。早期的人文主义者及启蒙思想家曾经有一种信念,即一旦压抑自我的外在权威(以世俗或宗教的形式表现出来的权威)被否定,则独立的自我必将得到确认。随着现代社会的到来,传统的外在权威已渐渐成为历史的陈迹,然而,早期人文主义者所企望的那种自我却并未出现:一种无形的网络正在等待着他。首先是市场取向的支配。在人格也被商品化的条件下,人们为了成功,便不得不根据市场趋向来塑造自己,于是,自我消失了,人成了他人需要的适应者。同时,在市场趋向的支配下,自我往往习惯于向某种普遍的模式认同,后者意味着个性的丧失。此外,舆论导向、商品广告等等借助空前发达的大众传播媒介,铺天盖地,席卷而来,从而使主体的自由选择变得越来越有限。无形之网对自我的这种笼罩。从一个侧面表现了近代及现代西方社会特有的异化现象,而当海德格尔以沉沦来作为自我在日常共

---

① 萨特:《存在与虚无》,第 298 页。
② 萨特:《存在与虚无》,第 376—377 页。
③ 萨特:《存在与虚无》,第 470 页。

在中的特征时,或多或少亦触及了在异化条件下,真正的自我往往被扭曲这一事实。不妨说,存在哲学之指出此在的沉沦性,其意义便在于使人们不得不正视现代西方社会中自我异化的现象。然而,海德格尔将自我沉沦的缘由归结为此在与他人的共在,这则蕴涵着以"孤独"作为自我之理想状态的趋向。事实上,当海德格尔强调唯有在畏与死亡的体验中,此在才能返归本真的状态时,便明显地表露了这样一种负面、消极的心理。

作为与他人共在的个体,自我往往具有自为与为他双重品格,前者使自我表现为一种自主的、独立的存在,后者则展示了其复杂的社会联系。从一定意义上看,为他的我(外在的我)与荣格所说的人格面具(the personal)有相近之处:它乃是自我在不同的社会联系中的不同表现形式,是个人公开展示的一面。一般说来,只有当内在的主体性与外在的对象性(为他性)达到统一时,自我才会获得自由、健全的人格,一旦自我被迫违背内在的意愿而去充当某种社会角色(亦即内在的我与外在的我发生冲突),则将导致人格的分裂,从而使主体陷入痛苦之中。存在哲学在对自我的考察中,显然已注意到这一问题。当萨特从自为与为他的关系来界说自我与他人的关系,并强调自我一旦被对象化,便会产生羞耻感时,实际上便触及了上述事实。同时,在存在哲学中,自为的我并不表现为一种无意识的结构,而是自觉意识到其活动过程的主体,这便使内在的我有别于弗洛伊德主义的本我。可以说,存在哲学的显著特点,便在于力图通过强化自我的自为性(自主性)而克服人格的内在分裂。然而,作为一种思辨哲学,存在主义基本上忽视了,为他的我变成异己的我,固然导致了自我的内在冲突,但如果试图以自为的我勾销为他的我,则同样将形成一种片面的、不健全的人格。当萨特将冲突视为为他的我之基本规定时,实际上也就意味着以个体的自我认同排斥社会认同,并通过强化自我的排他性而将其归结为一种过滤了各种具体关系的抽象存在。

从自我与共在之辩,到自为与为他的解析,个人与他人的关系由外在的对峙引向了内在的冲突,后者可以看作是自由的绝对性与人的命定性这一二律背反的延伸。在存在哲学中,作为一种走向未来的可能的存在,自我苦苦地挣扎于意志主义与宿命论的悖谬之中,最后别无选择地在一种孤寂的心态中找到了自己的归宿。存在与本质、个体与社会的对立,终于以其逻辑的必然性将存在主义引向了绝望的深渊。

（原载《书林》1990 年第 1 期）

罗蒂与新实用主义[*]

在当代哲学家中,罗蒂(Richard. Rorty)无疑不应当被忽略。尽管他常常被英美主流的分析哲学有意无意地边缘化(罗蒂晚年主要任教于比较文学系,也许可以看作是这种边缘化的一个例证),但其工作的意义却并未因此而湮没。作为新实用主义的代表人物之一,罗蒂复兴实用主义传统的尝试中包含着值得关注之点。这里,仅作若干简略评论。

---

* 2004 年 7 月 17—18 日,华东师范大学中国现代思想文化研究所与北美哲学家学会联合举办了"罗蒂与中国哲学"学术研讨会,本文是作者在会上发言的提纲,原文为英文,由肖妹按英文提纲译出。

一

在认识论上,与传统的实用主义相近,罗蒂首先强调知识的意义在于解决问题而不仅仅是表征现实。从理论上说,解决问题首先涉及的是评价,而就评价的角度而言,知识的意义便主要在于它是否能够对于相关问题提出好的或者有效的解决方案。与此相对,表征现实则指向了认知:它的任务是描述或者敞开对象和客体。换言之,评价涉及的是知道如何(knowing how)或知道如何做(knowing how to do),而认知则关联着知道什么(knowing what)或知道某物是什么(knowing what the thing is)。

罗蒂追随传统的实用主义,似乎赋予评价以更多的优先性,在某种程度上,甚而以评价取代了认知或将认知融合于评价。在此种观点背后,我们可以发现他倾向于强调善或者价值,而或多或少忽略了真。事实上,对罗蒂而言,一个命题或者信念(belief)的真假主要取决于它在广义的社会实践领域里是否有用或者成功,在这一点上,罗蒂同样上承了传统的实用主义。

罗蒂的以上看法使我们联想到中国哲学。与实用主义不同,中国哲学更多地倾向于对认识论作广义上的理解:在中国哲学的语境中,认识论往往地被理解为认知与评价的统一。中国哲学(首先是儒家)的主要的概念之一是"诚",对于中国哲学而言,"诚"同时意味着真与善。一个具有"诚"的德性的人总是被认为既真诚(包括讲真话),又在实践中行善。"诚"的双重含义意味着拒斥真与善的割裂。类似的情形也体现在"是非之辩"中。"是非之辩"同样兼及真与善、评价与认知:"是"与"非"不仅仅指向价值观意义上的正确与错误或正当与非正当,而且涉及事实层面的真实与虚假。上述认识论观点在当代中国哲学家冯契那里得到了进一步的发展：其智慧说即建立在广义认识论的基础上。

认知的终极目标也许可以被看作是解决生活中的问题，罗蒂与传统实用主义反复强调这一点，并非毫无意义。然而，从逻辑上说，如果我们对相关的事物或对象缺乏认知层面的知识，则生活以及各种实践中的解题过程又如何获得认识论上的支持？实践中的问题固然不能忽略，但同样重要的是，不应当以关于解题作用（能否有效解决问题）的评价，消解对相关事物或过程的认知。

认识的过程同时涉及能知（knower）或认识主体，作为具体的存在，能知不能被简单化约为抽象的评价者或解决生活中问题的抽象主体，他同时也是一个认知主体。与此相关，知识可以区分为"关于是什么"（knowledge of that or knowing that）的知识、"关于如何的知识"（knowledge of how）或者"知道如何"（knowing how），以及"关于是否的知识"（knowledge of whether）或者"知道是否应当做"（knowing whether it should be done）。乍看起来，"知道如何"涉及评价，而"知道什么"只是一个认知的过程。然而，就现实形态而言，"知道什么"和"知道是否"相互统一于认识过程之中。尽管认知旨在把握事实或者客体本身，而评价则主要揭示客体对于人或认识主体所具有的意义，但认知和评价在现实的认识过程总是难以彼此分离。评价影响着认识的诸多方面，包括设定认知的目标、确定认知的对象、判断认知的结果，等等。同样，认知也影响着评价，除了以需要和规范为基础外，评价还应当基于真实的认知。认知与评价的统一也证明了认识主体的具体性：作为包含多方面规定的整体存在，认识主体在认识的实际过程中展现了与认知和评价相应的不同维度。

自康德完成所谓哥白尼式的革命后，认识论中的主体性一再被强化，与之相联系的则是客观性原则的走弱。在现代哲学中，这一趋向似乎在不同层面有了进一步的发展。现象学尽管提出了回到事物本身口号,但它对事物的理解往往与意向过程相联系,与之相关的是悬置存在以及对纯粹自我及纯粹意识的注重;在存在主义那里,个体、自我进而被提升为第一原理;哈贝马斯对主体间性(intersubjectivity)的考察和关注,似乎对主体性有所超越,但同时又多少将对象性的关系视为消极意义上的工具—目的关系。此外还有各种形式的内在关系论。从某种意义上看,近代以来,主体性、主体间性已浸浸然压倒了客观性原则。主体性及主体间性的确认在认识论、本体论等领域无疑都不可或缺,它对扬弃素朴实在论、机械论等也具有不可忽视的意义,然而,同样重要的是,不能因此而放弃或否定客观性原则。[①] 主体性、主体间性与客观性,并不是互不相容,就认识与存在的关系而言,真实形态在于三者的统一。

简言之,认知与评价,以及主体性、主体间性和客观性之间并非相互排斥,毋宁说,它们是作为一个整体而构成了实际的认识过程。

二

在价值领域里,按照罗蒂的看法,自由主义代表了多种可能的价值选择中的一种,对多重价值选择的这种肯定,意味着承诺价值的多元性。从这一前提出发,则多元主义无疑是可接受的。然而,另一方面,罗蒂又不遗余力地反对基础主义、本质主义、传统认识论等等。

---

① 当代一些哲学家已开始注意到这一点,这里特别值得一提的是诺齐克。在其最后一部著作中,诺齐克通过对不变性(invariance)的论述,以独特的方式将客观性问题重新提了出来,该书的副标题即为:《客观世界的结构》(The Structure of Objective World)。参见 R. Nozick, *Invariance: The Structure of Objective World*, The Belkand Press of Harvard University Press, 2001。

二者似乎存在着内在的张力：如果我们彻底地贯彻多元主义，那么，我们无疑也应当容忍基础主义或其他学说。平实而论，尽管基础主义和其他形而上学有其内在的缺陷，但在某种意义上，它们同时也接触到了世界本身以及我们看待世界的方式的一些重要方面。事实上，罗蒂自己也涉及了一些形而上学的问题，这一点在他对进化论的关注中就可以看到。我将在下面对此作简略的讨论。

罗蒂特别注意进化论。对罗蒂而言，达尔文学说是实用主义的基石，而文化的演变则是生物进化的进一步发展。显然，后者包含了若干形而上的观念，因为它承诺了文化演变与生物进化的关联性。这种关联也可以被看作是联结不同领域的"存在之链"（the great chain of being）：尽管罗蒂本人可能不承认这种"存在之链"，然而他对于文化演变与生物进化之间关联性的强调逻辑地隐含了这种链条。如果我们从二者之间的关联性进一步追溯生物进化的前提，那么我们就会发现，生物本身的进化也涉及其他的关联或者存在之链：就逻辑层面而言，只有当"存在"展开为不同形态的事物、或者说经历了分化过程（形成了有机物、生物与其他存在物的区分，等等）时，生命存在的进化才是可能的。由此我们可以看到，尽管罗蒂一再批评形而上学以及基础主义，然而他的哲学仍然未能完全避免形而上学的前提或预设（至少未能完全避免以隐含的形式呈现的这类预设）。这种现象使我们有理由怀疑，在哲学研究的领域，彻底拒绝形而上学是否可能？

三

我的以下评论涉及罗蒂对于公共领域与私人领域关系的看法。在谈及哈贝马斯和德里达工作的不同趋向时，罗蒂似乎在公共领域哲学与个人领域或者私人领域哲学之间做了区分：对他来说，哈贝马斯所关注的是公共领域，而德里达则着眼于个人领域或私人领域，而在他看来，这两种路向对于哲学研究都各具有自身的意义。

这里值得注意的不是罗蒂对于哈贝马斯和德里达所作的具体评论，在以上观点中更为重要的是他强调公共领域与私人领域各自的正当性：当罗蒂肯定二者的工作都是重要而不可或缺的时，他无疑以隐含的方式承诺了这一点。一般而言，从社会维度来看，人类总是面临诸如政治、法律、道德等不同领域的公共事务，然而，作为个体，人同时也有他们个人的精神世界。历史上，一些哲学家主要注意到了公共空间的一面，而另一些则较多地关注个人的内在领域，这样的情形在当代哲学界依然可见。不仅哈贝马斯，而且共同体主义或社群主义以及自由主义似乎都在不同意义上指向公共领域，比较而言，像海德格尔和德里达这些哲学家则更多地关注于个人的精神世界。

尽管罗蒂并没有宣称将在以上两重路向之间建立一座桥梁，然而，通过对二者的双重肯定，罗蒂无疑显示了在上述问题上的理论洞见，这种洞见使我们想起了历史上中国哲学家的有关思考。如所周知，儒家的著名学说之一是"内圣外王"，"外王"主要涉及的是社会政治理想或道德理想的实现，而"内圣"则指向人格的完善。对于儒家来说，这两个方面是不可分割的。尽管上述理想在历史上从来没有真正成为现实，然而这种观念本身具有深刻的意义：它反映了人既有社会或公共领域的需要，又有个人的精神层面的追求。当罗蒂强调海德格尔和德里达这两种路向都是不可或缺时，他和儒家似乎具有某些相通之处。

今天，一些哲学家已开始意识到有必要扬弃不同哲学传统（如分析哲学与现象学）之间的对峙，使之由排斥走向融合，在这方面，已经可以看到种种的尝试。然而，哲学鸿沟不仅存在于不同的哲学传统

（诸如分析哲学和现象学）之间。在哲学应当何为（what philosophy should do）的问题上，同样可以看到类似的隔阂。如我们前面所提到的，在一些哲学家那里，社会或公共领域的问题构成了哲学所面向和关注的主要对象，而对另一些哲学家而言，哲学中至关紧要的是个体及其内在世界。显然，不仅社会之维和精神之维之间存在着某种紧张，而且在公共领域和私人领域之间也存在着相近的种张力。如何在以上这一类鸿沟之间建构起一座桥梁？罗蒂对于哈贝马斯和德里达工作的评价可能对我们会有一些启示。

（原载《哲学动态》2004 年第 11 期）

哲学与现代性的反思[*]

一

在现代性的反思过程中,不同哲学传统、背景之间的对话,已越来越受到关注。对话涉及对话者之间的相互理解、沟通和共识。然而,除了相互之间的理解、沟通,进而达成共识以外,对话同时还应该包括某种建构性的原则,后者所指向的,是哲学本身的理论创造,包括新的视野的形成、新的观点的提出、新的理论的诞生、新的思想的萌发,等等。哲学的研究、不同传统之间的比较、对话当然涉及对已有视域的超越、对封闭体

---

[*] 本文是作者于 2003 年初在一次关于现代性的学术会议上的发言,由研究生根据录音记录。

系的解构,但它更应使建构、创造的意识和观念成为应有之义;在后现代的话语不断强化解构的背景下,这一点显得尤为重要。

建构性的观念和原则,同时指向世界哲学的意识。以世界哲学为视域,则我们所提出和探讨的问题,便不能仅仅局限于地方性或地域性的视野,而应有一种世界性的关怀,这不仅在于关注具有普遍意义的时代问题,而且意味着在具体的论域中,注意论题所蕴含的普遍性质。进而言之,在解决问题或建构理论的过程中,我们所应用的资源,不应停留于某种单一的传统。无论是中国哲学,抑或西方哲学,在各自的发展过程中,都曾留下了具有独创性和恒久意义的思维成果。从世界哲学的视域看,这些成果都构成了重要的资源并具有互补性,因此,二者都没有理由仅仅局限于自身的传统。哲学的研究需要宽广的视野,同时也要求我们运用人类思维迄今所形成或者所达到的各种成果,来回应和解决时代提出的哲学问题。

历史地看,近代中西哲学的互动和演化,已给我们提供了实现上述视域整合的可能。近代以前,中西哲学几乎是在一种互不相关的传统下各自发展,近代以后,中西哲学的相遇、沟通已经成为本体论的事实,两者之间的这种沟通、交融尽管还只有一百多年的历史,但它毕竟告别了彼此隔绝的状况,从而使我们有可能运用不同传统的哲学思维资源来解决时代所提出的问题。在这方面,中国的哲学研究者也许具有某种优势。从总体上看,近代以来,中国哲学家对中国以外的学术资源,特别是西方哲学的关注,似乎远远超过了一般西方哲学家对中国哲学资源的兴趣,在彼此的实际理解程度上,也每每如此。导致这种状况的原因当然是多方面的,但这种现象本身体现了如下事实,即中西哲学相遇之后,中国哲学家已经不满足于自身的传统,而追求一种更为宽泛的眼界。

二

从哲学的思考看,中西不同传统的回顾、阐释,与关注时代的处境难以分离。就时代处境而言,现代化及现代性无疑是一个引人瞩目的方面。现代化与现代性作为两个不同的概念,其内涵无疑存在着差异,但二者并非彼此隔绝。艾森斯塔德曾从历史的角度,对现代化作了概要的界说:"就历史的观点而言,现代化是社会、经济、政治体制向现代类型变迁的过程。它从17世纪至19世纪形成于西欧和北美,而后扩及其他欧洲国家,并在19世纪和20世纪传入南美、亚洲和非洲大陆。"①与之相近,吉登斯在回答"何为现代性"的问题时,也表述了类似的看法:"现代性指社会生活或组织模式,大约17世纪出现在欧洲,并且在后来的岁月里,程度不同地在世界范围内产生着影响。"②对现代化与现代性的如上理解,显然包含着相互交错、重叠的内容。它从一个方面表明,无论在内涵还是外延方面,"现代化"与"现代性"概念的区分都具有相对性。当然,尽管"现代化"与"现代性"具有相通性,但二者在内涵上仍可有不同的侧重。比较而言,现代化主要以社会在不同领域及层面的历史变迁为内容,现代性则涉及现代化过程所体现的一般趋向和原则。

在宽泛的意义上,对现代化及现代性的关注、反思同时可以理解为现代社会和现代文化的自我批判。这种批判不仅涉及现代化本身的展开过程及其后果,而且指向渗入其中的基本原则。现代性及现

---

① 艾森斯塔德:《现代化:抗拒与变迁》,张旅平等译,中国人民大学出版社,1988年,第1页。

② 吉登斯:《现代性的后果》,田禾译,译林出版社,2000年,第1页。

代化反思所涉及的自我批判,似乎可以区分为二重趋向:其一,把现代化理解为尚未完成的项目或未竟事业。对这一批判趋向而言,现代化过程中所显露的问题,导源于现代化自身的未完成性质,哈贝马斯便持这一立场。其二,更多地将现代化视为已完成的过程,并从整体上对现代化的过程作批判性的考察。在各种形态的后现代主义学说中,这一点表现得十分明显。就广义而言,尽管对现代化及其过程的理解有所不同,但它们都对现代化的历程及后果采取批判性的态度,其精神具有一致性;同时,二者都形成于现代化本身的发展过程,因而都可以看作是现代化过程的自我批判。

现代性的反思以及与之相联系的现代社会的自我批判,在某种意义上具有超越意识形态与乌托邦的特点。意识形态侧重于为某种既存的社会形态辩护,乌托邦则在反叛现存社会形态的同时,又勾画了与之相对的未来理想形态。现代性的反思固然无法完全与意识形态和乌托邦相隔绝,但它既非仅仅从某种意识形态的原则出发,也并不以乌托邦的构想为根据,而是着眼于现代化的历史过程及其社会文化后果,正是这一特点,使它所体现的社会自我批判具有更广的文化意义。

从发展的现状看,中国目前尚未达到现代化的成熟阶段,似乎并不具备自我反思的条件。然而,中国文化的发展已从自我封闭、隔绝的格局走向了与其他文化形态的相互融通;全球化的趋向,又进一步推进了这种沟通,在这样的背景之下,尽管中国现阶段的发展状况还没有达到现代化的成熟形态,但我们仍然不仅能够以西方学者对现代化的自我批判作参照,而且更可以直接参与这一批判过程。事实上,早在上个世纪初,中国的一些知识分子已经进行了这种参与:20世纪初的著名学者如梁启超、梁漱溟、熊十力等,已经开始对现代性或现代化问题作了批判性的反思。这一历史现象表明,在文化的融通、融合的历史前提下,现代社会并非以孤立的形态存在,其自我批判能否实现,也不仅仅取决于某一地域的发展状况。

以现代性的反思为形式的现代社会和现代文化的自我批判,在历史和逻辑上为哲学的创造性研究和建构提供了必要的前提和背景。从历史上看,每当社会达到能够进行自我批判的阶段,那个时代的哲学家就会通过考察以往人类思维的得与失、总结其成果和教训,提出自己的创造性的看法。冯契先生在考察和分析中国古代哲学的逻辑演进过程时,曾对此作过具体的论述。① 在相近的意义上,对现代性和现代化过程的反思、对现代社会的自我批判,同样也构成了进行新的哲学思考的历史背景和思想前提。

三

从哲学的建构、创造的角度来看现代性及现代化过程,当然涉及多方面的问题。首先是现代性与文化分化之间关系的问题。利奥塔曾指出,康德是现代性的序幕与终曲。② 哈贝马斯则对康德现代性观念作了具体的分析,认为在康德那里,已出现审美趣味、正当性、真理等领域的分离,三者各有自身的有效性。③ 审美趣味在于以形象的方式敞开世界,真理涉及对事实的把握,正当性则展开于道德、法律等领域,它所指向的实践过程的规范。从某些方面看,康德确乎倾向于

① 参见冯契:《中国古代哲学的逻辑发展》,上海人民出版社,1983 年。
② 参见利奥塔:《历史的符号》,载《后现代性哲学话语》,浙江人民出版社,2000 年,第 285 页。
③ 参见 J. Habermas, *The Philosophical Discourse of Modernity*, The MIT Press, 1996, p.19。

把这些领域作为分化的对象来处理。① 广而言之,近代以来,不同学科、不同知识文化领域的分化构成了引人瞩目的现象,而真正意义上的学科也是在这一过程中形成的。作为分化的知识领域,这些学科都有自己具体的对象、自身独特的学术规范,等等。以存在的某一或某些形态为对象,特定的知识领域总是有其界限,物理学把握的是光、波、粒子等物理现象,生命的新陈代谢、原子的化合分解等往往在其视野之外;同样,生物学、化学、以及经济学、社会学、政治学等学科,也有各自确然的对象,彼此之间往往界线分明、各有定位。由此导致的后果之一,是对世界、存在本身作分析性的理解和把握,并形成抽象的世界图景。这种世界图景,我们习惯上将其理解为形而上学的结果或表现形式。事实上,从某种意义上看,这种世界图景的形成常常是反形而上学的结果。就思维的趋向而言,形而上学作为对存在本身的考察,体现了从总体上把握世界的意向和特点。历史地看,尽管形而上学在把握世界时常常带有抽象性的形态,但试图在整体上把握世界,这一要求显然不能简单地斥之为人类思维的迷失。按其本来形态,形而上学可以有不同的形态,除了历史上种种抽象的系统之外,它也可以取得具体的形态。② 然而,在批评、拒斥形而上学的过程中,人们往往忽视了这一点。与疏离形而上学相联系的,是对整体、总体的疑虑和恐惧。这种恐惧,似乎也助长了对世界作分化理解和抽象考察的倾向。如何扬弃对存在分离的形态? 这是我们反思现代性时所无法回避的问题。

从哲学的层面看,现代性的展开过程与意识、语言的突出相关

---

① J. Habermas, *The Philosophical Discourse of Modernity*, p.19.
② 参见拙作《形而上学引论》,载《思想与文化》,华东师范大学出版社,2002 年。

联。意识、语言先后成为近代哲学的主题词。哈贝马斯在讨论现代性的时候,曾指出:"主体性原则决定着现代文化。""在现代性中,宗教生活、国家、社会,以及科学、道德和艺术,都被转换为主体性原则的具体形态。"[1]而在他那里,主体哲学(philosophy of subjectivity)与意识哲学(philosophy of consciousness)又往往互用。[2] 这一现象表明,意识成为近代哲学的主题词与主体性(subjectivity)的突出是相互关联的,二者同时又与个体性原则的展开很难分离。20世纪以后,语言逐渐成为哲学的聚焦点,并在某种意义上被提升到了本体的层面,语言本体化也使语言继意识之后成为哲学的关键词。从现代性的角度看,上述转换似乎与理性、逻辑走到哲学的前台相关。语言相对于意识而言,更带有公共性和可批判性的特点,维特根斯坦及其他哲学家反复指出没有私人语言,所强调的便是语言的公共性。语言分析的关注对哲学研究的推进意义,是不可忽视的,众多的哲学文献已表明了这一点。然而,语言取得本体地位之后,也包含了某种异化的可能。语言本来是我们用以把握对象和存在的形式,但它被本体化之后,反过来却成了哲学的主宰,这一点在分析哲学中表现得十分明显。分析哲学虽然在后来也涉及存在理论或本体论问题,但它们所讨论的,主要是我们在把握对象或存在时所使用的语言,而不是对象或存在本身。在这里,存在问题实际上已被转换为表述存在的语言问题,它所导致的后果之一,就是对人自身及存在的遗忘。

按其本质,语言分析并不能取代对存在的分析,语言的分析也不可能消解对存在的问题。这一点即使在分析哲学的理论中也不难看到。上世纪初,罗素提出了摹状词理论,他试图以此消除传统哲学中

---

① J. Habermas, *The Philosophical Discourse Of Modernity*, pp.17 – 18.

② J. Habermas, *The Philosophical Discourse of Modernity*, pp.294 – 296.

的过多的实体承诺,在此意义上,摹状词理论类似于"奥卡姆剃刀"。不过,在以摹状词理论消解掉对实体的过多承诺时,存在问题本身并没有因此而消失。事实上,罗素在提出摹状词理论的同时,他本人仍一再地关注外部世界、他人心智(other's mind)等问题。这些问题仍属本体论的领域,它们并不能被单纯的语言分析所消解。

不难看到,分析哲学试图把我们对存在的语言分析与存在本身或语言中的存在问题同存在本身相分离,这一趋向在某种意义上延续了康德那里现象与物自体的分离。对分析哲学而言,语言中的存在是某种被建构起来的现象,语言之外的存在则类似于康德的物自体,它是自在的存在,是我们所无法把握的,因此讨论这种存在是没有意义的。这种进路对哲学研究构成了内在的限定,要推进哲学本身的研究,显然必须突破分析哲学的视域,回到存在本身去。

20世纪是语言哲学的世纪,21世纪似乎不应继续停留于语言哲学。也就是说,既不能因为对语言中的存在的关注而忽略存在本身,也不能因为分析存在必须借助语言而拒斥对存在本身的考察。从哲学发展的进程看,走出语言哲学的界域意味着不断地在本体论的意义上回到存在本身。这里所说的回到存在本身,与胡塞尔所谓"回到事物本身"涵义并不相同:在胡塞尔那里,回到事物本身是以悬置存在为前提的,与之相应,他所说的事物本身,不同于经验世界中的存在,而主要是现象学意义上的纯粹意识;相对于此,作为21世纪哲学发展趋向的回到存在本身,是指回到具体、真实的存在。

与现代性相关的另一现象,是理性的主导或理性的专制。现代化被许多研究现代性的学者看作是一个理性化的过程,韦伯就是一个典型的例子,而后现代对现代性的批评和反叛在某种意义上首先就表现为对理性专制的反叛:无论在哲学上,还是在文学上,后现代主义对现代性的批判许多都是针对理性的专制,这也从一个侧面表现了现代性与理性专制、主导之间的关系。从某种意义上看,理性与非理性之间的张力、对峙构成了现代性的重要景观。理性化强调理性在政治、经济、文化各个领域的主导地位,它在价值观、规范性、普遍原则上表现出对世界的抽象化、平面化的理解。然而,整个世界并不仅仅为理性所支配;理性所处理、支配的,只是存在的一个方面,而不是唯一的方面,除了理性所指向、处理的方面以外,存在还包含许多其他方面。如果把理性作为唯一的主导者或支配者,则世界的丰富性便不复存在。总之,理性化的世界往往表现为一个单向度、平面化的世界,它抽去了存在的全部丰富内容。从哲学上考察现代性,同样应当关注这一点。

四

从逻辑上看,无论是文化的分化,抑或理性与非理性的分离,都折射了存在的分裂或存在的抽象化,克服存在的分裂,与扬弃存在的抽象性、回归具体的存在,则相应地表现为相辅相成的两个方面。所谓回归具体存在,不能简单地理解为回到生活世界。20 世纪以来,生活世界这个概念被哲学家们一再地使用,而回归生活世界则常常被理解为对抽象性、静态性的超越。事实上,对生活世界的理解本身也往往表现出抽象或静态的特点。如在胡塞尔那里,生活世界首先与科学的世界图景相对而言,而在二者的划界及对峙中,生活世界本身也似乎呈现片面的形态。哈贝马斯的生活世界既与系统相对,又与劳动相区别。对他来说,劳动体现的是目的—手段意义上的理性,以及整体的观念。然而,当生活世界被理解为排除劳动并与劳动相对的存在形态时,它本身也多少被抽象化了。同时,生活世界也每每被理解为理想化、完美化。事实上,日常生活具有自在性、既成性,它往往使接受已有的存在形态、因循常人的行为模式成为主导的方面,与之相联系的是非反思的趋向和从众的定势,它在消解个体性的同时,也常常使存在意义的自我追问失去了前提。作为自在性与既成性的展开,社会关系和实践领域中的角色定位与观念层面的思不出位,进一步形成了对日常生活个体的多重限定,后者在悬置对存在意义反思的同时,也似乎趋向于抑制了人的自由发展。因此,把回归具体存在理解为走向生活世界是不全面的。

走向具体存在应当被理解为把握存在全部的丰富性,这里首先涉及形而上、下的关系问题。形而上与形而下的关系问题可以从本体论的层面加以理解。就中国哲学来讲,形而后有形而上、下,这与西方把形而上学(第一哲学)看作是物理学之后,显然有所不同。"形"可理解为现实、真实的世界,而形而上与形而下都是这个真实世界的不同表现形式,作为同一世界的两个不同侧面,形而上与形而下并非截然分离。

以具体存在为视域,同时意味着确认世界的存在与人本身之在的统一。这种统一从哲学上看,首先在于人对存在的把握是在人的知行过程中展开的。存在图景的形成总是与人自身之"在"相联系,并受到这个过程的制约。就人自身的存在而言,应当把人理解为理性与非理性的统一。现代性所突出的理性主导,在人身上往往体现为以理性为人的全部或主要品格。然而,作为具体而现实的存在,人所具有的不仅仅是单一的理性品格或规定,它总是包括非理性的方面;理解人的具体性、现实性,便既要揭示出其中理性的规定,也应当看到其中所包含的非理性的因素。现代性对理性品格的强化与后现代对非理性的张扬,都是一种片面的趋向,当我们研究真实、具体的个体时,对理性和非理性的规定应当同样加以关注。

从人的存在引向对象世界，便进一步要求以多样性的统一扬弃抽象的同一，借用中国哲学的话，也就是"和而不同"。"和"是包含差别的统一，"同"是单一的规定。真实的存在从其存在形态来看，表现为多样性的统一，因而更多地呈现"和"的形态。"同"则表现为自我同一（sameness），它与具体的、真实的世界存在着距离。同时，要完整理解真实的存在，过程性与整体性的统一也应进入我们的视野。这里涉及存在与时间的关系问题。存在并不是凝固的形态，而是展开为一个过程，中国哲学对"道"的理解，已注意到了这一点。"道"既被视为统一性原理，同时又涉及化生的过程，所谓"由气化，有道之名"，①便表明"道"既与"气"这一物质形态不可分离，又具有过程性，换言之，"道"即体现在"气化"的具体展开过程中。因此，统一性原理与发展原理不能截然分离；存在与时间的统一性，在某种意义上也体现了这一点。

概而言之，在哲学的论域中，面向具体存在包含多重向度：它既以形上与形下的沟通为内容，又要求肯定世界之"在"与人自身存在过程的联系；既以多样性的整合拒斥抽象的同一，又要求将存在的整体性理解为事与理、本与末、体与用的融合；既注重这个世界的统一性，又确认存在的时间性与过程性。这种具体性的指向，在某种意义上构成了哲学的本质，黑格尔已指出了这一点："哲学是最敌视抽象的，它引导我们回复到具体。"②在哈贝马斯看来，黑格尔是最早站在现代的立场上对现代性做自觉反思的哲学家之一。③ 这里，我们可以注意到回到具体存在与对现代性的反思从一开始就是相互关联、而

---

① 张载：《正蒙·太和》。

② 黑格尔：《哲学史讲演录》第 1 卷，贺麟、王太庆译，商务印书馆，1959 年，第 29 页。

③ J. Habermas, *The Philosophical Discourse of Modernity*, p16, p.43.

不是互不相干的。

当然,走向具体存在并不仅仅是解释和说明这个世界的问题,它同时也涉及规范性问题。从人的视域考察事物,往往可以提出如下问题,即:"它是什么?""它意味着什么?""它应当成为什么?""是什么"关注的首先是事物的内在规定,"意味着什么"追问的是事物对人的存在所具有的意义,"应当成为什么"则涉及是否应该或如何实现事物对人的存在所具有的意义,后二者在不同的层面上关联着价值的领域①。"是什么"与"意味着什么"及"应当成为什么"可以看作是作为存在者的人对存在本身的追问,而上述问题之间的相关性,则展示了存在与价值的联系。

马克思曾指出:"哲学家们只是用不同的方式解释世界,而问题在于改变世界。"②无论是康德所批评的旧形而上学,抑或康德所理解的纯粹形态或形式的形而上学,在总体上确乎未能超出说明和解释世界的视域;③20 世纪的主流哲学把语言作为主题词,其关注的中心,同样仅仅停留在马克思所批评的仅仅解释世界这一层面。以说明或解释世界为哲学的主要或唯一职能,显然未能把握哲学的真正意义。如前所述,就形而上学而言,它所追问和关注的问题不仅涉及"是什么",而且包括"意味着什么"以及"应当成为什么",以存在与价值的统一为这个世界的现实形态,"是什么"的追问在观念与实践的层面都导向"应当成为什么"的关切,后者意味着由说明世界进而指向变革世界。在这里,所谓回到具体存在,

---

① "意义"本身可以有不同的涵义,"是什么"关涉的便是事实层面的意义,与之相对的"意味着什么",其意义则首先涉及价值之域。

② 马克思:《关于费尔巴哈的提纲》,《马克思恩格斯选集》第 1 卷,人民出版社,1995 年,第 57 页。

③ 康德对理性的批判,最后仍以如何说明世界为指归。

便不仅仅指把握存在全部的丰富内涵,它同时意味着实现存在对我们所具有的全部丰富意义。对现代性的反思,最终也应落实到这个层面。

（原载《上海师范大学学报》2003 年第 3 期）

全球化与全球正义

一、全球化与文化的多元性

全球化作为一个过程,也许可以追溯到近代的开端,但晚近意义上的全球化,则似乎首先与经济、政治、信息、生态、文化等等发展相联系。作为一种历史现象,全球化既可以从经验的层面加以考察,也可以从形上的层面进行分析。在经验的层面上,全球化主要表现为经济的一体化、跨国公司的全面扩张、互联网的形成、跨地区的生态环境问题等等,在形上的层面上,问题则更为复杂。以经济、政治、文化为多重维度,全球化将作为整体的人类生存状况提到了突出的地位。历史地看,人类已经历了漫长的发展过程,其间也曾出现过不少有关人类实际状况的评判及理想状况的构想,但这种评判和构想往往既受到时间之维的限制(历史的限制),也受到空间的限制。相形之下,全球化在现实的层面上将人类的存在形态联结为一个整体,这种现实的存在形态同时为考察人类的状况提供了前所未有的历史背景:当经济、政治的生活以及文化的活动在全球范围内相互关联并作为全球性的现象呈现出来时,人类的状况也获得了从更普遍、更广泛的方面加以考察的可能。

另一方面,全球化并不仅仅涉及人类的实际存在状况,在更深沉的层面,它同时关联着人类存在的意义问题。就人类所面临的问题而言,合理的经济、政治秩序的建构、全球生态的平衡、避免核战争等等,固然是全球性的问题,人类的命运、人类存在的意义,同样也已成为全球性的问题。人类存在意义的思考当然古已有之,而并非出现于全球化过程以后,但在技术的统治、市场的取向等等日益成为全球性现象的背景下,存在的意义便进一步成为人们普遍面临的问题。

存在意义的背后,是价值观念,对存在意义的不同确认,往往以不同的价值观念为依据。广而言之,在形上的层面上,文化的核心也是价值系统。全球化并不仅仅表现为经济、市场的一体化,科学、技术的趋同,信息资源的快捷和共享等等;当经济、科技的潮水冲破传统的国界或民族边界时,不同的文化价值系统也被推向了共同的世界舞台。不同文化之间的相遇,当然并不是一种新的现象,然而,在全球化过程中,它却面临着前所未有的问题。一方面,与经济、政治的全球化相应,存在着文化的全球化趋向,从科学研究到大众传媒,从生活趣味到休闲方式,当代文化似乎愈来愈呈现趋同的特点,这一点,从科技领域相同或相近的研究课题、流行于世界各地的音乐、服饰,直至网络语言,都不难看到;另一方面,全球化并不意味着泯灭不同文化以及不同价值系统的多样性,正如全球化并没有消除不同国家、地区在利益上的不一致一样,它也无法消解文化上的区别和与文化的差异。事实上,经济、科技、日常生活等层面的趋同,与文化上的多元与分化,往往相反而相成,所谓文明的冲突将成为未来世界的主要问题这一类的预言固然未必有根据,但就其注意到不同文明的差异在未来将依然存在而言,则似乎不无所见。

当然,文化价值系统方面的差异,并非以所谓文明的冲突为其必然的归宿。事实上,紧张、对抗、冲突并不是解决文化差异的真正出路;更为合理的方式,应当是不同文化之间的相互理解与沟通。如前所述,全球化展示了文化发展的整体格局,但整体性不同于单一性或绝对的同一,作为具体的存在形态,整体总是包含着多样性,中国哲学家所谓"和而不同",已强调了这一点。绝对的同一往往意味着抽象,多样或多元则既赋予整体以丰富性,又使之真正获得现实的品格。从现实的形态看,在文化价值系统上,全球化与本土化、一体化与多元化往往呈现为相互交错、融合的格局。不同文化之间的理解和沟通,是在文化的一体化与多元化之间保持必要张力的适当形式。

以不同文化的沟通为背景,则不难注意到,中国文化在全球化过程中有其独特的意义。就价值取向而言,中国文化与全球化的过程并不存在不相容的关系。从历史上看,儒家很早已形成了大同的理想,直到近代,大同依然是中国人所追求的社会理想,这种观念无疑为中国人认同和接受经济、政治乃至文化一体化的发展趋向提供了前提。以文化的演进而言,除了佛教等之外,中国在长期的发展过程中与其他文化之间较少形成实质的互动,但近代以来,随着中西文化的相遇,中国文化已开始走出相对意义上的自我循环,融入世界文化的发展过程。在东西方文化、特别是中西文化相互接触和交融之前,所谓"世界文化"更多地表现为一种空间的概念,而缺乏实质的内容整合;在东西方文化、特别是中西文化互动过程中实现的文化整合过程,随着全球化的过程而在更广的范围、更深的层面得到了延续,而通过不同文化之间的理解、沟通，中国文化也开始真正与其他文化传统合流，并成为统一的世界文化的重要构成。

与融入世界文化相辅相成的，是中国文化自身的丰富和发展。如前所述，全球化与本土认同、文化的整合与文化的多元化、多样化并非彼此排斥。统一的世界文化表现了人类在存在形态上不断突破历史和地域的阻隔而走向融合，以及人类在经济、政治、社会生活等方面日益紧密的联系，而文化的多元发展，则将不断地为统一世界文化的演进注入新的内容和活力。另一方面，在融入世界的过程中，通过不同文化之间的理解、沟通、相互影响，本土文化也将不断获得新的发展资源。从历史上看，印度佛教的传入及其与中国已有文化传统的交融，曾为中国文化在隋唐宋明时期的发展提供了重要的推动力量及思想资源；近代以来中西文化的相遇，则以前所未有的广度和深度影响着中国文化的转换和新生。在全球化背景下延续的中西文化之间的彼此激荡，无疑将进一步推进中国文化自身的发展。

泰勒曾对政治中的承认与认同作了区分，在引申的意义上，我们也许可以借用这一范畴来说明文化的一元与多元的关系。历史的进程已使不同的文化冲破空间与地域等限制，从相对隔绝的状态走向彼此的作用与融合，面对这一背景，不同文化的自我封闭无疑既不可能也不可取，而对世界文化发展趋向的认同则似乎更为合理；另一方面，对不同文化传统的内在价值及其自我更新、发展的权利，同样应当予以承认。在这里，普遍与特殊、整体与多元具体表现为认同与承认的统一。事实上，如果我们将整体具体地理解为多元的统一，而非抽象的一元，那么，在作为整体的世界文化中，统一性和多样性便应得到双重的确认，而世界文化本身的发展，也只有在二者的辩证张力中才能实现。

二、全球正义：意义与限度

随着经济全球化的多方面展开，正义也开始逐渐超越了地域的界限而成为全球性的问题；冷战结束后政治、军事、经济等各种形式的冲突，进一步将如何在国际范围内建立一种公正的政治、经济秩序等等问题，提到了突出的地位。历史地看，正义作为一种广义的理想，无疑古已有之，对正义的探讨，也已经历了一个漫长的过程：从柏拉图到罗尔斯，正义一再成为关注的主题。然而，在以上背景下讨论全球正义的问题，无疑具有更为重要的理论意义和实践意义。

在理论的层面，广义的正义以及全球正义本身涉及多方面的问题，需要加以辨析、梳理。从思想史上看，柏拉图在其《理想国》中，主要从精神及社会构成的和谐、秩序等层面理解正义，亚里士多德则对分配的正义给予了相当的关注，后一思路在罗尔斯那里得到了某种程度的延续。对正义的这些不同的侧重，已从一个方面表现了正义问题的复杂性。此外，按其本来意义，正义本身首先涉及个体之间及个体与社会之间的关系，在国际关系中，正义究竟意味着什么，从更根本的层面说，全球正义是否可能以及如何可能，等等，这些问题都需要深入地探讨。

在全球视野中讨论正义问题，同时涉及不同文明传统的关系。由于历史发展及文化传统的差异，对正义及其实现方式的理解，往往存在不同的看法，事实上，政治、经济等领域的纷争与冲突，往往伴随着和交织着不同价值观念的冲突。如果说，经济全球化时代的到来使全球正义成为一个无法回避的问题，那么，由于文明传统、文化背景的差异而导致的种种分歧和冲突，则使不同文明传统之间的对话成为不能不加以正视的问题。对话不一定能立刻消除分歧，但它至少能够促进不同文化传统之间的相互理解,使正义问题的探讨获得多重资源与多元的智慧,从而为达到某种沟通和共识提供前提。在全球正义的讨论中,这种理解、沟通与共识的重要性是不言而喻的。

从逻辑上看,在对全球正义(global justice)作深入探讨之前,首先需要对一般意义上的正义(justice in general sense)概念作进一步的辨析。如前所述,就其原初的涵义而言,正义首先涉及个体之间及个体与社会之间的关系。在道德哲学及政治哲学中,正义大致与公正(fairness)及平等(equity)相关。当然,在历史上,哲学家们往往从不同的视角对正义作了各自的解释。前文已提及,柏拉图与亚里士多德对正义的理解便有所不同。

那么,从实质的层面看,全球正义(global justice)究竟意味着什么? 约略而言,它似乎包含二重维度:首先,全球正义涉及的当然是国家之间的关系,在此层面上,全球正义往往与国际正义(international justice)具有相通性。但如果对全球正义问题作更深入的考察,则可发现,它同时又以人与人之间的关系为指向。如前文已指出的,正义的原初意义首先便与人的存在相联系,亚里士多德在谈到主体行为的特点时,曾认为,道德行为并不在于一般地合乎正义,而在于"像正义与节制的人那样去做正义与节制之事"。① 所谓像正义的人那样去做,意味着要求自我首先成为具有正义品格的主体,这里,人及其品格成为首要的关注之点。就主体间的关系而言,正义既意味着公正地对待每一个社会成员,也要求社会成员之间相互尊重、平等相待。不难看到,在上述意义上,全球正义显然与所谓普遍伦理(universal ethics)相通。

① Aristotle, *Nicomachean Ethics*, 1144a, *The Basic Works of Aristotle*, Random House, 1941, p.956.

概言之,全球正义既有以国家为关注中心的维度(the dimension of states-focused),又有以人为关注中心的维度(the dimension of people-focused)。在后一维度上,全球正义意味着所有国家的人民都应享有平等或共同的权利,或者说,他们都有权利在经济、政治、文化等领域中被公正、平等地加以对待。也许正是在上述意义上,罗尔斯在讨论国际关系时,选择了万民法(the law of peoples)这一概念,而不是国际法(international law)的概念。从逻辑上说,万民法强调的是人民对于国家的优先性,它的内在涵义是,所有的人,不管他处于哪一个国家,其促进经济福祉、改善政治状况、提升教育水平等愿望和要求,都应当得到尊重。质言之,如果我们将全球正义的这一原则贯彻到底,那么,便应当对不同国家的人民都一视同仁。然而,从历史上看,这只是一种一厢情愿的乌托邦图景。事实上,在处理国际事务时,国家利益总是被置于优先的地位。一个显而易见的例子是,尽管对一个国家实行经济制裁将使该国的人民不同程度地蒙受苦难,但一些国家依然会以种种理由实行这一类制裁,而在诸种表面的理由之后,总是可以发现更深层的根据,后者归根到底涉及有关国家自身的国家利益。此外,虽然一些国家,特别是发达国家,常常承诺公正地对待其公民,但他们却很少真正以同样的原则对待其他国家的人民,在这方面,今日已司空见惯的现象之一是:某些污染严重的工业往往因其危害人和环境而在发达国家中被限制,但这些发达国家却仍可以允许或默许它们向发展中国家转移,而无视或漠视这些企业对发展中国家人民可能所产生的危害。具有讽刺意味的是,即使在这种情形之下,这些国家依然可以声称它们致力于维护全球正义。这里,我们不难发现普遍伦理与全球正义之间的某种紧张:普遍伦理在原则上蕴含着同一规范应毫无例外地运用于所有国家的人民,然而,尽管在涉及人与人的关系这一点上,全球正义与普遍伦理具有相通之处,但前者似乎未能彻底地贯彻普遍性原则与平等原则。

就以国家为关注中心的维度(the dimension of stated-focused)而言,问题同样有其复杂性。如前所述,与国际法相联系,全球正义同时指向国家之间的关系。一般说来,正义的实质涵义在于承认与尊重人的权利;换言之,它意味着每一个人都有权利被平等而公正地对待。作为一般的正义原则在国际关系中的运用,全球正义意味着所有的国家,不管大小、强弱,都应被平等、公正地对待:在经济上,每一个国家都应平等地享有资源、市场,等等;在政治上,每一个国家都应拥有在国际事务中参与对话、讨论以及在国际社会中表达自己意见的平等权利,等等。然而,这同样也是一种从未真正实现的乌托邦理想,在现实中,我们通常看到的毋宁是相反的情形:经济资源、政治权利往往为少数强国所支配,对国际社会中的其他成员而言,在国际事务中的发言权常常形同虚设,仅仅具有象征的意义。这种现象从另一个方面表明,全球正义是否真正可能,依然是一个问题。

不过,在国际事务及国际关系中,全球正义似乎还有另一面。就国家间的关系而言,全球正义同时也体现为合理的或公正的国际秩序或世界秩序。事实上,正义的原始涵义之一,便包括秩序;如前所述,在柏拉图那里,正义便被理解为精神的不同方面以及社会的不同阶层之间的和谐与秩序。西塞罗(Cicero)在《论义务》中,也把正义列为四种基本的道德意识之一,并认为这种道德意识的功能在于"将社会组合在一起"(holds society together)。[1] 作为一种普遍的规范性观念,正义在社会冲突的抑制、社会秩序的建立等方面,确乎有其不可忽视的历史作用,西塞罗的以上看法,多少也折射了这种历史现象。正义观念与社会整合之间的联系,当然并不仅仅限于西塞罗所

---

[1] Alan Ryan, *Justice*, Oxford University Press, 1993, p.9.

处的罗马时代,在近代社会,我们依然可以看到这种联系。班哈毕伯(S. Benhabib)已指出了这一点:近代社会的"个体需要为自己建立社会秩序的合法基础,当它们面临这一任务时,正义就成为道德理论的中心。"[1]简言之,无论在前近代的传统社会,抑或近代社会,合法的社会秩序的建立都与正义等观念相联系。

在相近的意义上,全球正义也指向国家之间合理、公正的秩序。所谓合理或公正,在此首先是指有助于达到康德所说的永久和平(perpetual peace)。作为全球正义的体现,合理的秩序包括多重方面,诸如经济领域的互利、资源的公正分配、对文化平等的确认,政治上乃至军事上的某种必要的平衡,等等。为达到上述目标,最基本的问题可能是对主权的相互尊重:如果一个国家的主权可以任意侵犯或干涉,则国家之间的关系将不可避免地处于波动、紧张、乃至对峙之中,而以强凌弱等非正义之举,则可以在各种堂皇的名义下畅行无阻。在主权无法保障的国际环境中,平等交往的独立主体尚且已不复存在,国家间的公正又何从谈起?总之,缺乏对主权的相互尊重,国际正义或全球正义便只能是美丽的神话。也许正是有鉴于此,康德在谈到永久和平时,特别强调:"任何国家都不应当以强制的方式干涉其他国家的体制和政权。"与永久和平相联系,对主权的尊重同时也通过担保公正的国际秩序而展示了全球正义的基本意义。

显然,在合理、公正的国际秩序这一层面上,全球正义主要表现为一种弱的概念,但这种弱的概念似乎包含着更为现实的意义。如前所述,就其内涵而言,全球正义包含二重维度,即以人为关注中心(people-focused)的维度与以国家为关注中心(states-focused)的维

---

① Seyla Benhabib, *Situating The Self — Gender*, *Community and Postmodernism in Contemporary Ethics*, Polity Press, Cambridge, 1992, p.154.

度,后者本身又包括二个层面,即国家间的平等权利与国家间的公正秩序。如我们已看到的,在以人为关注中心以及有关国家间平等权利的维度上,全球正义更多地表现为一种价值的导向。这种价值的导向当然具有重要的意义,它对于促使国际关系准则的公正化、从道义上制约国家间的行为,等等,都有积极的作用,对此我们丝毫不能加以忽略。然而,在价值观念与现实的规范之间,总是存在着某种距离,价值观上的引导也不同于对国家间关系的实际约束。在其现实性上,全球正义的规范性意义,似乎主要体现于建立公正、合理的国际秩序这一过程。这当然是一种十分有限的概念,但从国际关系的现实维度看,我们也许只能满足于这样一种弱的全球正义概念。

（本文的部分内容原载《哲学动态》2004 年第 4 期）

哲学视域中的权利问题

　　从哲学的层面看,人的基本权利与人之为人的基本规定相联系。这里的"基本",意味着悬置人在性别、地位、年龄、身份等方面的差异,而仅仅关注作为人的一般本质。基本权利无疑涉及人的生存以及经济、政治、教育、文化、宗教等等各个特定的领域,然而,蕴含于以上特定领域之后的,还有更为"基本"或更为原初的层面,这一"基本"的方面具体表现为人实现自身潜能的权利。人是目的,而不是手段或工具,这是康德以后已得到普遍确认的观念,肯定人是目的,也就是承认人具有内在的价值。作为具有内在价值的存在,人同时也拥有实现、发展自身潜能的权利,这种潜能是人作为人所具有的;人的内在价值,从根本上说,也是通过人实现、发展自身潜能的过程而得到体现。人在经济、政治、教育、文化等领域中的权利,本身并不是目的,在实质的层面,这种权利同时表现为人实现自身潜能的条件。从以上方面看,实现自身潜能,显然并不是一种抽象的理想,而是人的基本权利的现实内容。

一

人的现实存在形态表现为一个一个的个体,人的基本权利,包括人实现自身潜能的权利,首先也与具体的个人相联系。作为具体的存在,个人首先以"身"为表征。"身"通过生命形态而赋予个人以实在的品格,使之不同于抽象的观念而呈现为有血有肉的具体存在。感性之"身"同时涉及不同的方面,从宽泛意义上的躯体,到具有不同功能的感官,都属个体之"身",而在"身"的形态下,这些不同的部分、方面都呈现内在的统一性。不妨说,"身"所体现的这种统一性,为个人成为现实个体提供了内在根据。在社会的层面,个体之间的相互交往、彼此联系也首先基于"身",从最基本的家庭关系,到涉及经济、政治等利益的社会关联,都以"身"为本。同样,人的潜能的实现,也以"身"的存在为其本体论前提。人的生存权之所以在人的基本权利中具有某种优先性,首先也基于"身"所体现的生命存在的本源性。

身主要在生命存在或"形"这一层面展示了人的个体性以及人的基本权利的形上基础。从更为内在的方面看,个体的价值又与目的相联系。人是目的,具体地体现在个体即目的,正是在目的这一层面,个人展示了不同于物的本质。海德格尔曾对科学视域中的物作了考察,在他看来,科学所关注的是普遍性,特殊之物仅仅被理解为个例(example)。① 引申而言,作为物的个体,仅仅呈现为类之中的个

---

① M.Heidegger, *What is a thing?* Translated by W. B. Barton. Jr and. Vera Deutsch, Regnery/Gate Way. INC, South Bend, Indiana, 1967, p.15.

例,然而,作为人的个体(个人),则无法简单地将其归结为个例。类中之例仅仅是偶然的存在,从价值观的角度看,它们可以彼此替代,无独特的内在价值;个人则构成了目的之源,其存在意义具有不可替代性。在物理结构、性质等方面,同一类中的不同个例往往并无根本不同,但个人不单纯是物理层面的对象,他既与其他个体存在个性的差异,又包含不可相互取代的存在目的和价值。以物观之,类中之例的变化、生灭对类本身的存在并无实质的影响;以人观之,则每一个人都具有不可消逝性,都不应加以忽视。个人的这种不可替代性、不可消逝性,构成了人的基本权利的价值基础。

当然,个人包含个体性品格,并不意味着他仅仅表现为孤立的个体。个人同时也是关系中的存在,这种关系在实质的意义上展开于社会领域。当人来到这个世界时,他首先便被置于亲缘层面的家庭伦常关系。黄宗羲已指出:"人生堕地,只有父母兄弟,此一段不可解之情,与生俱来,此之谓实,于是而始有仁义之名。"①亲子、兄弟之间固然具有以血缘为纽带的自然之维,但作为社会人伦之本,它更是一种社会关系。从家庭所涉及的日常生活走向更广的社会空间,则进一步涉及经济、政治、文化的活动,而个人则相应地处于各种形式的社会关系之中。

作为社会关系中的存在,个人既拥有自身的权利,又需要履行相关的义务,与个人在社会系统中所处的具体地位相应,这种权利与义务都具有特定的内涵。在此意义上,可以将个人视为特定权利与义务的承担者。个人所承担的权利与义务在不同的历史时代与不同的社会背景中当然有不同的内涵,每一时代不同的个体所涉及的权利与义务也具有各自的差异,但作为人,个体总是拥有最基本的权利

---

① 黄宗羲:《孟子师说》卷四。

（包括自身的生存权利）及与之相应的基本义务（包括承认、尊重他人的相同权利这一义务）。如果他人有权利做什么或成就什么，那么你就有义务不干预或不阻止他这样做，反之亦然。权利与义务在这里呈现相关、互动的关系。个人所具有的独特权利与义务一方面从社会的层面进一步赋予他以个体性的存在规定，另一方面也展现了个人的社会品格。

作为基本权利的承担者，个人所具有的社会性质，同时也规定了人的基本权利的社会性和历史性，后者不仅指基本权利在不同的历史时期往往被赋予不同的内容，而且在于其实现也常常表现为一个历史过程。以潜能的自我实现这一最本源的基本权利而言，它的具体内容、实现方式、实现程度，都受到多方面的社会历史条件的制约。从思想史上看，个人的发展、自我的成就，很早已为哲学家所关注，具有不同哲学立场的哲学家、哲学流派，往往对个人的发展、成就形成不同的理解。以中国哲学而言，儒家从先秦开始便将成人或成己提到了突出地位。孔子已区分"为己"与"为人"，前者（"为己"）以自我的实现与完成为指向，后者（"为人"）则是仅仅表现为对他人的迎合，孔子的基本取向是以"为己"否定"为人"。与注重"为己之学"相应，所谓"成人"，也就是成就自我或成就理想人格，在这一意义上，"成人"与"成己"的涵义并无实质的不同。儒家之外的道家尽管在哲学立场上与儒家存在种种差异，但在注重个人这一点上又与之有某些相通之处。庄子肯定"独有之人，是谓至贵"①，主张"不以物易己"②、"顺人而不失己"③，都体现了对个人（"己"）价值的确认。

---

① 《庄子·在宥》。
② 《庄子·徐无鬼》。
③ 《庄子·外物》。

然而,肯定个人(个体)的存在价值,并不意味着真正把握了个体的存在意义或应然形态。如前所述,儒家提出成人与成己,把自我的成就或自我的实现放在十分突出的地位,然而,在如何理解自我与个体的问题上,儒家又表现出自身的某种偏向。对儒家而言,成人或成己首先以成圣为指向,在张载的如下看法中,这一点得到了简要的概述:"君子之道,成身成性以为功者也;未至于圣,皆行而未成之地尔。"①成圣意味着以圣人为普遍的理想人格范型,并以此为准则塑造自我。不难看到,上述意义上的成人或成己虽然将自我或个人放在突出的地位,但从内容上看,这里的"己"或个人同时又以普遍的价值目标为导向,成己则旨在达到同一人格形态(圣人)。在这种普遍的、统一的人格取向中,人的多样性及个体性品格多少被遮掩了。同样,道家反对"以物易己",固然体现了对个体的注重,但"己"或个体的理想形态,又主要被理解为"真人"或"天人"②,与天人之辩上将自然状态(天)理想化相应,此所谓"真"和"天",也就是合于自然或与自然为一。在道家那里,对自然(天)的礼赞,同时又与扬弃目的性规定相联系,所谓"无为为之之谓天"③,便表明了这一点:这里的"无为为之",首先相对于目的性的追求而言,其特点在于非有意而为;以"无为为之"为"天"的内涵,相应地包含着对目的性的疏离。"天"与"目的性"的这种相斥,同时也使"天人"与目的性规定形成了某种距离。如果说,儒家的成人理论蕴含着普遍的人格取向对个体性规定的弱化,那么,道家的"真人"与"天人"之说,则在逻辑上将导向目的性规

---

　　①　张载:《张载集》,中华书局,1978年,第27页。

　　②　参见庄子:"不离于宗,谓之天人。"(《庄子·天下》)"古之真人,以天待人,不以人入天。"(《庄子·徐无鬼》)这里"天人"之中的"天"为限定词,表示与人化相对的自然,所谓"天人",也就是合乎自然或与自然为一之人。

　　③　《庄子·天地》。

定的消解。

儒家与道家对个体或"己"的如上理解,从不同的方面折射了自然经济条件下人的生存状况。按马克思的理解,当"生产能力只是在狭小的范围内和孤立的地点上发展着"时,人所处的是"最初的社会形式",与之相联系的则是"人的依赖关系"。① 这种依赖性既体现于某一个体(处于较低社会等级的特定个体)对另一个体(处于较高社会等级的特定个体)的依赖,也展开于个体对群体以及社会等级系统本身的依赖性。在"生产能力只是在狭小的范围内和孤立的地点上发展着"的条件下,人的存在无法离开群体,儒家肯定"人生不能无群"②"离居不相待则穷"③,已多少意识到人的这种生存处境;而儒家对人格的普遍规定与社会内涵的注重,似乎也从一个方面反映了个体与群体、社会的以上关系。相对于此,道家之推崇、向往前文明形态的自然(天),则表现了另一趋向。对道家而言,社会的体制、规范系统,都呈现为对人的束缚、限定,这种束缚、限定,在某种意义上折射了人的依赖关系,与之相联系,回归自然(天)既意味着超越以上的种种限定,也似乎以独特的方式表达了对人的依赖关系的某种不满。

从"最初的社会形式"走向近代,"人的独立性"逐渐取代了"人的依赖性"。较之各种形式的"人的依赖性"(包括个体之归属于类、群体、社会系统),"人的独立性"无疑为个人的多方面发展提供了更多的可能。然而,另一方面,随着物质交换关系的普遍展开,个性的发展逐渐受到另一重意义上的限定。近代以来,与资本主义生产方

---

① 参见马克思:《经济学手稿(1857—1858 年)》(手稿前半部分),《马克思恩格斯全集》第 30 卷,人民出版社,1995 年,第 107—108 页。

② 《荀子·王制》。

③ 《荀子·富国》。

式相联系的市场经济将"普遍的社会物质变换"提到了突出的地位。从经济的层面看,社会物质变换以商品交换为核心,后者的基本原则是等价交换。按其本来形态,等价交换以消解商品在物理特性、使用价值等方面的差异为前提。进而言之,对于参与交换活动的个人来说,他们之间的差异往往显得无足轻重,事实上,在同一等价交换原则下,个体的特殊性并不进入交换过程,相反,这些特性常常被抹平:"不管活动采取怎样的个人表现形式,也不管活动的产品具有怎样的特性,活动和活动的产品都是交换价值,即一切个性,一切特性都已被否定和消灭的一种一般的东西。"①"主体只有通过等价物才在交换中相互表现为价值相等的人,而且它们通过彼此借以为对方而存在的那种对象性的交替才证明自己是价值相等的人。因为他们只是彼此作为等价的主体而存在,所以它们是价值相等的人,同时是彼此漠不关心的人。他们的其他差别与他们无关。他们的个人的特殊性并不进入过程。"②要而言之,商品交换所确认的,不是个体的独特性、差异性,而是个体之间的相等、相同;以等价交换为普遍原则,人的个性每每难以得到真正的彰显。随着劳动力的商品化,人本身也开始进入了交换市场,而在同一等价交换原则下,人的个性的特点进一步被掩蔽于一般等价物之下。

交换关系对个性的遮蔽,使个体的内在价值也面临消解之虞。在形上领域,个体的特点在于具有不可重复性;在价值层面,个体的特点则表现具有不可替代性。然而,基于抽象劳动的交换和流通过程不仅使个体之间彼此同一、相等,而且也使个体可以相互替换:"流

---

① 马克思:《经济学手稿(1857—1858 年)》(手稿前半部分),《马克思恩格斯全集》第 30 卷,第 106—107 页。

② 马克思:《经济学手稿(1857—1858 年)》(手稿后半部分),《马克思恩格斯全集》第 31 卷,人民出版社,1998 年,第 359 页。

通在一定的环节上不仅使每个人同另一个人相等,而且使他们成为同样的人,并且流通的运动就在于,从社会职能来看,每个人都交替地同另一个人换位。"①当个体主要被视为可替换的对象时,其存在的内在价值便开始消隐。

个体价值的这种弱化,在更内在的层面表现为人的物化或工具化趋向。当抽象劳动将劳动者的个性特点完全抹平之时,个体与其他存在之间便不再有实质的差异,而劳动力的商品化,则进一步将人(劳动者)化为可以用同一尺度加以衡量的物。在普遍的社会物质变换关系中,人与人之间的关系往往蕴含于物与物的关系之中,人自身的价值也每每通过还原为某种等价物而得到体现,与之相联系的是人对物的依赖性。

从人的基本权利的角度看,基于市场经济、商品交换的近代社会变迁,似乎具有二重性:一方面,它将人从人的依赖关系中解脱出来,从而为人实现在经济、政治等领域的基本权利提供了前提;另一方面,交换关系对个性的遮蔽,又使作为权利承担者的个体面临被消解之虞。当人自身的价值被还原为某种等价物、人变得越来越依赖物时,人的基本权利显然难以在实质的意义上得到保障。

二

如何使人的基本权利真正得到实现?从哲学的维度看,这里无疑应当对"自由个性"予以特别的关注。马克思将"自由个性"视为社

①　马克思:《经济学手稿(1857—1858 年)》(手稿后半部分),《马克思恩格斯全集》第 31 卷,第 360 页。

会发展第三阶段的主要特征,同时也从历史的维度突显了其意义。①从消极的方面看,自由个性首先表现为超越人的依赖关系。如前所述,社会发展的"最初形式"以人的依赖性为其特点,在这种依赖关系中,个体往往归属于他人或外在的社会系统(包括等级结构),缺乏真实的个性与自主品格。作为以上依赖关系在个人发展形态上的体现,人的潜能的发展往往也趋向于普遍化、划一化,以"成圣"规定成己,便多少表现了这一点。通过超越人的依赖关系而达到人的自主性与独立性,构成了自由个性的重要方面。与人的依赖性前后相关的,是物的依赖性。如果说,前者(人的依赖性)蕴含着对人的个体性、自主性的消解,那么,后者(物的依赖性)则意味着通过人的工具化或物化而掩蔽人的目的性规定或内在价值。在超越人的依赖性的同时,自由个性同时要求扬弃物的依赖性;二者在确认人的内在价值的同时,也为人实现人作为人的基本权利提供了前提。

对人的依赖性与物的依赖性的双重超越和扬弃,更多地从否定或消极的层面体现了自由个性与人的权利之间的关系。从肯定或积极的方面看,自由个性则更直接地体现于个人全面发展自身潜能这一权利之上。马克思在谈到自由个性时,便同时将其与"个人全面发展"联系起来。在宽泛的层面上,个人的全面发展首先涉及身与心的关系。这里的"身"包括广义的感性存在以及与之相联系的感性能力,"心"则泛指意识及精神世界,"全面发展"在此意义上意味着身与心的并重。"身"作为感性存在,同时又与"天"(天性或自然的规定)

---

① 马克思:"建立在个人全面发展和它们共同的、社会的生成能力成为从属于他们的社会财富这一基础上的自由个性,是第三个阶段。第二个阶段为第三个阶段创造条件。"(马克思:《经济学手稿(1857—1858年)》(手稿前半部分),《马克思恩格斯全集》第30卷,第107—108页。)

相联系,"心"作为精神世界则包含着人的文化内涵,与之相应,"个人全面发展"也关乎"天"与"人"的关系。历史地看,儒家与道家分别侧重于"人道"和"天道",对二者的扬弃则既意味着避免无视自然之性(天),也蕴含着对文明或人化规定(人)的注重。

人化之维作为文明发展的历史积淀,更多地体现了人的社会性品格,相对于此,自然之性则内在于每一具体个体,并与人的个体性规定有着更切近的联系。个体的全面发展一方面表现为充分地实现其社会的潜能;另一方面又展示其独特的个体规定。不难看到,在这里,个人的"全面发展"以社会性与个体性的双重展开为其具体的内涵。

广而言之,自由的个性意味着扬弃存在的片面性。就意识层面而言,它要求超越知、情、意之间的界限和彼此的限定,使个体在理性与情意等方面都获得充分的发展;在人格规定上,它所指向的是真、善、美的统一;从精神世界看,它则以现实能力与内在境界的融合为理想目标。个性的以上发展,意味着超越整齐划一的人格形态。从知情意的交融,到真善美的统一,从能力的发展,到境界的提升,个体成就的现实形态都多样而丰富,其间不存在普遍的模式和单一的进路。

以人的全面发展为内容,自由的个性同时体现于价值创造的过程。个性的自由形态并不仅仅以观念的、精神的方式存在,它总是渗入人的价值创造过程,并通过这一过程而得到具体的展示。价值创造既指向世界的变革,也包括自我的造就,无论是知情意的统一,抑或真善美的交融,都形成于变革世界与成就自我的过程,并进一步作用、体现于后者。对个体而言,价值创造的过程既构成个性自由发展的现实之源,又为自由的个性提供了丰富而具体的内容;与之相应,自由的个性本身也以创造性为其题中之义。

自由的个性体现于个体的具体存在方式,便表现为超越不同形式的限定。当人尚受到人的依赖性或物的依赖性制约时,人的能力、兴趣、活动方式,等等,往往也处于各种形式的限定之中。在人的依赖性处于主导地位的历史条件下,个人首先被定格于某种凝固不变的社会角色;在物的依赖关系中,个人则往往被归结为某种物化功能的承担者,工业化大生产典型地体现了这一点:在大工业的生产流水线中,个体常常被化约为这一物质生产过程中的一个环节。就人的存在形态和存在方式而言,个性的自由发展以扬弃以上的种种限定为其历史前提,它既要求个体潜能的多方面实现,也以个体活动在深度与广度上的多方面展开为指向。

个性的多样形态,内在地涉及个性发展的定向性与不同发展可能之间的关系。从过程的层面看,发展的后起阶段总是以先前的阶段为其出发点和前提,但发展的先前阶段却并不一定必然引向后起的阶段,这里存在着某种不对称性。个人在品格、能力等方面的相对成熟、稳定存在形态,往往可以从其早期的环境、教育、自身的努力之中找到某种端倪或源头,然而,这并不是说,他的早期发展已必然的规定了后来的形态,由于个体自身及社会境遇等等的变化与作用,其个性常常蕴含着不同的发展可能,这里不存在绝对不变的定向。基于以上事实,我们似乎可以区分潜能的现实化(actualization of potentiality)与可能的实现(realization of possibility),潜能的现实化在某种程度上预设了一种确定的趋向,作为结果的发展形态相应地业已作为发展的定向蕴含于出发点之中;可能的实现则并不以既成、单一的定向为前提,它蕴含了不同的可能趋向,同时也为个体自身的创造性发展提供了必要的空间。不难注意到,这里交错着个性发展过程中的必然性与可能性及偶然性、定向与自我的创造性等关系。个性的形成与发展无疑有其内在的根据,这种根据同时也规定了发展的趋向,然而,不能因此将其仅仅理解为一个必然的、命定的过程。个性发展过程中总是受到个体自身及各种社会因素、条件的影响,其中既包含与境遇变迁等相联系的偶然性的制约,也渗入了个体自身内在的创造作用。将个性的自由发展单纯地视为潜能的现实化(actualization of potentiality)或仅仅归结为可能的实现(realization of possibility),都有其片面性。潜能所蕴含的定向性与可能所蕴含的创造性,在个性的自由发展过程中更多地呈现互动的形态。

作为历史的产物,自由的个性和人的全面发展有其现实的前提,除了在社会历史层面扬弃人的依赖性及物的依赖性等等之外,需要予以特别关注的是自由的时间。自由时间首先相对于必要劳动时间而言,从社会的角度看,只有当用于生产生活资料与生产资料的劳动时间减少到一定程度之时,精神等领域的生产才成为可能;投入到前者的时间越少,则花费于后者的时间便越多。同样,对个体而言,在个人的所有时间完全为必要劳动所占据的条件下,其多方面的发展只能是空幻的理想,唯有获得可以自由支配的时间,个体的多方面发展才可能提上日程,通过劳动时间的节约而使个体拥有更多的自由时间,其意义首先也在于为个体的充分发展创造条件。在个人的充分发展与必要劳动时间的减少、自由时间的增加之间,存在内在的相关性。一旦通过缩减必要劳动时间而给所有的人提供自由的时间,则个性的自由发展便会成为现实:"个性得到自由的发展,因此,并不是为了获得剩余劳动而缩减必要劳动时间,而是直接把社会必要劳动缩减到最低限度,那时,与此相适应,由于给所有的人腾出了时间和创造了手段,个人会在艺术、科学等等方面得到发展。"①在这里,个

---

① 马克思:《经济学手稿(1857—1858年)》(手稿后半部分),《马克思恩格斯全集》第31卷,人民出版社,1998年,第101页。

性的自由发展与个人在不同的领域的多方面发展之间彼此统一,而二者的共同前提,则是自由时间的获得。可以看到,唯有以自由时间为基础,人发展自身多方面的潜能并相应地实现自身的基本权利,才具有现实的可能。

由以上前提考察基本权利在中国的发展趋向,便不难注意到其具体特点。从历史上看,以儒家为主导的价值系统对权利的理解,往往以权利与义务的关系为背景。尽管这一价值体系并不否定人的权利,但与注重人伦关系相应,个体的社会责任、义务常常被放在更为优先的地位,即使个体自身的发展(所谓成己),也往往被置于义务的视域中:成己每每被视为"应当"(人"应当"完成自我),而不是首先被看作个人的基本权利。近代以来,民族危机与救亡图强的历史背景,又一次一次地将个体的社会责任提到了显著的地位,并从另一个方面强化了义务的优先性:相对于个体对国家、民族所承担的义务,个体自身的权利多少退居次要的地位。历史过程中所形成的义务优先的这一传统,对于人的基本权利(包括发展自我潜能的权利)实现与保障,无疑具有某种观念上的限制作用。

但另一方面,对人的存在价值的肯定,同样构成了传统价值体系的重要方面。以天人之辩为形式,儒家一再要求将人与其他存在区分开来,并通过人与其他存在的比较,以突出人的内在价值。荀子的如下论述便具有代表意义:"水火有气而无生,草木有生而无知,禽兽有知而无义;人有气、有生、有知亦且有义,故最为天下贵也。"①在此,荀子对人与其他事物作了比较,并由此肯定了人在价值的层面高于其他存在(最为天下贵)。天下万物人为贵,在历史的演化中构成了传统价值系统的重要内容。21世纪初,上述价值信念进一步展开为

① 《荀子·王制》。

以人为本的执政理念。从人为天下贵，到以人为本，其核心是对人存在价值的承认与尊重。在新的历史条件下，以上观念同时又与从单纯注重经济发展向社会的全面协调发展这一转换相联系，从而既在价值观的层面，也在社会的现实运转（包括政策导向等等）这一层面，为人的基本权利（包括人多方面发展自身潜能的权利）的实现，提供了某种担保。当肯定人的存在价值成为普遍共识时，实践领域的权利保障，也将得到具体的体现。基于以上事实，我们有理由相信，在中国的未来发展中，基本权利的普遍享有与落实，将有实质性的推进。

　　进而言之，在生产力的发展过程中，劳动时间的缩短已成为一种历史的趋向，与之相联系的是个人开始享有更多的自由支配时间。在未来的岁月中，伴随着经济的不断发展、劳动时间的进一步缩短，自由时间的增加，已成为可以预期的前景。如前文所论及的，劳动时间的缩短与自由支配时间的增加，是人实现自由发展自身潜能这一基本权利的现实基础；在这一基础不断化为现实的过程中，人的其他各种基本权利的实现，也相应地获得了客观的前提。以政治领域的参与权利而言，只有当个人在直接谋生之外又获得一定的自由时间时，对政治机制的详尽把握、对政治运作程序的具体了解、对现实政治格局的深入认识才成为可能，也只有在此基础上，有可能进一步在深层面实现政治参与的权利。同样，文化发展方面权利的实现，也以个人实际地拥有文化发展的自由时间为前提：只有当个人充分拥有可自由发展的时间时，其发展文化和艺术方面的能力、接受不同层次的教育以及参与各种文化活动的权利，才可能实现。

（原载《上海师范大学学报》2009 年第 1 期）

论知识分子

　　作为一种社会群体，知识分子的存在形态呈现较为复杂的特点。以公共性与个体性、超越性与党派性、批判性与非批判性、知识与权力等张力为形式，知识分子展示了其多方面的规定。这里，拟通过对知识分子两面性的分析，以较为具体地展示其多重品格。

一、公共性与个体性

　　知识分子以不同的方式从事知识的积累、传承、运用。按其本性，知识不仅涉及个体的相信（belief）及确证（justification），而且能够为不同的认识主体所理解，并可以在知识共同体中加以传递、批评、讨论。知识的这种可理解性及可批评性、可讨论性，同时也表现了知识的公共性特点。维特根斯坦曾强调没有私人语言,在相近的意义上,我们也可以说,没有私人知识。知识的这种可公开性或公共性,也赋予了与知识的积累、传承、运用相关的知识分子以公共的品格。

进而言之,在积累、传承、运用知识的过程中,知识分子的知与行总是直接或间接地指向公共领域。"士不可以不弘毅,任重而道远"①,此处之"士"近于现在所说的知识分子,这里的任重道远,显然不限于个人福祉的追求,它在实质上更多地体现了作为个体的知识分子对群体、社会的责任关系。就广义而言,作为社会成员,每一个体都承担着对社会的义务,知识分子的特点在于,他不仅身处这种责任关系之中,而且自觉地意识到并担当起对社会、群体的责任。

在知识分子那里,承担社会的责任,既可以表现为"先天下之忧而忧,后天下之乐而乐"的观念和相应的实践,也可以展开为对社会的批判意识;前者从正面体现了对普遍社会价值的追求,后者则更多地以否定的方式,展示了对群体利益的关切。以儒家知识分子而言,其早期代表孔子一方面以"知其不可而为之"的精神,为实现仁道的理想而奔走不息;另一方面又通过抨击"礼崩乐坏"的历史现状而展示了社会批判的趋向;近代以来,这种批判性往往被赋予愈来愈重要的意义,其范围也逐渐由社会政治领域进而扩展到文化领域。总起来,现实的建设与现实的批判,从不同方面表现了知识分子的社会功能或公共性品格。

知识分子的社会功能或公共性品格,并非仅仅限于所谓公共知识分子。事实上,即使书斋型的知识分子,尽管他似乎并不直接参与公共领域的活动,但通过科学的探索、知识的形成、理论的建构,等等,其书斋中的工作同样可以具有公共的性质。以知识而言,形成于

---

① 《论语·泰伯》。

书斋的知识本身属于一定的共同体和社会,具有公共的性质;以理论而言,如马克思所说,"理论只要说服人,就能掌握群众"。① 与知识、理论的上述性质相应,知识的更新者、理论的创立者的存在方式也具有社会的、公共的性质。康德在这方面似乎具有较为典型的意义,他的一生几乎都是在书斋中度过的,但他的思想影响,却远远地超越了其书斋;相对于缺乏思想的原创性而热衷于在公众亮相的所谓公众人物而言,康德无疑在更实质的层面体现了公共知识分子的特点。②

当然,具有社会性、公共性的品格,并不意味着知识分子仅仅是普遍大我的化身。作为现实的存在,知识分子首先是有血有肉的生命个体,他有自己的特定需要,也有自己的价值取向;既面向公共领域,也有自己的内在世界;既与他人共在,又以自我为存在形态;既不断展开主体间的对话,又一再经历着内在的独语,如此等等。③

独立的人格往往构成了知识分子的内在追求。人格在心理结构的层面内含着知、情、意的统一,在个体存在的层面则以综合的形态表征着个体所达到的精神境界,其中渗入了自我所认同的普遍理想和追求的价值目标、自我所形成的意义世界和意义视域、自我对必然之理与当然之则的理解、自我进行行为选择和评价的定势和能力,等等。人格的综合统一不仅在于意识结构的内在凝聚,而且表现为时间中展开的绵延同一:它在形成之后往往具有相对稳定的性质,并不

---

① 马克思:《〈黑格尔法哲学批判〉导言》,《马克思恩格斯选集》第1卷,人民出版社,1995年,第9页。

② 这里似乎可以对公共知识分子与公众知识分子作一区分:公共知识分子主要就其对公共领域的作用和影响而言,这种作用和影响可以有不同的形式,包括思想影响等;公众知识分子则是时常出现于公众之中并受公众关注的人物,属于众多公众人物中的一种。前者与公共领域的关系具有更实质的意义,后者则似乎较多地以外在方式与公共领域发生关系。

③ 参见拙作《伦理与存在》第7章,上海人民出版社,2002年。

随着时间的流逝而倏忽变迁。以人格为存在的形态,自我既在共时之维与历时之维都获得了统一的意义,也展示了其个体的向度。

同样,知识的形成、积累,不仅以认识的历史发展为出发点,并展开为共同体中的交流、批评、对话,而且也是一种个体性的认识活动。无论是科学知识,抑或人文知识,都离不开个体的创造性的活动。从思维的方式看,认识的过程既需要理性的判断、逻辑的推论,也需要借助体验、想象、直觉等形式,后者往往更多地具有个体性特点,很难与个体的特定存在相分离。以人文知识领域中体验而言,其内容往往涉及存在的感受,包括主体的意愿、价值的关怀、情感的认同,等等。作为价值层面的存在感受,体验显然与个体有着更切近的联系。类似的特点也体现在科学发现过程中的想象、直觉等环节。认识过程中的个体性之维,也从一个方面赋予涉及知识的积累、传承的知识分子以个体性的规定。

可以看到,知识分子作为特定的群体既表现出公共性的特征,也具有个体的向度,如萨义德所指出的,"纯属个人的知识分子"与"仅仅是公共的知识分子",都是不存在的。[①] 诚然,在存在方式上,知识分子中一些成员较多地表现出参与公共领域活动的热忱,另一些成员则更愿意选择书斋生活,但作为知识分子,二者都具有个体性与公共性的双重品格;所谓公共知识分子,显然只具有相对的意义:事实上,我们很难在所谓公共知识分子与非公共知识分子之间划一截然的界限。从公共性与个体性的关系看,我们也许可以更合理地将知识分子视为具有公共性的个体或个体化的公共成员。

---

① 参见萨义德:《知识分子论》,单德兴译,生活·读书·新知三联书店,2002 年,第 17 页。

二、超越性与党派性

与具有公共性的品格相应，知识分子不仅表现出群体的关切和社会的责任意识，而且往往以全民乃至整个人类的代言人自许或自勉。张载曾有如下名言："为天地立心，为生民立道，为去圣继绝学，为万世开太平。"①这既是知识分子的自我要求和抱负，也是他们所追求的理想，尽管这里较多地打上了传统儒学的印记并渗入了某种形而上的思辨，但它所体现的超越个体、超越特殊利益集团的普遍视域，则较为典型地反映了知识分子作为全民或全社会代表的意识和追求。

历史上，知识分子曾一再地提出种种的价值原则、社会理想、政治主张，尽管这些原则、理想、主张总是折射了不同的立场、背景，但当它们出现时，往往被赋予了普世的形式，这并不简单地是立说者刻意作某种姿态，事实上，知识分子在提出有关的原则、理想、主张时，确实也常常认为它们能普遍地适用于一切人群或社会。儒家主张仁道，这种价值原则同时也被视为文明社会的普遍原则，而是否遵循这种原则，则被理解为人区别于其他存在的准则。同样，以启蒙思想家的形式出现的近代知识分子，也把自由、平等、民主、人权等理念，视为超越时空的普遍原则，对他们来说，这些原则不仅反映他们所处时代的要求，而且也是整个人类利益的最高体现；作为这些观念的倡导者，近代的知识分子自身则常常既被奉为社会的良知，也被看作是理想社会的普遍立法者。

然而，如前所述，知识分子并非仅仅表现为普遍的大我，他同时

---

① 张载：《张载集》，中华书局，1979年，第376页。

又具有个体性的规定。作为具体的个体,知识分子总是生活在一定的历史时期,内在于一定的社会关系,并在社会结构中占有一定的位置;尽管知识分子并非被动地受制于其所处的历史背景、社会关系及社会结构,但后者往往也会给予他们以种种影响。同时,社会本身并非仅仅表现为静态的、单一的构成,它在历史的演进中,总是不断经历自我分化的过程,这种分化的结果常常表现为不同的职业群体、阶层、利益集团、党派等等的形成。知识分子并不是一个自我同一的、独立的阶层,就社会归属而言,它们往往分处于不同的职业群体、利益集团;虽然其社会地位、角色与其价值取向、政治立场并不一定重合,但从总体上看,他们很难完全避免社会认同:处于某一社会阶层或集团的知识分子固然未必归属于自己所处的阶层或集团,但却无法不认同任何阶层或集团,而其观念、理想,则每每折射了其社会认同。以前面提到的近代启蒙知识分子的平等理念而言,在其初起之时,它无疑反映了第三等级或市民阶层的要求,尽管这种价值原则往往以普遍的形式出现,但在它之后,仍可注意到对上述社会阶层和集团的认同;与这种认同相应的主张、观念,则往往体现了广义的党派立场。①

近代以来,随着学科及文化领域的分化,知识分子也呈现专家化的趋向,他们常常主要受某种学科的训练,以后又从事相关学科的研究或文化的创造,并逐渐形成专业、学科等方面的身份认同;即使所谓公众知识分子,也总是有其特定的专业领域,尽管其活动往往超出了专业领域,但作为知识分子,他通常也有其专业身份。不同的学科、文化领域之间,往往界限分明,各有自己的规范、专业语言(或行话)、问题及解题方式,相互之间难以越界。学科及文化领域分化的

① 这里的党派立场表现为价值取向、社会理想、利益追求、政治主张等方面的差异和分歧,而并不仅仅限于政治领域的立场认同或近代政党之争。

最为典型的形态,就是斯诺所谓科学与人文两种文化的分野。与学科及文化的如上分化相应,知识分子也往往被区分为作为人文学者的知识分子和作为科学家的知识分子,而不同的专业训练、知识背景,不仅如斯诺所说,使不同专业、文化领域的知识分子面临着相互理解和沟通方面的困难,而且也影响和制约着他们考察问题的角度、视野,并每每由此进而引发文化立场上的分离和差异。从形而上的层面看,科学视野中的存在,往往是数学或物理的世界,人文视域中的存在,则常常呈现为诗意的景象。文化立场上的这种歧异,从另一个方面表现了知识分子的党派性。

以"为天地立心、为生民立道"为形上的形式,知识分子展示了其普世的、超越的一面;然而,对一定阶层、利益集团的依附或归属以及不同的文化认同,又使知识分子很难完全避免党派性。超越性所表现的普遍的视域和社会关切,并不仅仅是一种刻意显示的姿态,它与知识分子的公共性品格相联系,体现为一种内在的思维趋向;但知识分子的党派性却往往以相分、相异的立场,限制了其眼界,并使普遍性难以完全落实:一旦超出了"为天地立心、为生民立道"等抽象的表述,其理想、观念、主张便往往受到其特定的社会、文化认同的制约。知识分子所具有的超越性与党派性在逻辑上对应于其公共性及个体性品格,其中存在着某种内在的紧张。

三、批判性及其消解

知识分子不仅受到程度不等的专业训练,而且以"志于道"的形式表现出不同的价值追求;[①]基于专业训练的知识素养、眼光、判断能

---

① "士志于道"(《论语·里仁》)。

力,赋予知识分子以观察事物和问题的敏锐性,价值理想则使知识分子难以对现实加以简单的认同和接受;二者的结合,为知识分子形成批判的意识提供了前提。曼海姆曾区分了意识形态与乌托邦,一般而言,意识形态较多地体现了对既成秩序的肯定,乌托邦则要求超越这种秩序,但不管作为意识形态的代言人,还是作为乌托邦的倡导者,知识分子都表现出某种批判的趋向:在坚持正统意识形态的情况下,与之相左的观念,往往被视为异端而受到抨击和拒斥;①以乌托邦的追求为取向,则现存秩序往往成为批判的对象。当然,从实质的方面看,对现实的批判,无疑更多地体现了"批判"的本来意义。

按其本义,批判不同于简单的接受、追随现实,对现实的批判意向,总是要求与现实保持某种距离。从自身的价值理念出发,知识分子往往在不同的层面表现出对现实的批判态度,从政治运作到经济秩序,从道德生活到生态环境,其批判的锋芒一再地指向现实过程各个方面。现实的批判在广义上包括文化批判,与盲目地跟潮流、迎时尚相对,具有批判意识的知识分子对所处时代的社会文化趋向往往更多地加以批判的审察。当代知识分子对文化工业、大众文化、技术专制的批评,便体现了这一点。

然而,知识分子在以一定的价值原则批判现实的同时,也面临着自身价值如何实现的问题,正如知识唯有在社会化之后才能真正实现其价值一样,知识分子也往往以得到社会(包括公众)的承认,为其价值的重要实现方式。即使坐在书斋、甘于寂寞的知识分子,也每每抱有日后被发现、被承认的期望;因不得志而欲将著作"藏之名山",

---

① 对不同于正统意识形态的观念加以抨击,可以表现为外在的压制,也可以展开为义理层面的驳难,知识分子的批判,主要表现为后者。魏晋时期正统玄学对"越名教而任自然"的责难,便更多地展开为理论上的批评。

往往以留诸后世（希望其价值为后人所发现）为目标。质言之，知识分子的社会功能体现于社会实践的过程，而社会的承认，则使之具有价值得到实现之感。

在知识分子自身价值的如上实现方式中，社会、公众的承认无疑具有特殊的意义，而对社会、公众承认的关注，往往蕴含着一种可能，即由期望社会、公众的承认，逐渐趋向于对公众的迎合。孔子曾区分了"为己"与"为人"，并以"今之学者为人"批评当时知识分子中所出现的现象。所谓"为人"，也就是言行举止都旨在获得他人的肯定评价，亦即以外在的赞誉为行为的指向，它在本质上表现为一种对他人（公众）的迎合。历史上，这种现象曾一再地以不同的方式出现，直到今天，仍未绝迹。

时下经常提到的学者文人化，也与上述现象相关。作为受过严格专业训练的知识分子，学者所从事的，一般是具有很强专业性的学术工作，其直接的影响所及，往往是范围较小的学术共同体或专业圈；作为宽泛意义上的文化人，文人所从事的，往往是面向公众或大众的文化工作，通过文学作品、时论，等等，文人往往具有较一般学者更广的影响面。学者与文人的界限虽然并非截然分明，但其相对确定的领域却显然存在。然而，时下的一些学者往往不甘寂寞，频频越出自身的专业圈，涉足于本来属于文人的领域。这里当然也包含知识普及、社会关怀等意向，但同时亦不乏孔子所说的"为人"心态，以及获得更大知名度等考虑。

随着现代传媒的发展，媒体愈来愈成为获得公众关注的手段。而借助媒体的方式以更快、更广地为人所知，也成为知识分子获得社会、公众承认的途径。追求在媒体前不断亮相，往往成为一些知识分子的行为特点。而为了成为公众所认可、接受的人物，便不能不揣摩大众心理、迎合大众口味。大众的心理、文化往往具有非反思的特点,向大众文化的靠拢、趋近,常常使知识分子失去了批判的眼光。

批判性要求与现实保持必要的距离,社会承认的期望及与此相关的对公众的迎合,则更多地表现为对现实的认同和接受。批判地超越现实与无批判地认同现实,在知识分子中不同程度地相互交错,它在另一意义上构成了知识分子二重品格。

四、知 识 与 权 力

在社会政治结构中,知识分子往往处于权力的边缘。以传统社会而言,知识分子虽与王权相联系,但常常并不直接参政。司马迁在谈到稷下学者时,曾以"不治而议论"概括其特点①,《盐铁论》则称他们"不任职而论国事"。② 稷下学者是战国时期的知识分子,所谓"不治""不任职",即不参与实际的治国活动,它从一个方面表现了知识分子处于权力中心之外的特点。诚然,知识分子之中也不乏入仕者,但当他们步入仕途后,其身份也相应地发生了变化:或者由士转换为吏,或者由知识分子转换为政府官员;历史上,科举制便曾成为实现上述转化的中介。

与知识分子的边缘化地位相应,知识与权力之间不仅存在某种距离,而且知识的形成、积累,也往往受到权力的约束。在王权至上的时代,挑战君主制或质疑王权的政治学说,便会受到压制。在现代,科学及学术研究往往离不开一定的基金或其他物质条件的支持,然而,尽管学术自由一再被奉为普遍的原则,但知识分子的研究项目常常唯有合乎各种权力部门的需要,才能获得优先的扶持和资助,反

---

① 司马迁:《史记·田敬仲完世家》。
② 桓宽:《盐铁论·论儒》。

之，则不仅容易遭到冷落，而且可能受到种种限制。

不过，权力对知识的约束、知识分子对权力的边缘性，只是问题的一个方面。就更广的视域而言，知识分子与权力之间又每每存在着互动的关系。历史地看，学与仕之间便并非彼此隔绝，所谓"学而优则仕"，即展示了从"学"到"仕"的转化；前文提及的科举制，进一步在体制的层面担保了这种转化。直到现代，知识分子与政府官员之间的流动，依然不难看到。

除直接参政外，知识分子与权力的关系，还表现为其他的形式。在君主制的时代，为帝王师或为君主讲学，便是影响政治的途径之一。汉代董仲舒曾作为一代名儒，应召入京，对策宫中，其"罢黜百家，独尊儒术"的建议对儒学成为正统意识形态所具有的意义，无疑不可忽视。宋代理学家程颐任"崇政殿说书"，以鸿儒身份，教当时尚幼的宋哲宗读书；这虽亦为朝廷一职，但其功能主要是以知识分子的角色体现，而在劝讲过程中，多少也对君主的治国观念产生了某种引导作用。现代社会政治生活中，知识分子更多地通过担任顾问、专家，对政治、经济、外交、军事等领域施加程度不同的影响。总之，尽管在政治的实际运作中，知识分子并不处于中心地位，但他们同时又以不同的方式，展示着其多方面的作用。

广而言之，如福柯已注意到的，知识本身也具有某种权力的意义，而掌握知识，也相应地意味着掌握一种权力。从人类的早期历史看，巫术、占卜等在社会生活中曾起过重要作用，尽管其操作程序具有神秘的色彩，但当它们成为某种独特的职业时，亦涉及宽泛意义上的"知"，而通过天（神）人沟通、为天（神）立言或代天（神）预言等形式，巫术与占卜的操作者也对人们的行为产生了某种支配的作用。在现代社会，从前文提及的政治、经济、军事等领域的决策，到日常的衣食住行，社会生活的各个领域几乎都可以看到专家的影响：如何应对政治、经济、国际关系的风云,如何选择饮食、住房以及日常消费品,等等,都离不开专家的指导或建议。如果说,巫师、占卜术士还不是严格意义上的知识分子,那么,无处不在的现代专家,显然具有真正的知识分子身份,而在专家影响的背后,我们无疑可以看到知识分子的文化权力。近代思想家曾提出"knowledge is power"(通常译为"知识就是力量"),其中的 power 既有力量之意,亦有权力之意,这种双关性,似乎也蕴含了知识的权力意义。

当知识分子与权力中心保持一定距离时,他们每每以反思或批判的眼光审视现实;当知识成为某种权力符号、知识分子也相应地以权力影响或支配不同领域的社会生活时,他们则往往容易形成独断的思维趋向。与权力的双重关系,也赋予知识分子以另一重意义上的两面性。

（原载《学术界》2003 年第 1 期）

理解哲学[*]

　　哲学究竟是什么？在沉思存在的过程中，总是难以回避这一元哲学意义上的问题。以智慧的追求为指向，哲学之思奠基于知和行的过程，彰显了世界之"在"和人自身存在的内在统一，并展开为对"性与天道"的思与辨。作为对世界总体上的把握，哲学试图达到的，是真实、具体的存在。在"是什么""意味着什么""应当成为什么"等追问中，哲学从类（社会）和个体的层面，不断地引导人们走向真、善、美的统一和自由的境界。

------

　　* 本文系作者于 2003 年 3 月 27 日在华东师范大学所作讲演的记录。

一、何 为 哲 学

"哲学"一词最初是西语 philosophy 的译名,在古希腊,"哲学"一词的涵义是爱智慧,就其与智慧相关联而言,哲学也可以视为一种智慧之思。智慧之思当然并不限于西方,事实上,中国的哲人同样很早就开始了走向智慧的漫长跋涉。

谈到智慧,自然便涉及知识和智慧之间的关系问题。与智慧相对的知识,主要与具体的经验领域相联系,它以经验领域中特定事实为对象,以命题、范畴等对各种具体对象分别地加以把握。在这方面,科学无疑是重要的形态。当然,知识不限于科学,但我们可以说科学是知识的一种比较典型的形态。相对于知识,智慧——借用中国哲学的表述——更多地表现为对"性与天道"的追问。在引申的意义上,"天道"首先指向作为整体的世界以及世界本身的统一性或宇宙的终极原因、终极原理;"性"则更多地与人自身的存在相联系,并具体展开为对人自身的本质、人的存在意义、人的完善等等的追问。这样,"性与天道"在总体上即以宇宙人生这样一些终极性的问题为其题中之义,并展开为关于世界终极原理、存在意义等方面的追问。如果由此追溯西方哲学之源,则可以进一步看到,在古希腊,哲学家很早就提出了"认识你自己"的问题;这里所说的"你",并不仅仅是人称意义上的"你",此处之"你",也可以宽泛地理解为一般意义上的"人"。另一方面,古希腊人很早就开始追问何为世界的本原、世界是如何构成的、终极原因是什么,等等,这些问题与中国哲学中"天道"之域的问题具有相通性。可以看到,在哲学的早期发端中,无论是中国古代哲学对"性与天道"的追问,还是古希腊人要求认识你自己、探讨世界的本原,等等,都已经表现出对于世界之"在"和人自身存在的追问与思考。智慧的探求常常便表现为这两重追问,而这两者本身又是相互联系的:人们在追问世界的同时总是联系人自身的存在,或者说,人们总是在人自身的知行过程中追问世界之在。

当然,尽管"性与天道"在总体上相互统一,但我们仍可以从不同的侧面对二者加以考察。从"天道"的层面看,作为世界统一性原理的"道"首先意味着对存在分离的扬弃。在此,我们可以对关于"道"的追问与关于特定对象的知识性追问作一分疏。就知识而言,每一具体的知识形态,如自然科学中的物理学、生物学、化学,社会科学中的社会学、政治学、经济学,等等,都有其独特的研究对象,而每一对象又都有自己特定的规定和界域;与之相应,每一种知识形态都有自己确定的界限,彼此之间往往无法越界。如果孤立地从某一种特定的知识形态来看,则它所把握的常常是存在的一个方面。例如,物理学指向的是对象世界的各种物理规定——波、粒子、力,等等;生物学所考察的是生命对象的新陈代谢;经济学揭示的是社会经济活动的规律。就这些知识形态而言,它们都停留在对象的一个层面或一个方面上,没有,也无须从总体上去把握世界。然而,存在本身则是由多方面的规定所构成,具有内在的统一性;仅仅停留在一个层面上,显然不足以把握这个统一的世界。如何扬弃不同知识形态对存在的分离或分裂? 在这里,以"天道"的追问为形态的哲学智慧,无疑是一种不可或缺的进路。

就"性与天道"中的"性"而言,如前面所提到的,其内涵往往更多地与人自身的存在相联系。智慧总是通过个体长时间的探索,逐渐地凝化于人的精神结构,成为他自身不可分割的一个部分。智慧并不是一种外在附饰,而是人的内在规定;智慧的具体内容,常常是通过人的认识、实践过程逐渐体现出来的。从这方面看,智慧的特点就在于与人同在,而无法与人相分离:它作为人的精神世界、境界而与人同在,并影响着人的思维和行为,制约着人在生活世界中的具体选择。在某种意义上可以说,智慧即其人。

以"性与天道"的追问为内容,哲学的沉思往往凝结为理论的形态;哲学史上留下的各种原创著作,便可以看作是哲学智慧的结晶。但同时,真正的哲学又总是同时处于探索的过程中,并不断地在这一过程中逐渐地敞开自己,展示自身的意义。事实上,不仅哲学的理论形成于过程,而且对其意义的理解和把握也离不开探索过程。就此而言,哲学既是一种理论,又展开为一种活动。作为一种理论思维的活动,哲学的探索主要不是接受或认同已有的观点或看法,从本质上看,哲学需要一种自由、独立的思考,离开自由的思考也就没有哲学。

从历史的维度看,哲学作为活动的另一重含义在于:它与哲学史无法分离。哲学本身就体现在哲学的历史发展过程之中,离开历史过程,我们就无法回答或解决"哲学究竟是什么"的问题。要真正理解哲学的内涵,便需要与哲学家展开"对话";思考、理解哲学的过程,也可以被看作是不断回到历史之中、不断地与历史中的哲学家对话的过程。这种对话,往往以诠释哲学家的思想为形式。哲学家的思想是其沉思过程的结晶,我们在通过诠释其思想而与哲学家对话的同时,也逐渐地揭示和了解其心路历程,并经历他的沉思过程。通过这种"对话",可以从一个方面逐渐对"哲学究竟是什么"的问题获得比较具体的理解。

哲学作为一种活动,其含义还在于"为道"和"为人"的统一。所谓"为道",就是哲学的探索过程,"为人"则是一个身体力行、实践自己哲学理念的过程。哲学并不仅仅是抽象的说教,也非仅仅停留于书斋中的思辨。哲学家们的思想和他们的实践往往具有内在联系。从历史上看,庄子以"自然"为第一原理,认为最完美的形态就是自然的形态,人类的文化活动、文化创造都是对天性的破坏,由此他提出了"无以人灭天"的原则。这种将"自然"理想化的观念,无疑容易忽略人类文明发展的价值;但从哲学理念上看,其中也包含着注重自然原则的趋向,这和儒家对"仁道"原则的推崇形成了对照。庄子不仅在"为道"的意义上坚持自然原则,而且也将这一原则贯彻于其"为人"的过程。根据历史记载,楚威王曾派人请庄子去做楚国的宰相,但是庄子断然予以回绝。在他看来,宰相之位固然很高,但他宁愿在贫贱中自由自在地生活,而不愿受当时政治生活的束缚。这样的生活方式、实践过程和他在哲学上坚持的原则是一致的;也可以说庄子的学说和他的为人是统一的。就西方哲学史而言,苏格拉底是古希腊重要的哲学家,而当我们回顾苏格拉底一生的时候,总是要提到苏格拉底之死。他的死具有重要的象征意义,其中体现了对人的尊严的维护以及对死的达观态度。苏格拉底所在的城邦以误导青年的罪名把他投入监狱;在入狱之后,他的学生曾为他创造了逃离的机会,但是他却拒绝越狱而宁愿静静地在狱中等待死亡的来临。这样的选择既以坦荡自信的胸怀,体现出了对人自身尊严的维护,也展示了哲人对死的达观态度。苏格拉底在哲学上十分注重德性,在人生最后的选择上,确实也可以看到他对于道德的深沉追求。他的道德呼唤和他的人生选择之间,同样呈现内在的一致性。

当然,哲学作为一种活动,其特点更集中地体现在理论的层面;哲学本身即展开为一个无穷的理论追问过程。在日常生活中,当我们来到草原,看到"风吹草低见牛羊"的景象时,往往会禁不住赞叹自然之美;当我们走进森林,看到清澈的小溪,听到潺潺的流水声,也会自然地产生美感。这些"美"都是具体的美,是建立在日常经验之上的;而哲学则不满足于这种特定的美感,也不停留于仅仅作出具体的审美判断,它要求追问"什么是'美'本身""何为美的本质"。哲学对"美"的追问与日常生活中的美感,其差异就在于前者超越于经验现象的描述,而要求进一步追问美的内在本质。哲学总是进行终极性追问,而不是限定在现象的层面上。

哲学上比较系统的理论追问,可以借用康德提出的问题来阐释。康德曾提出了四个著名的问题:我可以知道什么? 我应该做什么? 我可以期望什么? 人是什么? 这里的第一个问题(我可以知道什么)涉及理论的理性或认识的领域。在日常经验中,我们都会经历不同的认识过程——从日常经验到科学家的探索活动,都涉及具体的认识活动。哲学的特点在于:它不仅仅经历这类具体的认识过程,而且进一步追问认识过程所以可能的根据,考察达到普遍、必然的知识所必须具备的条件。知识具有何种界限? 我们能够知道什么、不能够知道什么? 等等,由这一类的追问,常常具体地演化出不同形式的认识论、知识论。

康德所提出的第二个问题("我应当做什么")涉及实践理性或伦理的领域。这里,我们也许可以区分作为社会现象的道德和作为伦理学说的道德哲学。道德主要展开为一种规范系统,它规定"你应该做什么""不应该做什么"。但是,道德哲学则不仅仅满足于颁布"可以做什么""不可以做什么"的律令,它还要进一步追问:为什么应当作这种而不是那种选择? 社会要求人们遵循的道德原则的根据是什么? 怎样的行为才可以视为道德行为(一种合理的道德行为的特征是什么)? 如何才能建立社会的普遍道德秩序? 等等。对这些问题的追问,往往引发出不同形态的伦理学或道德哲学。

康德提出的第三个问题("我可以期望什么")在引申的意义上指向终极的目的或个人的终极关切。如我们所知,终极关切每每关乎宗教的追求。但哲学不同于宗教,宗教意义上的终极关切,往往与彼岸或来世等问题相涉,哲学则基于人的现实存在,以理性的方式探索如下问题:终极关切的意义何在? 终极关切何以不可避免? 等等。

这一类追问常常与人对自身的理解相联系。对无限的存在者或宗教领域中的上帝来说,不存在终极关切的问题,因为"无限"或"上帝"的预设本身就承诺了终极性,从而无须提出这样的问题。另一方面,人之外的动物则仅仅是一种有限的存在,它总是限定在自己的物种之中,受到自己特定物种的限制而无法超越,对这种有限的存在来说,也不会发生终极关切的问题。相形之下,人不同于宗教意义上的上帝,他是有限的存在,其生命总是会走向自己终点;但另一方面,人又不像动物那样,仅仅限定在自己的物种之中,他可以超出自身,提出超越既成存在形态的理想和目标,并且通过自己的力量,在实践的过程中不断去实现这些目标。质言之,人是一种既有限又无限的存在,具有超越有限的能力;终极关切和人的这种独特的存在品格显然难以分离。哲学对终极关切的追问,也常常基于对人的以上存在品格的分析和理解。

康德所概括的第四个问题("人是什么")具有总结的性质。前面几个问题的追问,最后便归结到"人是什么"的问题。对于"人是什么"这个问题,我们当然可以从不同的维度去解释它:在生物学的层面,我们可以把人理解成一种有生命的动物;从人类学这个角度看,可以对人的生理的特征、生物性的特征作综合的考察,而文化人类学则进一步着眼于人的文化特征,关注人的文化、行为方面的特点。对"人是什么"的更深沉的分析,则展开于哲学的层面。具有不同哲学立场、不同哲学背景的哲学家们常常对此提出不同的看法。同时,对"人是什么"的追问,总是进一步把哲学的沉思引入到历史的领域之中,而这些追问最后总是与人的历史活动以及人在社会历史过程中展开的实践过程联系在一起。从哲学史看,在康德提出"人是什么"这一类问题之后,历史的领域、历史的维度,在哲学中就越来越引起关注;在后来的黑格尔、尤其是马克思那里,对历史、社会这个层面的理解也越来越深化。

以上,主要借用康德所提出的问题,大致地考察了哲学作为以理论思维的方式把握存在的活动所涉及的一些具体方面。在追问存在的过程中,哲学同时形成了其不同分支,后者也可以看作是哲学思维所指向的具体领域。当然,如果严格地加以分疏,则哲学的领域并不限于前面所提到的方面。

哲学作为一种追问存在的活动,同时也是一个不断地进行批判、反思的过程。真正的哲学之思很少接受现成的结论,它不会对以往的知识、过去的教条、已有的看法,毫无批判地加以接受。哲学对既成的命题、观念、理论,都要求以批判的眼光加以反思,并进一步追问其根据。总之,它具有批判性的特点。同时,哲学家对自己提出的观点、论点、命题,总是要进行论证。前面提到的"批判性",主要是针对前人或是他人的结论、知识、命题而言,表明哲学不是现成地接受已有思想。对哲学家自己而言,当他提出一个论点、命题的时候,总是要进行细致的分析和严密的推论。哲学家的特点就是要进行批评和论证;他既拒绝接受现成的教条,也反对独断地给出一个结论;无论对他人或自己提出观点,都要进行分析、论辩。这种反思的、批判的态度以及注重推论的趋向,也构成了哲学活动的重要特点。

概而言之,以智慧的追求和探索为指向,哲学之思既以宇宙人生的终极性原理为内容,又包含真、善、美等不同的价值向度;既再现存在的统一性和具体性,又连接了把握存在的不同视域和方式。

二、哲 学 何 为

与"何为哲学"相联系的另一个问题是"哲学何为"。回答这一问题,首先需要考察哲学是如何形成的。关于哲学的起源,东西方的哲学家往往有不同的看法。西方哲学很早就形成了哲学起源于惊异或惊诧的看法。古希腊的柏拉图、亚里士多德都认为，哲学最初产生于人类的惊异感或好奇心。如我们所知，"惊异"涉及知和无知的关系问题。对于一个完全认识、透彻了解的对象，我们通常不会产生惊异感。例如，对于日常生活中非常熟悉的现象，我们不会感到惊讶或好奇。对于完全无知的东西，我们也不会产生惊异感：如果对一个事物是否存在以及如何存在都一无所知，我们对它的惊异感便无从产生。惊异常常形成于知和无知的统一。就其内涵而言，"惊异"事实上涉及某种理论的兴趣：认识往往发端于惊异；以"惊异"解释哲学的起源，相应地着重是从人类的理论兴趣或理论需要这一层面来探讨哲学的产生问题。与这一思路有所不同，中国古代哲学家更多地从忧患的角度来把握上述问题。如所周知，中国最早的哲学经典之一是《易经》，在追问、探讨《易经》如何产生的时候，早期哲学家曾提出了这样一个问题："作《易》者其有忧患乎？"事实上，这是用问题的方式提出一个正面的见解：在这里，《易经》作为中国最早的哲学经典之一，主要被理解为忧患意识的产物。"忧患"相对于"惊异"来说，更多地表现为一种对现实、对人生的关切，以"忧患"为哲学之源，相应地主要是从人类现实的需要、现实的关切这一角度来讨论哲学的起源。总起来，不管是从哪一个方面加以切入，哲学都并不仅仅是少数哲学家们关起门来加以思辨的产物，它在现实土壤中有深厚基础。无论是理论层面的探索（惊异），还是社会、人生之维的关切（忧患），都可以看到哲学产生的现实根源。

这种现实的根据往往体现在许多具体方面。事实上，如我们所经常注意到的，日常生活中的个人也往往很难避免哲学问题。从历史上看，我们可以发现不少这样的记载。例如，中国古代哲学家朱熹很早便提出了哲学的问题，他的父亲在其幼时，曾指着天告诉他说：

这是"天",朱熹马上就问：天之外是什么东西？这个问题就是哲学问题，它涉及对宇宙在空间上的无限性的思考。同样，与朱熹差不多同时代的陆九渊，也在很小的时候问他的父亲："天地何所际穷？"即天地有没有边际，与朱熹相似，他实际上也提出了一个哲学问题。与此类似，明代的王阳明在12岁的时候就曾问他的老师，什么是"第一等事"，所谓"第一等事"即是有关本原性、终极性之事。他的老师回答说：能够考取功名（中举人或中进士），就是第一等事。王阳明却对这一见解却不以为然，在他看来，唯有"成圣"才是真正意义上的第一等事。这里的"成圣"，就是一个与人自身存在相联系的哲学问题：如何才能够成圣也就是如何才能达到理想的人格。如果说，朱熹、陆九渊提出的问题更多的是对这个世界的追问，那么，王阳明所提出的"何为第一等事"或"如何才能够成为圣人"则涉及人自身的存在。早年的朱熹、陆九渊和王阳明，在当时还都不是哲学家，而只是普通的幼儿，但却都已经朦胧地涉及哲学问题。

可以注意到，从"类"以及历史的角度来看，在人类较早的发展阶段（古希腊及中国先秦），人们已开始分别从理论的需要或现实的关切等层面来探讨哲学产生的根源；就个体的角度而言，日常生活中的自我，即使在幼年时代往往也很难避免哲学问题。这些事实表明，哲学思想不是少数人在头脑中凭空杜撰出来的，它根源于人的现实存在过程，根源于个体、社会的现实需要。这种现实的向度，同时构成了我们讨论"哲学何为"的基本前提。

具体而言，哲学在现实生活中的意义，大体上可以从两个方面来理解。首先是社会历史的层面。在这一层面上，哲学的意义之一就在于不断地引导人们走向真、善、美的世界。关于这一点，我们亦可以从哲学本身的问题入手来加以考察。

如前文所论，哲学是一个不断追问存在的过程。就人的视域而言,对存在的追问总是涉及"是什么""意味着什么""应当成为什么"诸问题。从哲学的维度看,"是什么"所追问的,不是具体的个体,而是存在本身,包括"世界的本源""世界的真实形态",等等。这种追问所指向的,是一个具体而真实的世界,它涉及我们一般所理解的"真"的问题。"意味着什么"主要讨论存在、世界对人所具有的意义,它既指向审美过程,也关乎个体或社会的存在和发展;前者涉及"美",后者则以个体及社会的完善为内容,从而在实质的层面关乎"善"。由此,我们可以注意到,"是什么"和"意味着什么"的追问,总是不断地引导我们达到"真""善""美"的统一。

第三个问题("应当成为什么")所涉及的,是如何通过人自身的行动和实践过程,来实现前面提到的存在、世界对人所具有的意义,亦即如何把这种意义化为现实,由此便引向变革世界的问题。一般而言,"是什么"和"意味着什么"的提问,主要在于从不同方面解释这个世界,而"应当成为什么"的问题则以如何使这个世界合乎人的需要、合乎人的自由发展为注重之点,这就进入了改变世界的论域。可以看到,"是什么""意味着什么"和"应当成为什么"的追问一方面涉及真、善、美诸维度,另一方面又把说明世界和改造世界联系起来。从总体上说,这三重哲学追问的意义就在于引导人们在知和行的统一中,不断地走向真、善、美的理想之境。这里无疑体现了哲学的规范作用。一般而言,理论总是具有规范的意义,哲学作为对世界的理论把握,同样不仅解释世界,而且也规范人的实践。从规范的角度看,哲学的功能当然不是具体地去解决一个一个特定领域中的问题,而是在总体上引导人们去创造和实现真善美的世界,而这同时也从历史的、社会的层面展示了哲学的现实意义。

与智慧的追求相联系,哲学的意义在个体的层面表现为引导人走向智慧之境。智慧之境包含多方面的内容,首先是"以道观之"。

前面已提到,哲学是对"性与天道"的追问,"以道观之"就是从道的角度把握人与世界的关系。从形而上的层面看,"以道观之"意味着扬弃人自身的内在分裂或分离。如所周知,在现实生活中,个体常常在不同的社会关系、社会结构中扮演不同角色,而每一种角色,仅仅表现了某一种特定的存在形态。当个体分别处于或定位于不同的角色时,他在某种意义上便呈现为一种分离的存在。"以道观之"要求扬弃个体的分离或分裂形态,重新从总体上整合自我,使之回归到具体的存在形态。从认识世界与认识人自身的层面看,"以道观之"则意味着超越抽象的认识方式,克服自我本身在认识过程中可能产生的种种偏见,如其所是地把握这个世界、达到真实的存在。

在道德实践的领域中,智慧之境体现为孔子所说的"从心所欲不踰矩"。孔子在晚年回顾其一生时,认为自己在七十岁时已经达到了"从心所欲不踰矩"的层面。"从心所欲"表明人的行为完全出于自己的意愿,其中不存在勉强和外在的强制。"矩"泛指社会的规范,"不踰矩"也就是不违反这种规范,它所体现的是行为的自觉性质。如果我们由此作进一步考察,则可以将道德行为区分为三个相互联系的方面:其一是"自觉"之维,道德主体应当具有理性的意识,他的行为也应当是自觉的,而不是盲目、自发的;其二是"自愿"之维,即行为不是在外在力量强制之下展开的,而是出于自己的自愿选择;其三,"自然"之维,前两种形态("自觉"和"自愿"),在某种意义上还包含有意而为之的意思,表明行为还需用通过自己的努力,依赖于自己的自觉思考和意志决断,等等,"自然"的境界既包含了自觉与自愿,但同时在某种意义上又超越有意而为之,达到了一种从容中道的境界:个体在不同境域的言行举止,既无需任何勉强,也不表现为一种有意而为之的过程,而是不假思为,近乎自然。智慧之境在道德实践的意义上,即以此为其内在特征。

在审美的领域,智慧之境涉及合目的性和合规律性的统一问题。审美的过程一方面具有合目的之性质:我们进行审美判断的时候,对象、外部世界的构造、比例、色彩或更广意义上的存在形态似乎合乎我们的审美要求,这个过程可称之为一个合目的性的过程。但另一方面,个体在对对象作审美观照时,并不非以功利的意识去扭曲对象,用黑格尔的话来说,它依然让对象"自由独立"地存在。在此意义上,审美过程既可以说是自然的人化:自然的对象进入到人的审美过程之中,成了人的审美对象,并获得了审美的意义,同时也表现为人的自然化:人不是用某种功利的观念去改变、扭曲对象,而是让自然以自身的形态存在,在更广的意义上,人化的过程本身也以合乎自然为指向。这里,智慧之境确乎表现为一个合目的性和合规律性相统一的境界。从另一视域看,基于上述观念去考察、处理生态环境等问题,同样有其独特的意义。随着现代化过程的发展,生态环境的恶化等问题越来越突出。对此,一般往往主要是从伦理的观点来考虑,并由此提倡尊重自然;通常所说的生态伦理、环境伦理,便是从尊重自然这一伦理观念出发。事实上,如果从审美的角度去看待,往往可以获得对环境和谐、生态平衡更深刻的理解:一个被人为破坏的环境或生态,同时也意味着远离庄子所说的天地之美,从而不合审美理想、缺乏应有的美感。

　　如前面提到的,"是什么""意味着什么""应当成为什么"三重追问着重从类(社会)以及历史的角度,不断地引导人们走向真、善、美统一的世界,相对于此,智慧之境更多地从个体的角度,展示了对真、善、美统一的向往和追求。当然,二者并非彼此分离,事实上,当我们从审美理想的角度考察生态等问题时,智慧之境的意义已超越了个体之域。同时,个体的境界难以仅仅停留在精神的层面,以真、善、美的统一为内容,智慧之境最后总是要化为个体的具体行动。在这里,我们可以再次看到,境界和人的存在是不可分离的:境界总是外化于行为、体现于人的知行过程。

对知和行统一的进一步考察,便涉及人性能力的问题。从宽泛的意义上说,人性能力是人的本质力量在认识世界和认识自己、变革世界和变革自己这一过程中的体现。以感性与理性、理性与非理性等统一为形式,能力融合于人的整个存在,呈现为具有人性意义的内在规定。在理性的层面,人性能力以逻辑思维为形式,以实然与应然、真与善的统一为实质的指向。对实然(真)的认知、对应然(善)的评价,同时又与目的之合理性(正当性)的确认以及手段之合理性(有效性)的把握彼此相关。这一过程既以知识的形成为内容,也以智慧的凝集、提升为题中之义,无论是真实世界的敞开,抑或当然之域的生成,都展示了理性能力的深沉力量。与理性或逻辑思维相辅相成的是想象、直觉、洞察等非理性的形式,后者的共同之点,在于以不同于一般理性或逻辑思维的方式,展示了人把握世界与人自身的内在力量。整体性的精神形态不同于单向度的规定,而是包含理性与情意等非理性的方面。价值目标上真善美的统一,与精神世界中知情意的交融,具有内在的一致性。作为一种整体性的精神形态,智慧之境既包含内在德性,也涉及人性能力,从而具体表现为精神境界(德性)与人性能力的统一。

从认识世界的维度看,哲学沉思的过程,同时也是一个锻炼我们理论思维能力的过程。通过思考哲学问题、回顾和反思哲学的历史,我们自身也往往经历一个理论思维能力不断提升的过程。前面已提到,理解哲学,需要回到哲学的历史,沉潜于历史上重要哲学家的文献,这种沉潜、回顾的过程,也是不断地和哲学家对话的过程。通过对话,我们同时也敞开他们的思维历程、领略他们的问题意识,并具体地了解他们解决问题的方式;在这一过程中,我们自身的理论思考能力也会逐渐经受锻炼、得到提升。这种理论能力并不仅仅作用于哲学的思考,它也可以进一步运用到我们思考具体问题、解决具体问题的知行过程。从这一意义上说,哲学对我们的日常生活、对我们所从事的各种不同领域的实践,同样具有不可忽视的意义。

至此,我们看到,"哲学何为"与"何为哲学"二重提问所涉及的,是相互关联的二个方面。以"性与天道"的追问为指向,哲学的智慧展示了其独特的意义:一方面,哲学不同于具体的知识或技术,它并不能代替后者去解决具体的问题;另一方面,哲学领域中的智慧探索与智慧之境,总是通过对知行过程的制约和规范,不断在个体与类的层面,将人引向真善美统一的自由境界。

(原载《学海》2003 年第 4 期)

中西之学与世界哲学[*]

一

关于中西哲学之间的关系,可以从不同的层面加以理解。在相对静态的意义上,中西哲学往往首先被置于同异关系之中。在中、西哲学刚刚相遇时,我们常常可以看到上述层面的比较研究,它所关注的通常是如下一类问题:中国哲学如何、西方哲学怎样;什么是二者的共通之处、何者为它们的差异之点,等等。不难看到,这种视域所侧重的,不外乎同异(相同与差异)

＊ 本文系作者在 2008 年 6 月 22 日由上海社科院、上海中西哲学与文化比较研究会主办的"中西哲学比较研究中的前沿问题研讨会"学术会议上的发言,由研究生根据录音记录,并经作者审定。

的比较,从严复、梁启超、章太炎到梁漱溟,都不同程度地表现出这一特点,在尔后的比较研究中,依然可以一再看到如上趋向。这一类的比较研究对于具体把握中西哲学各自的特点,无疑具有积极的意义,然而,仅仅停留于此,似乎也容易流于平面的、静态的罗列。

与静态的、平面的比较有所不同的,是互动的视域,后者意味着从相互作用的层面理解中、西哲学之间的关系。这里首先涉及西方哲学对于中国哲学研究的意义,后者本身又可以从不同的方面考虑。对中国古典哲学的理解,往往涉及多方面的背景,在中西哲学相遇之后,西方哲学便提供了一个重要的参照系统。以先秦《墨辩》(《经上》《经下》《经说上》《经说下》《大取》《小取》)而言,其中的不少观念、思想长期以来素称"难解",梁启超便曾列举了八点难读之处。《墨辩》之难读,当然有各种原因,其中很重要的一点在于它涉及不少科学的、逻辑的问题。近代以后,不少思想家,如梁启超、章士钊、胡适、谭戒甫等以西方亚里士多德以来的形式逻辑系统为参照背景,从一个新的角度解读这一经典,号称"难读"的《墨辩》之意义也随之逐渐清晰。可以设想,如果没有以上的参照背景,《墨辩》中的一些内容恐怕到现在仍会如同"天书",其意义难以获得确切的理解。

另一方面,不管是中国哲学,抑或西方哲学,在其发展过程中都会形成自身的某些问题,这些问题可以是比较具体的、特殊的,也可以是普遍层面的。以中国哲学而言,如冯友兰等已注意到的,从宽泛的、普遍的层面来看,较之西方哲学,它更多地展现为一种实质的体系,而在形式的系统方面显得相对薄弱。此所谓"形式的系统",包括概念的辨析、论点的逻辑推论等。历史地看,中国哲学家的体系都有内在的宗旨,其思想、观念都围绕这一宗旨而展开,但这种哲学系统内在的逻辑关联常常未能在形式的层面得到展示。同时,中国古典哲学系统中的概念、范畴固然有其深沉、丰富的涵义,但这种涵义也往往缺乏形式层面的清晰界定。对古典哲学的诠释,总是涉及概念的辨析、理解以及哲学观念的系统把握,在回顾、反思中国古典哲学的过程中,如果借鉴西方哲学注重逻辑分析的研究进路,显然不仅有助于在实质的层面理解传统哲学的意义,而且将促进我们从形式的层面阐明其概念、范畴的内涵,并进一步把握其内在的逻辑关系。

同样,西方哲学也在不同的方面涉及如何解决自身衍化中出现的理论张力等问题,而在解决这些问题的过程中,也需要以不同的哲学系统为其参照背景。以伦理学而言,休谟从实质的方面突出了情感在伦理学中的地位,相对而言,康德的伦理学则更多地注重伦理学的形式方面,其道德哲学常常被视为形式主义的伦理学。与《纯粹理性批判》中注重感性的作用有所不同,康德的《实践理性批判》对经验、感性等实质的内容,往往更多地持疏离、悬置的立场,后者也从一个侧面表现了伦理学上的形式主义的倾向。后来舍勒(Max Scheler)对康德的伦理学提出了很多批评,并提出非形式的价值伦理学,将价值作为伦理学关注的中心之一,但在注重价值等实质方面的同时,舍勒似乎对形式的方面有所忽略。以"实质"超越"形式",在逻辑上便蕴含着对形式规定的某种疏离和贬抑。形式与实质的对峙在20世纪分析哲学与存在主义哲学中得到了另一种意义上的延续。相对而言,分析哲学更多地着眼于元伦理学,后者主要侧重于从形式的层面对道德语言作逻辑的分析,存在主义的系统则更多地将伦理学与人的自由、价值、存在意义等联系起来,亦即以实质的方面为主要关注之点。如何解决形式、实质之间的张力?这里当然涉及多方面的理论问题,而不同的哲学传统也可以对解决以上问题提供不同的视域。在中国哲学的传统中,便可以看到另一种进路。自先秦以来,儒家系统的哲学家一直注重"仁""义"的统一。"仁"更多地关注人的存在意义,其中内在地体现了对人的价值关怀,"义者,宜也","宜"即"应当",引申为当然之则、规范系统,作为当然,"义"同时涉及形式的方面。对传统儒学而言,"仁""义"之间有着内在的关联,孟子便指出:"仁,人之安宅也;义,人之正路也。旷安宅而弗居,舍正路而不由,哀哉!"①"安宅"隐喻稳定的基础、根据,"正路"意味着正确的方向(正确大道),具有引导的意义。在这里,以确认人的存在价值为内容的仁道,构成了道德系统的基础,而以"应当"这样的规范形式表现出来的"义",则显示了其行为导向的作用。如前所述,作为当然或应然("宜")的体现,"义"有其形式的方面,"仁"则以确认人的价值与存在意义为内容,从而更多地呈现实质的涵义,与之相应,肯定完美的道德行为是"仁""义"的统一,意味着道德实践中形式的规定与实质的规定不可偏废。"仁"与"礼"的统一也表现出同样的趋向。"仁"与"礼"的统一是早期儒家非常重要的观念,所谓"人而不仁如礼何"②,便强调"仁"和"礼"不能分离。"礼"既指政治、伦理的体制,也表现为规范系统,后者亦具有形式层面的意义。总起来,从道德哲学的角度看,仁与义、仁与礼的统一所蕴含的是如下观念:形式层面的一般规范应以实质的仁道观念为根据;仁道观念本身则又应通过普遍化为行为规范而为行为提供导向。不难看到,在中国传统哲学(首先是传统儒学)的视域中,伦理学中形式的层面与实质的层面并不存在非此即彼的冲突关系,毋宁说,二者更多地展现为内在的统一。这种"仁"和"礼"、"仁"与"义"相互融合的思路对于扬弃西方伦理学史上形式和实质的对立显然提供了富有启示意义的思路和思想资源,它从这一方面表明:中国哲学对回应西方哲学的问题具有不可忽视的意义。

---

① 《孟子·离娄上》。
② 《论语·八佾》。

当然,哲学之思并不仅仅限定于历史的回顾以及对哲学史演化中各种问题的反思,在更本原的意义上,哲学同时面临如何说明、把握现实世界和人自身存在的问题;中西哲学本身都试图以不同的方式提供对世界的理解和说明,并以理论性的沉思和建构为指向。就是说,思考、解决历史中的问题,彼此提供参照背景,最后总是引向如何说明、把握世界的问题。从这方面看,中、西哲学之间的关系既不能停留于单纯的同异比较,也不应限于相互参照以应对各自的问题,而应当指向建设性的理论思考,并进一步通过这种理论思考以更深入地把握我们所面对的世界。相对于以往的哲学演化过程,以中西哲学的互动为背景而展开的哲学沉思,在历史与逻辑二重意义上都具有世界哲学的意义。[1]在这里,中西之学与世界哲学同时形成了内在的关联。

二

世界哲学可以从不同的层面加以理解。将哲学理解为"世界哲学",首先与历史已成为世界的历史这一更广的背景相联系。马克思曾指出:随着资本主义生产方式的发展,"人们的世界历史性的而不是地域性的存在同时已经是经验的存在了。"[2]与之相联系,世界哲

---

[1] 自中西哲学相遇、交汇以后,中国的哲学家便开始从不同的方面关注世界哲学的问题,如胡适在 20 世纪初所作的《中国哲学史大纲》(上卷)中已提及,随着中西哲学的相互影响,未来可能发生一种"世界的哲学",冯友兰也从中国哲学与西方哲学的关系这一角度,对"未来世界哲学"予以了自觉的关注。在 20 世纪的后期,冯契先生进一步肯定了中西哲学交融的历史涵义,认为中西方哲学在中国土地上的合流,"是一件具有世界意义的大事。"(冯契:《中国近代哲学革命的进程》,华东师范大学出版社,1997 年,第 723 页。)

[2] 马克思、恩格斯:《德意志意识形态》,《马克思恩格斯选集》第 1 卷,人民出版社,1995 年,第 86 页。

学意味着超越地域性的、特定的文化背景和文化传统,从"世界"的角度来理解、看待这个世界本身。从以往的历史衍化来看,中、西哲学系统在存在境域以及文化传统上都有自身的限定,这种不同的文化空间、历史背景往往在相关的哲学思考中留下自身的特定印记。如所周知,在古希腊的城邦中,城邦认同具有某种优先性,如何使一定的城邦成员之间在政治、经济等方面形成公正的关系,构成了哲学家关注的重要问题,柏拉图在《理想国》中将正义作为中心论题,即体现了这一点。相形之下,在早期中国的宗法关系中,人首先表现为家族的成员,与这种基本的身份认同相联系的,是孝、慈等社会要求,仁义等观念亦可追溯于此(原始儒学以孝悌为仁之本,便体现了这一点)。这里已可看到不同的存在境域与背景对哲学思考的制约。从某种意义上说,在历史成为世界历史之前,人们拥有不同的世界,相对于此,在历史成为世界历史之后,人们则开始走向同一个世界。"世界哲学"意味着在共同的世界之下,展开对世界的思考和理解。当然,在近代以前,似乎也出现过某种超越特定地域的观念,如中国思想史中的"天下"观念,便包含普遍的内涵。不过,在传统哲学中,"天下"这一观念往往又与"夷夏之辩"相联系,而"夷夏之辩"在地域与文化上都蕴含着对世界的分别与划界,与之相涉的"天下"概念,也仍有其历史视野的限定。

世界历史主要从存在的背景上,规定了哲学的"世界"向度。就哲学本身而言,走向世界哲学,同时意味着回归哲学的本原形态。哲学从其诞生之时即与智慧的追求无法分离;作为把握世界的方式,智慧不同于知识:知识主要指向经验世界之中各种特定的领域和对象,智慧则要求超越经验领域的界限,把握作为整体的世界。黑格尔曾指出:"哲学以思想、普遍者为内容,而内容就是整个存在。"①以"整个存在"为指向即意味着超越知识对存在的某一方面、某一层面的理解。撇开其对存在的思辨规定,这里已注意到了哲学与整个存在之间的关系。按其本义,哲学确乎以扬弃知识的界限而达到对世界的整体性理解为其内在特点。历史地看,由于受到地域性以及不同文化传统和文化背景等等的制约,超越知识的视野而从整体的、统一的层面把握世界哲学进路,往往也有其自身的限度。然而,在历史越出地域的限制而走向世界历史、特别是今天逐渐走向全球化的背景之下,存在背景方面的限制也在某种意义上得到了扬弃,这就为真正超越特定的界限(包括知识的界限)而走向对整个存在的理解,提供了更为切实的历史前提。同时,近代以来,随着知识的不断分化,学科意义上的不同知识形态逐渐取得了相对独立的形态,并愈来愈趋于专业化、专门化。知识的这种逐渐分化既为重新回到智慧的本原形态提供了可能,又使超越界限、从统一的层面理解世界显得愈益必要。就理性思维而言,知识的分化往往使人容易以知性的方式来把握世界,事实上,以知性的思维方式理解存在与近代以来知识的不断分化过程常常呈现同步的趋向。在经历了知识分化的过程之后,如何真正回到对世界的整体性的、智慧形态上的把握?这是今天的哲学沉思无法回避的问题,而回应这一问题的过程,同时也是走向世界哲学的过程,在此意义上,所谓"世界哲学",也可以理解为智慧的现代形态,或者说,现代形态的智慧。这里,似乎可以对初始的、未经分化的智慧形态与近代以来经过分化以后而重新达到的智慧形态作一区分,"世界哲学"便是经过分化之后,在更高、更深刻的层面上重新达到的智慧形态。从以上方面看,世界哲学显然不仅

---

① 黑格尔:《哲学史讲演录》第1卷,贺麟、王太庆译,商务印书馆,1959年,第93页。

仅是一个空间的概念,而是同时包含着时间性、历史性的内涵。

　　作为智慧的形态,哲学既超越知识的限度而表现出普遍的向度,又内在地包含着价值的关怀,与之相联系,世界哲学意味着从更普遍的人类价值的角度,理解世界对人的意义。宽泛而言,无论是作为智慧的早期形态,抑或现代的智慧形态,哲学在某种意义上都是"以人观之",这里的"以人观之"是指站在人的存在背景或与人相关的前提之下展开对世界的认识和理解,这一意义上的"以人观之"与"以道观之"并不彼此冲突:所谓"以道观之",无非是"人"从道的维度把握("观")世界。"以人观之"有不同的"观"法,在人受到地域、文化传统等条件的限制之下的"观"与这些限定不断被超越之后的"观"是不一样的。近代以来,在历史走向世界历史的背景下,哲学逐渐有可能在一种比较普遍的、人类共同的价值基础和前提下,提供关于世界的说明,包括澄明世界对于人所呈现的意义。这里,特别值得注意的是康德的有关看法。康德没有谈到"世界哲学",但却提到了"世界概念"(world concept)下的哲学。在《纯粹理性批判》中,他特别对与哲学相关的"世界概念"做出了如下解释:"世界概念在这里就是那涉及使每个人都必然感兴趣的东西的概念。"[①](这里,"每个人"包含普遍之意,它意味着从整个的人或者人类整体的角度去理解存在。)在《逻辑学讲义》中,他进一步指出,"在世界公民的意义上",哲学领域可以分别提出四个问题。在这里,"世界公民"与"每个人"在含义上具有相通之处,"每个人"存在于"世界"之中,而"世界公民"则是"世界"的成员。康德所说的四个问题具体包括:"我能知道什么?""我应当做什么?""我可以期待什么?""人是什么?"康德特别强调,前三个问题都与最后一个问题相关,可以说,"世界公民"的最后落实点是对人

---

　　① 康德:《纯粹理性批判》,邓晓芒译,人民出版社,2004 年,第 634 页。

的理解("人是什么?"),它意味着从普遍的人的视域来理解世界。①另一方面,在"世界概念"之下谈哲学问题,康德也涉及了哲学在价值的、实践层面的意义,他虽没有直接、明了地表达这一点,但是从他的具体论述之中仍可看到相关的思想。在谈到哲学性质时,康德认为,"就世界概念来说,哲学是关于人类理性的最后目的的科学"。② "目的"与价值问题相联系,"理性的最后目的"这一提法意味着将哲学对世界的把握与价值问题联系在一起。康德同时对"世界概念"下的哲学与从学术或学院(scholastic concept)这一概念下理解的哲学做了区分。在他看来,从学术或学院的角度去理解哲学,主要涉及"技术"(skill),而从"世界概念"之下去理解哲学,则与"有用性"(usefulness)相联系。③ 如果说"目的"主要在抽象层面上涉及价值问题,那么"有用性"则更具体地指向价值之域。按其内涵,技术性更多地涉及较为形式化的方面,20 世纪的分析哲学在某种意义上表现出将哲学引向技术化的趋向,而与之相联系的是对形式的、逻辑的方面的关注。尽管分析哲学出现于康德之后,但在一定意义上,他似乎预见到哲学在过度学院化之后,容易逐渐衍化为技术化的、形式化的系统。与之相对,他所提及的"世界哲学"则涉及"有用性"的问题,后者("有用性")更具体地关涉世界对人所具有的价值意义,或者说,哲学对于人和世界的价值作用。正是在此语境下,康德同时指出:"哲学家不是理性的艺术家,而是立法者。"④,所谓"立法",即涉及哲学之外的领域,在康德那里,以上观念更多地表现为从人如何把握世界

---

① 康德:《逻辑学讲义》,许景行译,商务印书馆,1991 年,第 15 页。
② 康德:《逻辑学讲义》,第 14 页。
③ Kant, *Logic*, Dover Publication, 1988, pp.27 - 28.
④ 康德:《逻辑学讲义》,第 14 页。

（"人为自然立法"）的角度去理解哲学的现实作用,它从认识世界的层面,突出了哲学的规范意义。就哲学与世界的关系而言,哲学的这种规范性隐含着从更普遍的层面加以理解的可能。概而言之,康德对"世界概念"下的哲学之理解具体展开为二个方面：即从普遍的人类价值的角度去理解世界对于人的意义,以及强调哲学对人的规范意义。

类似的观念在马克思那里也可以看到。在形成"世界历史"概念的同时,马克思也提出并阐发了"世界概念"下的哲学、"世界哲学"等思想。按马克思的理解,"任何真正的哲学都是自己时代的精神上的精华,因此,必然会出现这样的时代：那时哲学不仅在内部通过自己的内容,而且在外部通过自己的表现,同自己时代的现实世界接触并相互作用。那时,哲学不再是同其他各特定体系相对的特定体系,而变成面对世界的一般哲学,变成当代世界的哲学"。[1] 与康德相近,马克思也把这种"世界的哲学"与"世界公民"联系起来："哲学思想冲破了令人费解的、正规的体系外壳,以世界公民的姿态出现在世界上。"[2]上述意义上的世界哲学,内含着扬弃地域及文化传统的限定、从普遍的层面理解世界之意。与"工人没有祖国"[3]、解放全人类或"人的解放"[4]等观念前后相联,这种普遍的哲学视域同时包含了一种超乎特定地域、民族的普遍价值关切。

---

① 马克思：《〈科隆日报〉第 179 号的社论》,《马克思恩格斯全集》第 1 卷,人民出版社,1995 年,第 220 页。

② 马克思：《〈科隆日报〉第 179 号的社论》,《马克思恩格斯全集》第 1 卷,第 220 页。

③ 马克思、恩格斯：《共产党宣言》,《马克思恩格斯选集》第 1 卷,第 291 页。

④ 马克思：《〈黑格尔法哲学批判〉（导言）》,《马克思恩格斯选集》第 1 卷,第 16 页。

在从世界公民、世界历史的角度规定哲学内涵的同时，马克思也谈到了哲学的规范意义。早在其思想发展的初期，马克思已指出，"在自身中变得自由的理论精神成为实践力量，作为意志走出阿门塞斯冥国，面向那存在于理论精神之外的尘世的现实"，这是一种"哲学的内在规定性和世界历史性。这里我们仿佛看到这种哲学的生活道路的集中表现，它的主观要点"。① 在这里，哲学的"世界历史性"与哲学的"实践力量"呈现内在的关联性，二者的这种联系在以下表述中得到了更具体的展示："世界的哲学化同时也就是哲学的世界化。"②"哲学的世界化"涉及在普遍的层面上对于世界的理解、把握；"世界的哲学化"则意味着蕴含于哲学之中的普遍价值理想在世界之中得到真正实现。上述思想后来在马克思那里得到了进一步的展开，从马克思的如下名言中，便不难看到这一点："哲学家们只是用不同的方式解释世界，问题在于改变世界。"③在这里，康德通过"理性立法"而确认的哲学的规范性，已由认识过程中对世界的说明，进一步转换为以实践的方式变革世界。不难注意到，从康德在"世界概念"下确认哲学视域的普遍性，到马克思在世界历史的背景下肯定"哲学的世界化"；从康德在"理性立法"的形式下触及哲学的规范性，到马克思将哲学的规范性与改变世界联系起来，其间既包含视域的扩展和转换，又存在某种历史的联系。

在"历史完全转变为世界历史"的背景下④，人类的共同价值、普

① 马克思：《德谟克利特的自然哲学和伊壁鸠鲁的自然哲学的差别》，《马克思恩格斯全集》第 1 卷，第 75 页。

② 马克思：《德谟克利特的自然哲学和伊壁鸠鲁的自然哲学的差别》，《马克思恩格斯全集》第 1 卷，第 76 页。

③ 马克思：《关于费尔巴哈的提纲》，《马克思恩格斯选集》第 1 卷，第 57 页。

④ 马克思、恩格斯：《德意志意识形态》，《马克思恩格斯选集》第 1 卷，第 89 页。

遍利益逐渐变得突出，人类的认同（肯定自身为人类的一员）的问题也较以往的历史时代显得更为必要和可能。尽管经济、政治、文化、意识形态等领域各种形式的差异、冲突依然存在，但这种差异和冲突本身又内在于全球化的过程之中，其化解无法离开普遍的、全球的视域。从总体上看，以全球化为历史前提，经济的盛衰、生态的平衡、环境的保护、社会的稳定与安全，等等，愈益超越地域、民族、国家之域而成为世界性的问题，人类的命运也由此愈来愈紧密地联系在一起。普遍伦理、全球正义等观念和理论的提出，既从不同的方面表现了普遍的价值关切，也具体地折射了人类在不同层面上走向一体化的趋向。如上所述，世界哲学在植根于以上历史背景的同时，也表现为从人类普遍价值的维度考察世界对于人的意义；这种意义不仅通过对世界的说明得到呈现，而且在改变世界的历史实践中不断得到现实的确证。

　　世界视域下的普遍视域，同时与哲学自身的建构与发展相联系。从后一方面看，世界哲学进一步涉及哲学衍化的多重资源与多元智慧问题。这一意义上的世界哲学意味着超越单一或封闭的传统、运用人类在不同文化背景下所形成的不同智慧形态，进一步推进对世界的理解和哲学思考本身的深化。随着历史成为世界历史，"过去那种地方的和民族的自给自足和闭关自守状态，被各民族的各方面的互相往来和各方面的互相依赖所代替了。物质的生产是如此，精神的生产也是如此。各民族的精神产品成了公共的财产。民族的片面性和局限性日益成为不可能，于是由许多种民族的和地方的文学形成了一种世界的文学"。① 这里的"文学"一词德文是"Literatur"，泛指

---

① 马克思、恩格斯：《共产党宣言》，《马克思恩格斯选集》第 1 卷，第 276 页。

科学、艺术、哲学、政治等方面的著作,①与之相涉的"世界文学",其形成也相应地以不同的文化传统为思想资源。就哲学而言,在相当长的时期中,中国哲学、西方哲学都是在各自的传统下相对独立地发展的,而在历史成为世界历史的背景下,哲学第一次可以在实质的意义上超越单一的理论资源和传统,真正运用人类的多元智慧推进对世界的理解。

从哲学理论的建构看,不同哲学传统的彼此相遇不仅为哲学的发展提供了更为丰富的思想之源,而且也在更广的空间之下为不同观念、思想的相互激荡、彼此影响提供了可能。历史地看,哲学的问题往往有相通之处,但思考与解决哲学问题的进路、方式则可以表现出不同的特点。以存在的追问而言,中西哲学便呈现不同的趋向。古希腊的哲学通常从泰勒斯讲起,根据哲学史的记载,泰勒斯在仰望天上的星辰时,曾忽略了地下之路,以致跌落坑中。这一记载颇有寓意:关注天上、忘却地下,似乎隐喻着离开形下之域而沉思存在,这种形上进路后来以更理论化的形式得到体现,巴门尼德以存在为第一原理,便表现了这一点。相对于此,中国哲学展示的是另一种路向。在中国哲学的早期经典《易传》中,"仰则观象于天"和"俯则观法于地"便呈现内在的联系,较之关注天上、忘却地下,"观象于天"和"观法于地"的统一,显然在隐喻的意义上更趋向于形上与形下的沟通,后者在中国哲学尔后的发展中具体地展开于日用即道、体用不二等传统。可以看到,不同的哲学传统在追问、理解世界的过程中,确乎表现出不同的侧重,而通过相互碰撞、对话与沟通,无疑可以使哲学的思考在"世界"的视域下获得多方面的资源,并进一步深化对世界

① 参见马克思、恩格斯:《共产党宣言》,《马克思恩格斯选集》第 1 卷,第 276 页编者脚注。

的理解和把握。

　　当然,不能简单地将世界哲学归结为某种单一的哲学形态,也不应把它独断地理解为囊括全部哲学、其大无外的系统。单一、独断的哲学形态不是世界哲学的真正涵义。相反,世界哲学与哲学的个性化、多样化具有内在一致性。在步入世界历史的背景之下,不同的文化传统、生活境遇下的哲学家们所做出的哲学思考依然会具有个性化的特点,世界化与个性化并非相互冲突,毋宁说,世界化的思考正是通过个性化的进路而体现的。在走向世界哲学的过程中,每一哲学家所处的背景、所接受的传统,等等,都将既表现在他对问题的独特意识和思考之中,也体现于他对不同哲学资源的理解、取舍之上,其思考的结果也相应地会呈现出个性化的特点。就其现实性而言,哲学的世界化与哲学的多样化、个性化是同一过程的二个方面。

　　从历史上看,西方哲学、中国哲学在其发展过程中,都曾经出现多样的形态。以历史时期为视域,同为"西方哲学",在历史的演进中有古希腊哲学、中世纪哲学、近代哲学、现代哲学之分;进而言之,在同一个时代,如近代,斯宾诺莎、莱布尼茨、洛克、休谟等哲学也呈现出不同形态。同样,中国哲学在历史时期上有先秦、两汉、魏晋、隋唐、宋元明清等区分,在同一时期,如先秦,孔子、墨子、庄子、孟子等思想形态也各有特点。在世界哲学的概念之下,哲学的多样性、个体性并不会消失。一方面,在"历史完全转变为世界历史"的背景下,哲学家已有可能超越特定地域、单一的传统,从普遍的视域出发,运用多元的智慧资源,对世界作出更深刻的说明和更合理的规范;另一方面,他们对问题的理解、解决问题的进路和方式,等等,仍将具有个性的特点。事实上,哲学按其本义即表现为对智慧的个性化、多样化的沉思,这种沉思不会终结于某种形态,而是展开为一个无尽的过程。在世界哲学的概念下,哲学的这种品格并没有改变,世界性与多样性、开放性、过程性将在世界哲学的历史发展中不断达到内在的统一,而中国哲学与西方哲学也将在这一过程中相互融合并呈现各自的独特意义。

（原载《社会科学》2008 年第 10 期）

附录一

思与所思*
——哲学答问

问：你近期出版了《存在之维》一书,似乎表现出对形而上学问题的关注,这种关注的内在涵义是什么?

答：近代以来,特别是 20 世纪以来,随着对作为存在理论的形而上学的质疑、拒斥,哲学似乎越来越趋向于专业化、职业化,哲学家相应地愈益成为"专家";哲学的各个领域之间,也渐渐界限分明甚至壁垒森严,哲学本身在相当程度上则由"道"而流为"术"、由智慧之思走向技术性的知识,由此导致了哲学的知识化与智慧的遗忘。重新关注形而上学,指向的是智慧的

---

 * 2005 年 6 月在北美期间,曾与一位学人就有关的哲学问题展开了若干次讨论,它使本书作者有机会对那一段时期的哲学思考作一概述,这里的问答,是讨论的大要。

回归。

问：就形而上学本身而言,作为关于存在的理论,它无疑以存在的把握为指向,你如何理解把握存在的进路?

答：与离开人之"在"去构造思辨的世界图景不同,我认为对存在的把握无法离开人自身之"在",海德格尔似乎也有见于此。但海德格尔对人之"在"作了狭隘的理解,将其主要限定于个体或此在(Dasein)之"在",他虽承认"共在"(being-with),但同时又将共在视为人的沉沦,认为只有在向死而在的过程中、在对死之"畏"中,才能反归本真的"我"。海德格尔后期表现出某种将哲学诗化的倾向,从他对诸如诗意之居的赞赏中,便不难看到此点(罗蒂在对哲学类型作区分时,也把海德格尔归为诗化或诗意哲学)。而诗化哲学所注重的,同样也每每是个体或自我的体验。在这方面,我无法同意海德格尔。我把人之"在",理解为广义的知行过程,它既表现为个体之"在",又展开为社会历史领域中的"共在",并肯定"共在"并不是人的沉沦,而是存在的现实、本真形态。在这方面,我显然更多地认同马克思。马克思把人置于社会历史的层面加以考察,并要求在变革世界的过程中把握世界,这种把握方式不同于思辨的体悟或诗意的想象,它更深沉、更直接地锲入了现实的存在境域。在当代哲学中,循沿马克思的这一思路加以具体发挥的,是冯契先生。冯契先生以广义的认识论为基础,对本体论与认识论、认识世界与认识自己作了沟通,由此扬弃超验的宇宙模式或世界图景,并强调在认识世界及价值创造的历史过程中敞开天道,这种视域同样不同于思辨的本体论,它构成了我的思考的重要思想背景。

问：存在可以视为哲学的本原性的追问,关于哲学本身,你曾提到哲学以求其通为指向,能否稍微具体地谈一下你对此的理解?

答：从金岳霖到冯契先生,都谈到哲学与求其通的问题,我的讨论与此相关。我认为,哲学领域中的求其"通",既指超越知识对存在的分离、分裂,再现存在的统一性、整体性、具体性,也指把握存在的视域、方式之间的统一。形而上学则既致力于回归存在的统一,又联结了智慧之思的不同向度,从而在双重意义上体现了哲学以求其"通"为指向的内在特征。

在这方面,我的思路与康德及近代哲学的某些趋向有所不同。康德致力于划界:现象与自在之物、感性、知性与理性、理论理性与实践理性,以及真、善、美之间,都被赋予不同形态的界限,在近代以来认识论、伦理学、美学、逻辑学、方法论、价值论等不同学科分支的分化中,一方面,存在本身被分解为与各个哲学分支相应的不同部分,另一方面,把握存在的视域、方式也被区分为不同的哲学领域,从而,存在本身与把握存在的方式都趋向于分化与分离。

我更致力于再现存在本身的统一,以及沟通哲学的不同领域或分支。我强调,存在的问题在哲学领域中具有本源性:真、善、美,以及认识论、伦理学、美学、逻辑学、方法论、价值论等不同学科分支,都在不同的意义上涉及并需要考察存在的问题。我认为通过澄明存在问题的本源性以及它在真、善、美或认识、价值等诸种哲学问题中的多样体现,形而上学既融合了不同的哲学视域,也作为智慧的追求而指向存在的具体形态。这也就是作为存在理论的形而上学所以存在的缘由。

问:你一再提到存在的具体性,所指为何?

存在的统一以及敞开或把握存在的视域的统一,都体现了存在的具体性。在我看来,真实的、现实的存在即具体的存在。在肯定具体性原则上,我不同于康德,而更接近黑格尔。不过,黑格尔对具体性的理解具有思辨的特点,而我则上承马克思,首先在现实的层面理解具体性。

问：与具体性的关注相关,你对作为存在理论的形而上学也作了区分,能略谈一下这方面的看法吗?

答：以历史与逻辑为双重进路,我对形而上学的抽象形态与具体形态作了区分。抽象形态的形而上学往往或者注重对存在始基(原子、气等等)的还原、以观念为存在的本原、预设终极的大全,或者致力于在语言的层面建构世界图景(如分析的形而上学);这一维度的共同趋向,即对现实存在的疏离。关于世界的看法运用于考察世界,往往便转化为思维的方法;在作为存在理论的形而上学与作为思维方法的形而上学之间,同样存在着这种联系。当形而上学以某种或某类存在形态为本原,以终极的存在为统一的大全时,它也蕴含着对世界的静态、片面等看法：向某种质料或观念形态的还原,意味着对世界的片面规定;对终极存在的追寻,则导向静态的、封闭的观念,这种抽象的存在理论运用于研究世界或存在本身,便常常转换为对世界片面的、静态的、孤立的考察,后者也就是与辩证法相对的形而上学思维方式。对抽象形态的形而上学的批判考察,不仅是澄明具体形态的形而上学的逻辑前提,而且也有助于把握作为存在理论的形而上学与作为方法论的形而上学之间的历史联系。

走出形而上学的抽象形态,意味着从思辨的构造转向现实的世界。在其现实性上,世界本身是具体的：如前面所说,真实的存在同时也是具体的存在。作为存在的理论,形而上学的本来使命,便在于敞开和澄明存在的这种具体性。这是一个不断达到和回归具体的过程,它在扬弃存在的分裂的同时,也要求消除抽象思辨对存在的遮蔽。这种具体性的指向,在某种意义上构成了哲学的本质。在形而上学论域中,面向具体包含多重向度：它既以形上与形下的沟通为内容,又要求肯定世界之"在"与人自身存在过程的联系;既以多样性的整合拒斥抽象的同一,又要求将存在的整体性理解为事与理、本与末、体与用的融合;既注重这个世界的统一性,又确认存在的时间性与过程性。相对于超验存在的思辨构造,具体的形而上学更多地指向意义的世界。在这里,达到形而上学的具体形态(具体形态的存在理论)与回归具体的存在(具体形态的存在本身),本质上表现为一个统一的过程。

问:就存在本身而言,在论述存在具体性的过程中,你曾讨论了存在与价值的关系,能否简要谈一下你在这方面的见解?

答:哲学层面对存在的思与辨,是作为存在者的人对存在本身的追问,在此意义上,以道观之和以人观之无法截然分离。从人的视域考察存在,问题便不仅限于"是什么",而且涉及"意味着什么"以及"应当成为什么"。一般而言,"是什么"关注的首先是事物的内在规定,"意味着什么"追问的是事物对人的存在所具有的意义,"应当成为什么"则以是否应该及如何实现事物对人的存在所具有的意义为指向,后二者在不同的层面上关联着价值的领域。"是什么"与"意味着什么"及"应当成为什么"都可以看作是作为存在者的人对存在本身的追问,而上述问题之间的相关性,则展示了存在与价值的联系。在此意义上,存在的具体性无疑在本源的层面涉及存在与价值的关系。

问:你的这一看法似乎容易使人联想到实用主义,你是如何看待这一点的?

答:以上视域在肯定存在与价值的相关性上,确乎与杜威等实用主义有某些相通之处,我认为实用主义学说在本体论上的意义,首先便在于以强化的形式,突出了具体的事物包含价值的规定。然而,在肯定具体事物包含价值规定的同时,实用主义又往往由确认事物与人的联系(事物的人化之维)而弱化乃至忽视事物的自在性或独立性;在实用主义那里,与价值规定相关的人化之维与事物的独立性或自在性似乎呈现不相容的关系;这种看法显然难以真正达到存在的现实形态或具体形态。与实用主义不同,我一再强调存在的价值规定与自在性的统一。

问:存在与价值的关系,也涉及事实与价值的关系,在后一问题上,你如何理解和评价休谟的有关观点?

答:在事实与价值的关系上,我与休谟的观点不同。休谟主要在逻辑的关系上,怀疑从"是"到"应当"这一推论的可能性,这一类的推论,在内容上对应于从描述到规范的进展。从纯粹的逻辑形式看,在"是"与"应当"之间,确乎缺乏内在的蕴含关系,从而,如休谟所说,从"是"之中,很难推绎出"应当"。然而,如果超越纯粹的逻辑形式,引入本体论与价值论统一的视域,则情况便会有所不同。在价值论的视域中,凡是真正有价值者,便是应当成为现实的;当我们判断某种存在形态是有价值的时,这一判断同时也蕴含了如下预设,即相关的存在形态或价值"应当"成为现实;引申而言,唯有能引向正面价值的事,才是"应当"做的。在这里,评价显然具有中介的意义:只有在完成事实判断之后进一步对事物或行为的价值意义作出评价,才能由此引出"应当"与否的要求。

问:从形而上学的层面看,你对存在的以上理解,似乎也不同于康德,可以这样认为吗?

答:康德批评传统的形而上学,但并没有完全否定形而上学本身,一个基本的事实是,他还提出了"科学的形而上学如何可能"的问题。不过,康德认同的,似乎是"纯粹"形态的形而上学,所谓"纯粹",既意味着先天性或先验性,也意味着形式化,事实上,在康德那里,纯粹、先天、形式这些范畴常常是相通的。作为纯粹的、形式化的系统,形而上学既不涉及价值的内容,也缺乏真正意义上的实践指向。从实质上看,这种纯粹的或形式的形上学形态既表现了对存在的抽象理解,也蕴含着人的存在与这个世界的某种分离:人在价值创造中展开的历史实践与这个世界的真实联系,或多或少被掩蔽了。康德意义上的道德形而上学关涉人的存在,道德的形而上学本来应以价值关怀为题中之义,但如舍勒(M. Scheler)所批评的,它在康德那里基本上表现为一种形式的体系。同时,道德形而上学虽涉及"实践"概念,但它主要讨论的是道德判断及行为的形式条件,而并不以作为感性活动的实践为对象;与感性的分离,使康德论域中的实践缺乏现实的规定。现代的分析哲学,如 P. Strawson,Quine,等等,在这方面与康德有相近之处。

问:从哲学何为的角度看,肯定存在与价值的统一,具有什么意义?

答:前面已提到,哲学所追问和关注的问题不仅涉及"是什么",而且包括"意味着什么"以及"应当成为什么",以存在与价值的统一为这个世界的现实形态,"是什么"的追问在观念与实践的层面都导向"应当成为什么"的关切,后者意味着由说明世界进而指向变革世界。在这里,作为存在理论的形而上学在确认价值与存在统一的同时,也从本源的方面展示了哲学的规范意义或实践意义;以往的哲学之所以如马克思所批评的那样,仅仅满足于说明世界,其根本的问题即在于将存在的关注单纯限定于对"是什么"的抽象思辨及如何达到"是"的先验考察,从而忽视了存在理论的全部丰富性。

问:"是什么"与"意味着什么""应当成就什么"固然相互关联,但在"是什么"这一层面,问题似乎更多地涉及认识论。你对认识论的考察以何为进路?

答:我关注的首先是认识论与本体论的关系。认识过程在逻辑上以所知(The known)与能知(the knower)的区分为前提。所知既是为我之物,又具有自在性;前者(为我之维)展示了所知与能知之间的联系,表明所知并不是人的知行过程之外的本然之物;后者(自在之维)则确证了其实在性,它表明所知并不是主体的构筑。作为自在与为我的统一,所知包含着内在的秩序,这种秩序使通过理性的方式把握事物及其关系成为可能。实在性与秩序性的确认,无疑具有形而上学的性质,而这种确认同时又构成了认识过程的逻辑出发点。

当代的认识论(包括科学哲学)在讨论认识论问题时,往往很少讨论关于所知的本体论问题,似乎一谈所知的本体论问题,就成了思辨哲学,但从哲学上考察认识过程,是无法回避本体论问题的,如果悬置了这一方面,便无法给予认识论以具体的、完整的解释。

问:以上涉及的主要是所知,对能知的本体论性质你是如何理解的?

答:与所知一样,能知也有其本体论的维度。就其形态而言,能知不同于抽象的逻辑形式,而是首先表现为具体、真实的存在,庄子所谓"有真人而后有真知"[①],已彰显了认识过程中人的存在的优先性。作为真实的存在,能知具有整体性的品格,而非如金岳霖所认为的那样,仅仅是理智的化身,这种整体性既展开为感性、理性、直觉、想象等认识能力之间的相关性,也体现为认知与评价以及理智和情意等等之间的互动。从过程的角度看,能知的本体论规定进一步取得了"知"(knowing)与"在"(being)统一的形式,后者既以知识(knowledge)与认识过程(knowing)的相涉为内容,又表现为知识通过化为能知而与人同在。

认识所涉及的能知与所知、知识与人的存在等关系,在总体上表现为内在性与外在性的统一。认识关系的这种双重性,既为能知与所知的沟通提供了可能,又使知识的客观有效性在认识的本源处得

---

① 《庄子·大宗师》。

到了落实。如果说，心、物、理的统一为知识的客观有效性提供了本体论的根据，那么，认识关系中内在性与外在性的统一，则通过认识论与本体论的交融和互摄，为这种客观有效性提供了更具体的担保。

问：从能知与所知的关系看，认识过程总是涉及所与，你是如何看待所与的？

答：在认识的出发点上，与仅仅考察所与不同，我认为，认识的直接材料既是"所与"（the given），又是"所得"（the taken），以视觉而言，所知给予的是物理学意义上一定的光波，但在能知中它却形成为一定的"色"，所谓"目遇之而成色"，同样，在听觉上，所知给予的是一定的声波，但在能知那里，它却形成为语音、乐声等有意义的声音或噪声等无意义的声音，"耳得之而为声"（"目遇之而成色""耳得之而为声"出自苏轼《前赤壁赋》，金岳霖在说明所与是客观的呈现时，曾引用此语）。这里无疑存在着所知和能知的交互作用：没有所知给予的光波或声波，"色"与"声"均无从形成，但无能知的"遇"和"得"，则光波或声波仅仅是物理现象，而难以成为"色""声"等认识材料。如果我们将呈现（appearance）理解为认识的直接材料，那么在这种呈现中，所与和所得具有内在的统一性。我认为，传统的经验论强调认识的直接资料为所与，杜威及实用主义哲学则强调直接资料为所得，二者都有片面性。

问：这里似乎涉及认识论中的客观与主观等关系，你如何看待这些关系？

答：从近代哲学的演化看，自康德完成所谓哥白尼式的革命后，认识论中的主体性一再被强化，与之相联系的则是客观性原则的弱化。在现代哲学中，这一趋向似乎在不同层面有了进一步的发展。现象学尽管提出了回到事物本身的口号，但它对事物的理解往往与意向过程相联系，与之相关的是悬置存在以及对纯粹自我及纯粹意识的注重;在存在主义那里,个体、自我进而被提升为第一原理;哈贝马斯对主体间性的考察和关注,似乎对主体性有所超越,但同时又多少将对象性的关系视为消极意义上的工具—目的关系。此外还有各种形式的内在关系论。从某种意义上看,近代以来,主体性、主体间性已在相对程度上压倒了客观性原则。主体性及主体间性的确认在认识论、本体论等领域无疑都不可或缺,它对扬弃素朴实在论、机械论等也具有不可忽视的意义,然而,同样重要的是,不能因此而放弃或否定客观性原则。在我看来,主体性、主体间性与客观性,并不是互不相容,就认识与存在的关系而言,真实形态在于三者的统一。

问:你对认识论的以上理解,似乎首先与人的存在相联系,这种联系是否也体现了认识论与本体论的相关性?

答:可以这样认为。以化知识为能知为形式,"知"首先融入于人的存在过程,并在不同的层面改变着人的存在;在此意义上,认识与人的存在的关系,不仅在于"有真人而后有真知",而且也在于"有真知而后有真人"。知识从不同的方面敞开了对象世界,尽管在知识形态中,存在往往是以"分"而非"合"的方式呈现出来,但正如智慧的形成与发展并非隔绝于知识一样,对世界的分别敞开同时也为从总体上把握存在提供了前提。以所知为对象的知识与形而上的智慧彼此互动,经验世界的理解和性与天道的领悟相辅相成,通过这一过程,人们既不断敞开真实的存在(具体存在),也逐渐地提升自身的存在境域。知识与存在的如上统一,同时也展示了认识论与本体论的内在统一。

问:由认识论的考察,你的视域进一步指向方法论问题,二者是否有内在的联系?

答:二者的联系是显而易见的:广义的认识过程不仅追问"什么"(什么是真实的存在),而且关联着"如何"(如何达到这种存在),

后者进一步涉及方法论的问题。我接受了冯契先生的观点,作为当然之则,方法既以现实之道为根据,又规范现实本身。从逻辑的法则、想象与直觉,到具有规范意义的概念及作为概念系统的理论,方法在不同的层面内含着本体论的根据;作为达到真理的手段,方法并非仅仅表现为人的自我立法,它在本质上植根于存在本身。在敞开世界的过程中,方法与存在、当然与实然展示了其内在的统一性。

问:以上观点也体现了方法论与本体论的关系,方法论的本体论内涵,是否涉及其他方面?

答:我认为,方法的形成,与化存在的秩序为思维的秩序相联系,后者与实践或行动的过程很难分离,这里同时也突现了思维秩序、行动秩序、存在秩序的相关性,它从逻辑与方法的现实根据及历史起源等方面,彰显了方法、实践、存在之间的本体论联系。我将黑格尔及列宁肯定逻辑与实践联系的观点与皮亚杰关于行动逻辑内化为思维逻辑的观点、以及中国哲学中的易传关于卦象与历史实践的联系等观点结合起来,从不同的方面论证了方法、实践、存在的统一性。以实践为中介修正与变革对象,进一步在"以辞治器""开物成务"(以当然之则规范存在)的意义上,展示了方法、实践、存在的统一。

问:在认识论上,你比较注重认识过程与人的存在的关系,在方法论上,你是否也有类似的关注?

答:行动逻辑与思维逻辑的相关性,事实上已从一个方面展示了此种联系:实践或行动既作用于对象,又是人自身存在的方式。我强调,一方面,在人自身的"在"方面,方法往往涉及理解或解释,另一方面,人的存在形态又构成了理解过程借以展开的背景:理解作为人的存在方式又影响并制约着人的存在过程。海德格尔与伽达默主要指出了解释与解释前提之间的循环,我则进一步突出了理解与存在之间的循环;与解释学的循环相近,这种循环也具有本体论的意义。在这里,理解既是人把握世界的方式,又是这种方式具体运用的过程;思维的方式(the way of thinking)、行动的方式(the way of doing)与存在的方式(the way of being)相互交融。以此为本体论前提,对象世界的敞开、变革与人自身存在境域的提升本质上也展开为一个统一的过程。

问:从把握存在的角度看,方法涉及"如何"的问题(如何敞开存在),在讨论方法论的同时,你对语言也表现出某种兴趣,在你看来,语言对存在的敞开有何种意义?

答:敞开与理解存在的过程,确乎离不开语言。我认为,语言既是广义的存在形态,又是把握存在的形式,这种双重品格,使语言一开始便与存在形成了本源性的联系。我不赞同分析哲学悬置语言与实在关系的立场,而更多地吸取了中国哲学,特别是荀子关于"以名指物"与"以名喻道"的统一的观念,并以此来分析语言与实在的关系。我认为"以名指物"关乎语言与经验对象的关系,"以名喻道"则涉及语言与形而上原理的关系;作为表示经验对象的方式,"指物"以指称、描述"实然"为内容;对"道"的把握,则既基于同一律(不异实名),又以"喻"为形式。我特别指出,相对于"指"的描述、摹状性,"喻"似乎更多地表现为澄明、彰显,其中既包含着对象的敞开,又渗入了主体的领悟、阐释;在"以名喻道"中,实然、必然、当然更多地呈现为相互交错的关系:人所喻之"道"(以语言把握的"道")既不同于形式化的数学语言,也非纯粹的逻辑表述,它总是渗入了人的意向、情感,包含着关于世界应当如何的观念。不难看到,作为语言(名言)与存在联系的二重方式,"以名指物"和"以名喻道"分别展示了言说经验对象与言说形上之域的不同特点。上述观点与分析哲学悬置语言与实在关系的立场显然不同。

问:"指物"与"喻道"在不同的层面体现了语言的解释性,你在讨论存在与价值的关系及方法的功能时,已表现出对规范性的关注,你对语言的考察,是否也有类似的关注?

答:在肯定语言以"指物"与"喻道"的方式理解与解释世界的同时,我确乎也强调其规范功能,认为名言既通过"说"而与人"在"世的过程相联系并制约着后者,又通过"行"而影响现实。就前者而言,言说本身也是一种存在的方式,就后者而言,名言又展现为改变世界的力量;换言之,语言不仅仅涉及主体间的理解、沟通,而且作为一个内在环节而参与了现实的变革。不难看到,"说"与"在"、解释世界与变革世界本质上具有内在的统一性。

问:20 世纪往往被视为语言哲学的世纪,但你对语言的关注和考察,和以分析哲学为主流的语言哲学进路,似乎有不同的侧重,你自己是否这样认为?

答:分析哲学对语言的考察,似乎更多地侧重形式的、逻辑的层面,对语言与实在的关系,则缺乏内在的关注。分析哲学中也有本体论的承诺(Quine)、修正的形而上学(Strawson)等提法和讨论,但这种讨论所指向的,并不是实在本身,其分析亦不超出语言之域。如 Quine 便将"实际上什么东西存在"的问题从本体论的承诺中剔除出去,而将其仅仅限定于对"说什么存在"问题的讨论,并认为后者"差不多完全是与语言相关的问题,而什么存在则属另一个问题"。语言本来是把握存在的形式和手段,然而,当存在被限定于语言或语言被规定为存在的界限时,则语言之外的真实存在便成为某种"自在之物"。确实,在语言成为界限的前提下,主体显然难以达到"界限"之外的真实世界。相形之下,我更多地关注语言与存在关系的实质的方面,这既体现在前面提到的言与物、言与道的辨析,以及名言规范作用的考察,同时也表现在对名言对于人之"在"意义的关切。以中国哲学的成人(人格涵养)理论为背景,我具体地分析了语言与人的完善之间的关系。认为作为人把握世界及"在"世的方式,语言既以人自身的存在为根据,又内在于人的存在过程。以独语、对话为形式,语言不仅在个体之维影响着自我的存在过程及精神世界的形成,而且在类的层面上构成了主体间交往和共在、实践过程及生活世界的建构所以可能的前提。如果说,人的存在对语言的本源性,主要从语言的现实形态上展示了语言的本体论维度,那么,语言对人的存在方式的制约则表明:语言之后所蕴含的更内在的本体论意义,在于人自身存在的完善。语言与人的如上关系,既是语言与存在之辩的展开,也是后者更深沉的体现。

问:认识、方法以及语言与存在的关系,在不同的意义上指向你所说的真实存在,但你一开始便关注于存在的价值规定,这种关注在你那里是如何具体展开的?

答:事实上,就广义而言,"真"的追求也具有价值的意义,认识、理解等过程与人自身存在的联系,已表明了这一点,当然,价值的规定不仅仅体现于"真",它总是同时展开于美、善等向度。就美及审美活动而言,从形而上的维度看,审美活动在表现主体本质力量的同时,也展示了存在的图景,我认为,这种审美图景也可看作是审美之域的存在秩序或审美秩序。我吸取了庄子反对"判天地之美"的思想,认为审美秩序首先显现了存在的整体性、统一性,后者既表现为审美对象的整合,也展开为审美主体与审美对象之间的互融、互动;同时,在我看来,相应于形象的、感性的观照方式,个体性、变异性、多样性在审美秩序获得了其存在的合法性,而理念与具体形象的统一,则使审美的秩序不同于形式化的逻辑秩序与最终还原为数学模型的科学图景;在化本然之物为审美对象的同时,审美的观照又如黑格尔所说,"让对象自由独立地存在",从而,审美秩序则相应地既内含人化规定,又有其自在之维。

问：你所说的存在广义地包括人之"在"，从人的存在看，美及审美活动包含何种意义？

答：作为审美关系中的存在规定，美不仅表现为对象的自在属性，而且也体现了人的价值理想，我认为，后者内在地蕴含着对存在完美性的追求：作为希望实现而尚未实现的蓝图，理想既以现实为根据，又要求超越既成的现实而走向更完美的存在；与理想的本源性联系，使审美活动同时也指向了存在的完美性。所谓完美，既以对象自身的规定和本质为根据，也表现为合乎主体的价值理想；在此意义上，完美与完善呈现内在的一致性。就人自身的存在而言，审美理想的核心是通过人自身的整合及多方面发展而走向完美的存在。历史地看，随着劳动分工的形成和发展，存在的统一也逐渐趋向于存在的分化，在近代，分工的高度发展进一步威胁到人的存在的整体性。以感性与理性、存在与本质、个体与普遍、理性与非理等等的统一为形式，审美活动从一个方面为克服人自身的分离、达到"全而粹"的完美存在提供了担保。在这方面，我既吸取了马克思反对人的片面化、异化的观点，也吸取了中国传统哲学对人的真善美的追求，将"美"的问题最后落实于人之"在"，并从人的多方面的发展这一角度考察美的本体论意义。

问：你肯定完美与完善的统一，从人的完善这一角度看，问题总是内在地涉及道德领域。你是否也经历了由"美"到"善"的转换？

答：事实上，道德哲学是我从90年代开始就关注的领域，在若干年前，我已出版了一部关于伦理学的著作。当然，道德哲学的探讨可以展开为不同的进路，相对地说，我更多地关注道德形而上学问题。从形而上的层面看，善往往既取得理想的形态，也展开于现实的社会生活；善的理想不仅具体化为普遍的道德规范或道德规范系统，而且又通过人的实践进一步转化为善的现实：现实生活中合乎一定道德规范的道德行为、体现于具体人物之上的完美德性等等,都可以看作是善的现实。作为道德的具体内容,善的理想与善的现实总是指向人自身的存在,并通过制约内在人格、行为方式、道德秩序等,具体地参与社会领域中真实世界的建构。这样,以人的存在为指向,道德也改变、影响着存在本身,道德与人之"在"的以上联系,同时也展示了其形而上的意义。

问:在道德领域,人们总是面临不同的道德义务,道德往往首先表现为对道德义务的自觉承担,从道德与存在的关系看,应该如何理解这些义务?

答:我不赞同康德道将道德义务、道德原则置于先天之域的进路,而更多地吸取了儒家注重伦理关系与伦理义务之关系的思路。我认为,道德领域的存在形态首先表现为现实的伦理关系,后者规定了相应的义务。在社会演进过程中不断抽象、提升的伦理义务与广义的价值理想相互融合,又进而取得了道德原则、道德律等形式。作为具体的存在方式,伦理关系既有普遍的内涵,又表现出历史的形态。相对于一般的伦理关系,道德情景更多地表现了人"在"世过程的个体性或特定性品格。如果说,伦理关系主要从普遍的层面展示了道德与社会存在的相关性,那么,道德情景则在特殊的存在境域上,体现了道德与社会存在的相关性,社会领域的存在对道德的如上制约,同时也从不同的方面展示了道德的本体论根据。

问:除了伦理关系与义务的关系外,道德是否还展示了其他层面的本体论意义?

答:从道德与存在的关系看,其本体论意义同时体现在从一个方面为扬弃分化的存在、回归统一的存在提供根据和担保:在社会的历史演化过程中,通过提供共同的伦理理想、价值原则、行为规范、评价准则等等,道德从一个侧面形成为将社会成员凝聚起来的内在力量:

为角色、地位、利益等等所分化的社会成员,常常是在共同的道德理想与原则影响与制约下,才以一种不同于紧张、排斥、对峙等等的方式,走到一起,共同生活。同时,就个体而言,"伦理地"生活使人既超越了食色等片面的天性(自然性或生物性),也扬弃了特定社会角色所赋予的单向度性、片面性,而在这一过程中,道德无疑构成了个体超越抽象存在形态的前提之一。通过参与社会的运行过程,道德同时也立足于历史过程本身,赋予社会领域的存在以具体而真实的形态。在这里,道德与存在的本源关系,也得到了进一步的确证。

问:你曾认为,价值理想(包括真善美)的实现过程,离不开日常的生活实践,并肯定:人自身之"在",首先与日常生活息息相关;离开了日常生活,人的其他一切活动便无从展开。那么,从本体论的视域看,应该如何理解日常生活?

答:我首先关注日常生活对人的存在的意义。在我看来,日常生活首先在生命价值的确证和维护等方面展示了存在的本源性;作为人"在"世的原初形态,日常生活从本源的层面确证了人之为人的本质规定。以饮食消除饥渴,这是日常生活的常见形式,但如马克思所指出的,人的饮食在对象与方式上,都不同于动物的本能行为:饮食所消费的对象,是劳动的产物;饮食的方式(如用刀叉)则形成于社会历史发展过程。在此,日常生活无疑体现并确证了人区别于自然存在物(动物)的特征。同时,生活世界中主体间的交往行动,又在某种意义上扬弃了对人的工具性规定;通过接受传统、习俗、常识等的调节,日常生活也从一个方面参与并担保了文化的延续;以直接性、本源性为存在形态,日常生活既使个体不断融入这个世界并获得对世界的认同感,又为个体形成关于这个世界的实在感、真切感提供了根据;在总体上,较之科学的存在图景,日常生活更多地呈现未分化或原初的统一性。作为人"在"世的形态,日常生活的上述特点无疑展示了其积极的或正面的意义。

问：当代哲学对生活世界或日常生活往往较多地给予正面或积极的理解，你的思路是否与他们相近？

答：与哈贝马斯等倾向于将日常生活理想化不同，我同时分析了日常生活蕴含的负面意义。作为个体的再生产所以可能的前提，日常生活具有自在和既成的性质，这种自在性、既成性，使接受已有的存在形态、因循常人的行为模式成为主导的方面，与之相联系的是非反思的趋向和从众的定势，它在消解个体性的同时，也使存在意义的自我追问失去了前提。作为自在性与既成性的展开，社会关系和实践领域中的角色定位与观念层面的思不出位，进一步形成了对日常生活个体的多重限定，后者在悬置对存在意义反思的同时，也似乎趋向于抑制了人的自由发展。

问：在考察日常生活的同时，你对终极关切也予以了多方面的关注，你是如何理解终极关切的？

答：按其实质，日常生活不仅包括个体所处的实际境域或境遇，而且表现为个体存在的方式，在后一意义上，日常生活或日常存在往往与所谓终极关切相对。"终极"通常容易被理解为生命存在的终结，在这种语境中，它所指向的，主要是存在的界限；与之相应的"关切"则涉及界限之后的存在。我对终极关切的理解不同于宗教的视域，而更多地着眼于人的现实存在。以人"在"世的现实过程为视域，"终极"首先相对于既成或当下的存在形态而言，"关切"则与"日用而不知"的自在性形成某种对照；在这一论域中，所谓终极关切，可以看作是对存在意义的本源性追问。

在我看来，相对于日常生活的自在性，终极关切首先通过存在意义的关注和反思，显现了存在的自觉以及人的存在从自在到自为的转换；与之相联系的是未来的指向与理想的追求对既成性及限定性的超越。以有限与无限的张力为本体论前提,终极关切从一个方面表现了即有限而超越有限的存在境域。在本体论的意义上,存在的终极性既非体现于这个世界之外,也非指向这个世界之后;终极的存在即作为整体并以自身为原因的具体存在或这个世界,通过对本然、自在的统一形态以及分化的世界图景的双重扬弃,终极关切同时赋予统一性的重建以回归这个世界的意义。

问:你把日常生活与终极关切视为人"在"世的二重形态,你如何具体地界定二者的关系?

答:日常生活与终极关切展示了存在的不同维度。我吸取了传统儒学关于极高明而道中庸及日用即道的思想,认为:无论是限定于日常存在而拒斥终极关切,抑或执着于终极关切而疏离日常存在,都很难视为对二者关系的合理把握。离开了对存在意义的终极关切,日常生活便无法超越本然或自在之域;悬置了日常生活,则终极关切往往将流于抽象的玄思。人的存在本身展开为一个统一的过程,作为这一过程的二重向度,日常生活与终极关切本质上具有内在的相关性。二者的如上关系,同时又从一个方面体现了在有限中达到无限、从自在走向自为。

问:对日常存在与终极关切关系的以上辨析,进一步表明了你的以下看法,即存在的追问本质上体现了人的视域。你曾由此进而指出:以存在为关注之点,哲学的沉思总是指向人自身之"在",后者则在个体与类的层面都以自由为理想之境。就此而言,你似乎把自由视为人之"在"的价值目标。能否谈一下你在这方面的看法?

答:历史地看,不管在个体的层面,还是类的视域,人的存在都展开为一个追求与走向自由的过程。这样,以人自身之"在"为题中之义的本体论沉思,显然无法回避自由问题。另一方面,作为人的存在方式,自由本身也具有本体论或形而上的意义。我认为,在本体论的层面,自由首先涉及天与人(包括对象的自在性与人的目的性)、否定性(对世界说"不")与肯定性(对世界说"是")、"可以期望什么"与"应当做什么"、必然与偶然等多重关系;走向自由的过程,意味着不断克服其间的紧张、实现和达到相关方面的统一。正是在这里,自由同时展示了它与世界之"在"和人之"在"的内在关联:从本体论或形而上的视域看,自由的深沉意义就在于扬弃存在的分离,达到和确证存在的统一。

问:在人存在这一层面,自由的本体论或形而上意义具体体现在何处?

答:如面说提及的,自由本质上是人的存在境域,自由问题的进一步追问,也逻辑地指向人本身。在人或主体的维度上,自由的形而上意义具体表现为"我"(行为者)的整体性或具体性,后者既在于人的个体之维与社会之维的互融,也展开为精神世界及其活动的多方面统一。基于主体存在的具体性,自由不再仅仅呈现为意志的品格,而是以作为整体的"我"为其动因。我特别强调了自由与自因的统一,通过肯定以主体为行为之因,把握行为的自由性质与因果性的内在统一。

问:作为理想之境,自由无疑包含价值的内涵,你是如何理解自由的价值内涵的?

答:在自由的价值意义上,我认为应特别注重马克思的有关思想,在我看来,以"必需"和"外在目的"的扬弃为前提,人的解放与人的自我实现、人向自身的回归与人格之境的提升赋予自由的历程以价值的内容,并认为,在人的存在境域的如上深化与展开中,形而上学进一步展示了其深沉的内涵。

问:至此,对你在形而上学或本体论上的有关思考已有了大致的了解,你能否从总体上概述一下你的思路?

答：实际上,由前面的讨论,已经可以看到一些思考脉络。从存在与价值关系的辨析,到自由之境的诠释,我着重展示了存在本身的多重维度和意蕴,以及世界之"在"与人之"在"的内在关联。通过敞开认识、审美、道德的本体论之维,我试图从不同侧面揭示真、善、美统一的形而上根据,并由此确证存在本身的具体性、真实性。另一方面,我强调,以真实的存在为指向,哲学的各个领域之间,也不应横亘壁垒与界限:作为把握世界的相关进路与视域,本体论、价值论、认识论、伦理学、方法论等更多地内含互融、互渗的一面。这里既肯定存在本身的统一性,也关注把握现在的方式及形态之间的统一性;以存在的具体性与真实性的澄明为进路,我同时也试图在以上二重意义上彰现哲学之求其"通"的品格。

（原载《学术界》2005 年第 6 期）

附录二

问题与思考[*]
——与李泽厚的哲学讨论

杨国荣（以下简称"杨"）：最近读了你的一些论著，有一些哲学方面的问题，想提出来与你作进一步的讨论。

李泽厚（以下简称"李"）：相互交换意见。

杨：一个是关于超越的问题。你曾提到，中国没有超越，西方有超越。是否可以认为，超越有不同的类型。

李：我说的是超验，transcendent。

杨：Transcendent 可以译为超验，也可译为超越，

---

* 2005 年 9 月，李泽厚前来上海作学术访问，并就有关哲学问题与作者进行了一次学术交谈，本文是交谈的记录，由研究生根据录音整理而成，并经交谈双方的校阅。

这涉及翻译的问题。

李：我的意思是指中国没有超验的观念,有如章太炎所言:"国民常性……,语绝于无验"。

杨：这里涉及翻译的问题,但又不仅限于翻译的问题。一种外来思想被移入另一种文化背景中,总会有些变化,不可能是简单的复制。比如说 ontology,我们现在翻译成"本体论"。中文的"本体论"与 ontology 的含义是不同的,但我们却不能说中国没有本体论。超验或超越也有类似的问题。

李：超越与超验相比,含义更广,在日常语言中的用法也更多。作为一个哲学术语,超越到底指什么,是不清楚的。我所讲的超验这个词在日常语言中较少使用。超验是指超越经验,比较符合 transcendent 的原意。这就是我为什么要区分超越与超验的原因。

杨：这样的界定是很有必要的。如 ontology,其原始含义是什么,我们要界定清楚,然后才能进一步讨论中国哲学用本体论来翻译它是什么意思。

李：中国本来就没有 ontology,中国讲本体也不是康德所指的与现象截然不同的什么东西。中国人讲本体是指本根、根本、最后实在,等等。它不是现象背后的什么东西。所以本体论与西方的 ontology 是不相干的,在使用的时候要说清楚。

杨：我在《存在之维》一书的导论中对此也作了一些辨析,区分了本体论与 ontology。就 transcendent 而言,如果不着眼于狭义的"超验",而是在宽泛的"超越"义上使用,那么它常常涉及宗教。广而言之,超越也不仅仅限于宗教领域,它同样可以在本体论、道德等意义上使用。

李：那是日常用语上的超越,超出了我所说的范围。

杨：当我们关注宗教意义上的超越时,如果把宗教情感也考虑进来,那么,这一领域的"超越"就并不完全是"超验",因为这里至少还包含情感体验,后者不同于逻辑。

李:那不是逻辑,恰恰是非逻辑。

杨:是的。如果这样来看,那么即使被归入"超验"领域的宗教,也不可能把经验彻底剔除掉。人自身之"在"以及与之相关的经验对人而言具有本源的意义;"超验"无论是理性的设定或情感的对象,其意义本来只有对人才呈现,如果将"超验"与人自身之"在"截然隔绝,则常常会陷于思辨的幻觉。事实上,我们无法完全避免"以人观之",在超验的领域(包括宗教领域)也是如此。这样,"超验"一词,也似乎只能在相对的意义上使用。

李:但超验作为理性思辨的对象,是与经验无关的。

杨:不过,如上面所提到的,即使这种超验的对象,也是对于人而言才有意义,离开了人的存在,超验对象本身将成为某种"自在之物"。进一步说,指向这一超验对象的过程,也离不开人自身之在"在"及内在于这一过程的经验。

李:超验是就经验对象与超经验对象的划分来说的。

杨:如果这样理解的话,中国哲学的道、命、天也有类似的问题。老子所说的"象帝之先"之道,孔子所说的"畏天命"中的天命,都非限于经验之域,而同时具有超然于经验的意义。

李:许多东西是在人之外的,但又是经验所能感受到的,如暴风。然而上帝是不可认识不可感知的,它没有"规律",是人的因果概念无法加于其上的。这就是我以前讲的,是西方哲学与神秘主义不同的地方。

杨:从宗教层面的超越,回到道德领域,我们往往又面对康德的问题。在康德那里,当他讲绝对命令时,是站在一种理性的、逻辑的立场,将其视为理性的、逻辑的设定。

李：是理性的，就是预设。

杨：在逻辑的层面上确实可以预设这样一个东西。

李：康德不仅就逻辑上讲。他读卢梭后，很尊重人的道德行为，并不觉得那是逻辑的虚构。对他来说，有一个东西在那里，你可以想象它，但不能认识它。

杨：当然这与认识论的意义不一样，与知性的逻辑框架也不同。

李：康德认为经验的东西是可以认识的，但必须加上知性的范畴与感性直观形式。上帝，你可以思量，却不能认识。

杨：它超越于经验及知性的范围之外。

李：伦理确实是超乎个人利害、也超越外在的因果关系，但不超越人类总体，它并非来自上帝，我已讲过。

杨：在表现形态上，中国的天、命等观念，与西方的上帝观念有相当的差异。

李：不是一般的差异，是很重要的差异。

杨：从另一个方面看，我们是否可以说这里也有一些相关或是相通的地方？

李：应该是有的，但中国却没有像西方那样对上帝的绝对的畏惧和恐惧。中国人的实用理性认为，即使是在情感里也带有理性，它不是完全甩开情感的绝对理性。

杨：就道德领域而言，康德的善良意志，看似非理性的，其实也是理性化的产物。

李：是理性的律令，康德讲救人是出于义务，与孟子由于恻隐之心去救人是不同的。

杨：顺便指出，康德的《实践理性批判》与《纯粹理性批判》在我看来似乎有某些相异的趋向。后者注重感性与知性或理论理性的沟通，在伦理学中，康德则要把感性从实践理性中清理出去，以留下绝对理性的东西。可以说,这两个批判在如何对待感性的问题上表现出不同的立场。

李:康德抓住了伦理学的要害,道德要讲理性,不是由感情决定的。

杨:康德的伦理学强调理性的作用以及普遍的道德秩序,但同时忽视了个体的因素,他虽讲道德主体,但与意志的理性化一致,这种主体在相当程度上被普遍化了。从个体的层面看,道德实践无疑需要考虑动力因,但康德的绝对命令具有形式化的特点,他在伦理学上似乎以形式因为动力因,从而很难避免抽象性。

李:我倒是认为,康德抓住了问题的要害,很厉害。

杨:厉害是厉害,但我认为还不够。从理想的或逻辑的角度,我们也许可以把道德行为与受感性影响的其他行为区分开,突出其理性的品格,但是,一旦还原到具体的实践中,仅仅用这些形式的理性律令来支配人的行为,就显得不够,除非把人都设定为"圣人"。

李:康德的形式命令恰恰是体现了理性对感性的支配、对感性的主宰和克制,这在日常实践生活也是必需的。我把它归到先验心理学。我讲理性的凝聚,是指明理性对感性的支配,这是伦理学的本质。但我把康德的形上构建归入文化心理结构,把它看作是是整个人类发展的成果。

杨:从道德实践、道德行为这个角度来看,你刚才比较多的是强调理性自觉、理性支配。

李:自觉行为有时甚至可以无意识的形态展现,这是文化教育的结果,所谓习以为常。要有这个理性的意识,中国人不也讲天理良心吗?中国也有这个理性传统,所谓"良心"就是内化了(亦即凝聚了)的"天理"。

杨:普遍的规范如何具体地影响、转化为个人的行为,这是一个需要思考的问题,在这方面,我赞成你的看法,即普遍的规则应当内化为个体的心理结构或道德意识。

李:这叫理性的凝聚,人的特点就表现在这里。理性的凝聚表现为对感性的绝对支配、绝对控制,跟认识不一样,这是伦理、道德的特征。假如离开这个特征,就会容易把伦理的基本价值抹掉,在这一点上我是相当严格地遵循康德的思路,但是我把康德哲学那种形而上的构成部分应用在文化心理结构上面,认为这是人类的成果,动物没有这种问题,动物的"道德"是本能。所以我讲先验心理学。康德哲学常常被讲得非常玄,实际上康德说得很具体。比如在审美上,康德的艺术修养并不很高,但他能把审美心理的特征紧抓住,这个能力令我非常惊异。

杨:回到刚才那个话题。从内化为个体心理道德意识这一层面来看,心理的结构就不单单是理性,它还包括情感、意志等方面。你刚才所着重的是理性,从具体的道德意识来看,问题显然不只是涉及理性,理性与情感、意志是相互融合的。

李:不是融合,是理性的主宰。

杨:我更愿意说理性的主导。确实,心理结构或意识结构作为统一体、融合体,其中各个方面的具体位置不是平行的;理性常常居于主导、控制的地位(包括对情感的主导和控制),但行动过程也需要情、意等作为动力。因此,我们在谈论理性的主导作用的同时,情感、意志同样也不能忽略。

李:伦理行为中,情离不开理,情与理在结构和比例中,所处地位不一样;当理性主宰、决定情感的时候,这也就是意志,常常有很多情感的冲突,包含着痛苦。

杨:孔子说:"七十而从心所欲不踰矩",这是道德行为的最高境界。

李：在我看来，这是最高的审美境界，"从心所欲"嘛。

杨：但是不要忘了还有"不踰矩"，"不踰矩"就是遵循规范。

李：随心所做的事都合乎规范，那就是"从容中道"，这正是从审美的角度来说的。

杨：刚才提到普遍律令、规范等应内化为个体的道德意识，而内在的心理结构不是单一的，其中有多样的构成。与此相联系，就道德行为而言，如果分析地看，则它似乎具有三重品格：第一，它受理性的规范，因而是自觉的行为。

李：你所说的自觉是怎么界定的？

杨：我这里说的自觉首先区别于盲目、自发；第二，道德行为是自愿的，就是说，它是出于内在意愿的。这二者是亚里士多德及冯契先生分别提到和阐发过的。除了以上两个特点之外，我想道德行为还具有第三重品格，即它同时又是自然的：完满的道德实践应如王阳明所说，达到"好善如好好色，恶恶如恶恶臭"，其选择不假思为，完全出于自然。自觉、自愿还是勉然而行、有意为之；自然则是不思不勉、从容中道。这种自然不同于自发：它基于自觉又超越了自觉，这是完善的道德行为的特点。光是靠强制的道德命令，作痛苦的抉择，可以说是道德，但还不是完美意义上的道德，要达到完美意义上道德，显然不能忽视自觉、自愿、自然的统一。当然，这是从理想的角度来看的。仅仅是自觉的，那道德就会像阿伯拉罕（Abraham）杀子那样，痛苦而不完美。道德不完全是痛苦的，把道德归于痛苦，往往难以持久。

李：但我认为，道德的实质恰恰在于情为理所支配，道德实践是包含有痛苦的。对自觉自愿有需要界定，需要作各种区分。我说需要界定，并不是说要否定它。自觉自愿这个词内涵如何界定？对它们的理解可以有不同。从行为来看，首先是个人的选择：我选择受苦或其它；从心理上说，即由意志决定，意志不是本能，它恰恰是人类理性的东西,动物就没有这种理性决定。行为的第三重品格(道德成为自然),你把它称为道德的完满,在我看来,这是审美的价值,我认为美是更高的价值。

杨：在你看来,在道德领域,很难达到以上所提到这几个方面(即自觉、自愿、自然)的统一。

李：我把你所说的第三重品格提到审美领域,如此而已。而所以如此,是因为中国没有宗教。中国讲的"从容就义""视死如归"就是美学–宗教的,比"慷慨成仁"(道德的)更高。这我以前讲过。

杨：道德可以从不同的角度来说,从历史上看,哲学家的看法就很不同。作为一种现象,道德在另一意义上内含着二重规定。首先它体现了人类的崇高性,如你刚才所提到的,理性对情欲或者其它什么欲望的克制,这里就有崇高的内涵;另一个方面是现实性,崇高寓于现实之中。

李：它的崇高本来就不是虚幻的或逻辑的,而是现实的崇高。

杨：我这里所说的崇高与当下直接的欲望、情感等相对。但在考察道德现象时,也应对人的现实存在作多方面的关注与肯定。从历史的层面看,道德除了体现理性的崇高之外,无疑又有其现实的社会功能。

李：道德的社会功能便是伦理,道德是个体,伦理是社会的,但在伦理领域,起作用的仍是具体的道德规则。

杨：社会意义上的伦理必须转化为道德,伦理若不转化为道德,往往会变得抽象、玄虚。

李：我讲的是两个方面。对个人来说,我主要从心理或心理结构层面谈道德,我刚才讲道德与美学也从心理角度上说的,你讲的自觉、自愿、自然也可以说是从心理角度来说的。当然,还有社会、历史的方面。

杨：我们的角度可能不太一样。我所说的道德包括你所说的道德与伦理，在《伦理与存在》一书中，我对此作了若干辨析。我所说的崇高更多地与你所说的道德相关，我所说的现实性或现实功能，则涉及你谈到的伦理。我把道德广义地理解为伦理与道德的统一，你则把它狭义地理解为与伦理相对的形态。

李：我是区别开来讲。所以我认为黑格尔只是从历史角度来看伦理学，并没有像康德那样紧抓住道德的特征。

杨：这样，我们话题就不完全一样了。我刚才所说的自觉、自愿，亚里士多德讲过，冯契也讲过，我最后加上一个自然。讲这三者的统一，主要是从理想的角度着眼。我认为一个理想的道德行为应该表现为这三者的统一；唯有在这种形态之下，道德行为才是完满或完善的。尽管在现实中，未必在任何时候都可以达到这一境界，但它至少可以成为道德涵养、道德实践的范导性目标。

李：我更注意道德所体现的牺牲精神或崇高性，认为这才体现道德所以为道德。

杨：现在，也许我们可以将话题转向你一再提到的"情本体"。

李："情本体"？我80年代已提到过，未展开。现在也还没有展开，记得我曾讲过，这一题目写60万字也可以，很多东西我现在都是一带而过。

杨：就生活本身来说，你是抓住了"情"，把"情"作为根据、根本性的东西，以此取代了其它意识本体。然而，如果从根据、根本性的东西这一角度来看，则单单把情作为本体，是不是会有所偏？

李：你认为怎么个偏法？

杨：我可能更倾向于黑格尔、马克思，所以我比较习惯于在具体的层面上考虑问题。落实到人本身的存在，更具体地说，从人的精神性、意识性这个层面来看，人这样的存在，包含精神形态、意识系统、心理结构,本身具有复杂性、多样性。康德在讨论道德问题时,把理性提到很高的位置,并主要从这一角度去理解和规定道德。这里突出的似乎仅仅是精神世界的一个方面。从现实的、具体的层面来看,如前面所提到的,人的精神结构、意识系统,包括情意、理性,等等,本身处于相互交融的关系,而不是基于某一种或某一方面的单向度形态。如果仅仅归结、还原到精神的某一方面,可能容易导致对人的抽象理解。

李:我这里讲的"情",并不是一种简单的情绪,更不是动物的情欲。我常讲人之所以为人,其一,需要生存、从而需要实践、制造工具,以此作为生存的基础;另外一方面是人类的各种心理、认知、情感在这过程中产生和发展,我特别关注的是理性和情感的结构关系。它们的关系非常多样、复杂,例如,认识中感情与理智的关系不同于道德,也不同于审美。所以我讲认识是理性的内化,道德是理性的凝聚,只有在审美的时候,我认为理性与情意才相互交融。从这个意义上讲的"情本体",是人之为人的最高、最重要的一种成果,它也是很具体的。此外,我讲的审美是在使用工具的活动中不断地得到的感受,达到对形式美一种掌握,以后通过艺术独立发展起来,最后归结到"情本体"。"情本体"并不是与理性、意志相分离的,而恰恰是它们的一个综合体。它不只是情绪,不只是情欲,但又可以包融它们。

杨:你是从活动、从生活本身来概括人的存在本体。

李:对。中国无宗教,中国以审美为代表的情,是在人的生活活动中发生的。世间真正值得留恋的就是你的人生,人生是情感性的,包括你个人所获得的成就,可珍贵的是它所唤起的情感完满的体验、把握真理的愉快,而并不是外在的东西,也不是名利感、虚荣心。

杨:情感是最个性化、个人化的东西,与此相对,理性则是可以普遍化的。

李：情本体正是要归结到个人，但这个问题我还没有展开，语焉不详。

杨：你是从美学的角度提出的，从这一角度来看，问题可能显得比较清楚。

李：另外，从宗教来讲，宗教最后也归结于情感，包括神秘体验的情感，尽管作为崇拜对象的上帝是超验的。

杨：仪式、组织等都是外在的。包括戒律、戒条等，最后都需化为信念、信仰，它不仅仅是理性的认识，相信就是一种情感性的东西。

李：你提出的问题很好，可以展开来讲。

杨：在具体的展开过程中，可能需要把情感所涵有的丰富性更具体地加以阐述，不然的话，容易引起误解。

李：我被误解得很多了，包括救亡压倒启蒙等，也包括"情本体"，有人说，我讲"情"，怎么能算讲哲学。

杨：我刚才的疑惑也可能是与比较简单化的表述方式有关，如果更具体的阐述，一些问题也许可以得到澄清。你强调情感，又肯定情理交融，但你的康德哲学情结好像很重，理性的意味也很浓。在相当程度上讲，你的情感似乎是理性化的情感。

李：不是完全理性化的情感。康德讲，审美是想象与理解力的统一，是自由活动。但他太理性，在心理结构方面，包括欲望情感、无意识等许多心理意识没有讲。

杨：我觉得，康德所谓想象与理解力的统一，虽然是在《判断力批判》中讲的，但其意义不仅仅限于审美过程，事实上，它同时也体现于认识过程。从某种意义上说，想象力提供了自由的联想，知性的规范则为思想或意识的秩序提供了某种担保，二者的相互激荡，构成了把握存在的重要形式。

李：他讲认识过程是没有问题的，但审美过程不是那么简单。康德的理性与当时的理性主义传统有关。我说的"情本体"不是理性化的,而是理性与情感某种结构-形式的交融。

杨: 我所说的理性化的情感指的不是动物式的本能,而是指带有理性印记的情感。你以前说不喜欢尼采,这可能也与尼采常常太过于情绪化有关。

李: 刘晓波当年批评我太理性,但他所说的情感始终未能与动物本能冲动区分开来。

杨: 另外一个问题与你多次提到的人"活着"及"如何活"相关。你一再强调"活着"的优先性,我则倾向于从两个层面来谈这个问题。从本体论上讲,确实只有人先"活着",然后才能探讨"为何活""如何活"等问题。但从价值论的角度讲,则首先应该解决"为何活"的问题,然后才能进而考虑"如何活"等问题。"为何活"涉及对生存意义、人生意义的理解,对于人生意义的不同看法,往往决定了对"在"世方式的不同选择。这样,尽管从本体论的层面看,人活着是第一位的,但在价值论上,"为何活"的问题似乎逻辑地先于"如何活"的问题。

李: 我的理解可能和你的看法不完全一样。第一,本体论与价值论很难区分。第二,我讲的首先是人类而不是个体的人。首先是"活着"才能探讨"为何活"的问题。这里涉及人类整体与个体存在的层面的不同,二者的意义还是有先后。在日常生活中,人们先想的是"活着",并不反思"为何活"。不反思不等于这个问题不存在。但我是从人类活着这个角度出发,所以"如何活"优先于"为何活"。

杨: 我刚才是以分析的方式,从本体论、价值论两个不同侧面来考察。从现实的角度来看,本体论和价值论是分不开的,我在《存在之维》一书中已强调了这一点。但我们仍可从不同的角度分析问题。从"为何活"的层面看,这一问题的提出可能首先与个体有关。作为整体的类不会以上述方式提出这一类问题,对这一问题的反思只能由活生生的个体来进行。正如宗教信仰,它总是要落实到个体身上。

李:反思也只有个体发展到一定程度上才能进行,原始人类就没有这个问题。他们无论个体或集体恐怕都不会考虑"为何活"的问题,而只有"如何活"("如何能活")的问题。类的前提还是很重要的。上面已讲,这里再重复一下:我把人"活着"摆在"为何活"之前,从本体说人类,也就要从历史角度去看。所以,我在《批判哲学的批判》讲,先有大我后有小我。只有历史发展到一定程度时,小我才能提出个体的问题。我不赞成自由主义、个人主义,正由于它是非历史的。

杨:从历史角度来看,类确实具有优先性。我说的是,将"为何活""如何活"作为问题来自觉反思,首先是对个体来说的。就像康德,他提问题是用"我"而不是"我们"作为主体,如"我"可以知道什么,"我"应该做什么,"我"可以期望什么,最后才问"人"是什么,在这里,自觉反思的主体首先与自我或个体密切相关。

李:我们当然可以从各种角度考虑问题,但是,我关心的是,从哪种角度最能在本源上把问题解释清楚。当然可以从个体角度考察,但历史的问题,要从人类的角度来看才清楚。首先有人类,然后才会有个体,个体是从类产生出来的。我想这样可能会把问题讲清楚一些。

杨:从历史发生的角度,我同意你的说法:只有人类存在之后,才会有后面的问题。但"为何活""如何活"的问题不仅仅与类的历史相关,它也严峻地摆在每一个具有反思意识的个体之前,最后要由一个一个的具体个体去解决。在承认以上历史前提的同时,我认为我们还是可以从本体论、价值论两个不同的角度来考虑问题,当然这二者本身不能截然分开。

李:我是非常看重这个前提的。因为许多人忽视了这个前提,以为不需要再提它。

杨：一些看似简单的常识,恰恰包含着真理。离开这种真理性的常识去构造"理论",虽然可以玄而又玄,但往往仅仅使人得到思辨的满足。

李：离开现实的哲学是概念的游戏。当然思辨也包含有情感,哲学最根本的问题都包括人的情感与追求。

杨：带有玄学色彩的新儒家那一套说法,往往给人以思辨之感。

李：牟宗三强调儒家的宗教性,但他那书斋里的宗教性难以落实。

杨：他的目标是解决安身立命,但离开人的现实之"在",使他未能真正解决这个问题。新儒家的那种进路似乎有一种不食人间烟火的意味。

李：我在 80 年代已说过,新儒家在牟宗三之后不可能再开出什么东西。

杨：新儒家现在确乎很少具有原创性的理论建树,放眼当今的世界哲学领域,在罗尔斯、奎因、诺齐克、戴维森等谢世之后,好像也没有很成气候的哲学家。

李：我认为海德格尔之后就没有成气候的哲学家。海德格尔还是应该承认的,但是即使他,在晚期也沉迷于自己编织的语言迷宫里。

杨：海德格尔早期就每每在语词上做文章,后期似乎更是如此。他动辄追溯古希腊或拉丁语的词源,进行语义的还原,时而陷于你所说的语言迷宫。一些学人起而仿效,但在仿效者那里,这种方式常常成了外在的"术",很难提供真正有意义的东西。

李：20 世纪是科技发达,人文消失的世纪。西方哲学、文艺整体上似不如 19 世纪。

杨：科技导致专业化,这种趋向蔓延到哲学,往往使后者由智慧流而为知识、由"道"流而为"术"。另一方面,现在一些学人言必称胡塞尔、海德格尔,动辄运用现象学的术语或概念,说得玄之又玄,但却缺乏思想和理论上的实质建树。现象学、分析哲学在某些方面有相通之处,那就是抽象化:现象学讲悬置存在,分析哲学则每每沉溺于思想实验,从缸中之脑、孪生地球之类的假设出发作种种逻辑推绎,结果往往都陶醉于自己设定的抽象天地,而遗忘了现实的世界。

李: 分析哲学在概念澄清方面是有功劳的,这是中国哲学所缺乏的。

杨: 确实如此。我说分析哲学有抽象化、技术化等问题,并没有一概否定它的意思。现象学的"思",分析哲学的"辨",都各有所蔽,也各有所见。以分析哲学而言,事实上,你要绕过它是不行的。我一再提醒我的学生要注意分析哲学、科学哲学的训练,不要一开始就一头扎进现象学。从历史上看,中国人对逻辑分析似乎有一种疏远感,所以注重这一点尤为重要。

李: 这是中国没有宗教、科学各有分途、独立发展的结果,有文化心理的原因。

杨: 20世纪80年代,分析哲学、科学哲学曾大量涌入,但现在却较少有人问津。

李: 20世纪80年代,我说少来点海德格尔,多来点卡尔·波普。

杨: 不过,现在与你说的那个时代可能又有些不同,那就是不重视黑格尔、拒斥辩证思维,以致非此即彼、见其一不见其二的独断结论到处可见。

李: 这是相当普遍的。号称反二分法,却又恣意独断,唯我真理在握。

杨: 值得注意的是,现在一方面,与疏远分析哲学相联系而不注重逻辑分析,另一方面,与贬视黑格尔相联系而冷落辩证思维,这二重偏向相反而相成,导致缺乏历史感、缺乏对问题复杂性的全面深入的分析和把握。

李:希望你多写点文章,以天下为己任。

（原载《学术月刊》2006 年第 1 期）

后　记

　　本书是我的部分哲学论文的结集,从内容看,所收入的论文主要讨论哲学领域的一些理论问题及西方哲学中若干人物、学派,从时间上看,论文大致发表于20世纪80年代中期至本世纪初。尽管这些论文有理论与历史的不同侧重,但其主题都涉及人的存在及认识与价值问题。

　　这里所说的认识既以敞开世界为指向,也包括对人自身的理解,价值则首先涉及存在对于人的意义。"意义"在狭义上与语言及其表达形式相联系,在宽泛的层面则基于认识世界与认识自己、变革世界与变革自己的过程,包含着对存在(包括人自身之"在")的理解以及世界的价值规定。广义的认识不仅以认知为内容,而且也关乎评价,后者与价值具有切近的联系。另一方面,价值向认识过程的渗入,则使认识一开始便不仅仅涉及本然的对象,而是与人自身的存在息息相关。就其现实形态而言,在认识世界与认识人自身的过程中,世界之在与人的存在、知识与价值并非彼此分离,与之相联系,本体论、认识论、价值论也呈现内在的统一性。本书所收入的论文,既在不同的维度和不同的层面上涉及以上诸领域,也从不同的意义上体现了本体论、认识论、价值论相统一的视域。

杨国荣

2008 年 11 月 10 日

2021 年版后记

　　本书系我的部分哲学论文的结集,2009 年,作为我的著作集的一种,由华东师范大学出版社出版。此次重版,略去了原有的几篇文稿,同时增补了 2009 年以后发表的若干论文,收入的文稿内容大体保持了原来形态,未作实质的改动。

杨国荣

2021 年 2 月 20 日